U0487516

中原学术文库·青年丛书

中国生猪市场整合研究

RESEARCH ON THE INTEGRATION OF PIG MARKET IN CHINA

杨志波／著

社会科学文献出版社
SOCIAL SCIENCES ACADEMIC PRESS (CHINA)

行地区保护还是更为开放的政策提供一定的证据，同时也为政府是否需要实施市场干预政策提供参考依据。

在研究和撰写过程中，本书参考了众多专家、学者的专著、论文和研究报告，衷心感谢他们的学术贡献，这些研究成果对本书的研究工作开展具有重要的指导意义，可以说本书是学习和继承国内外相关研究成果的结果。

最后，必须要指出的是，由于作者时间、精力、学识所限，本书难免存在不足之处，甚至可能存在错误，真诚欢迎各位专家、读者批评指正。如果本书的出版有助于激发大家对市场整合相关论题的兴趣和争论，能够帮助企业管理者和政府把握市场整合规律，提升资源配置效率，那么也就意味着作者付出的努力得到了回报。

杨志波

2016 年冬于郑州

前 言

市场整合重在分析市场结构与市场效率，在一个市场导向型的经济系中，市场信息基本是由价格机制表达出来的，信息是决定商品流通的键性因素，价格信号决定了生产、消费和市场决策。市场整合的研究对是一个市场的价格变化对另一个市场的影响程度，其研究涉及商品价格息的跨地区、跨时间以及跨营销渠道的流动，市场的整合情况与商品自流动以及价格信息传递效率息息相关，所以市场整合分析结果已经成为量市场效率和市场机制发挥程度的重要指标。市场整合程度越高该市场率就越高，效率提高会增进整个社会的福利，市场机制越能充分发挥调供需和稳定市场的作用。党的十八届三中全会明确指出：“建设统一开竞争有序的市场体系，是使市场在资源配置中起决定性作用的基础。”市整合分析可以为政府提供重要的决策依据，市场整合分析的结果可以帮决策者了解市场运行状况，并决定是否有必要进行市场干预。

本书之所以选择生猪产业作为研究对象，一是由于本书主要采用价数据和计量方法分析目前我国市场的整合状况，对生猪市场的数据相对易获取，另一个原因就是生猪是中国重要的农产品之一，近些年生猪市的大幅度波动已经引起了一些学者的关注，深入研究市场和政府对生猪业的作用机制将会对我国生猪产业的健康发展提供有益的借鉴。那么中是否已经形成了一个有效的生猪市场，能够实现价格信号的迅速传递？格信号能否迅速传递取决于整体市场是否整合，一个不存在分割的市场有利于价格信号的迅速传递，那么中国的生猪市场的整合状态如何呢？然随着市场的发展，区域间市场分割的状况会被打破，但各区域经济发的不平衡却有可能使政府产生保护本地产业的冲动，进而实施保护政因此，对中国生猪市场整合程度进行研究，不仅可以让我们观察到各地猪市场在改革进程中的融合状态，而且能够为中国在经济发展进程中是

目　录

第一章　引言

一　相关概念界定

市场整合是与市场分割相对应的概念，从市场经济发展过程中的水平层面上来讲，存在两种力量，一种是促进市场分割的力量，另一种就是促进市场整合的力量。市场经济体制在空间和产业链层面上不断完善的过程，就是在商品或者服务方面横向和纵向整合程度不断提高的过程。国内市场的整合是我国建设和完善市场经济体制的内在要求，是建立大统一、大贸易和大流通市场的必然要求。市场分割是我国从计划经济体制向市场经济体制转变的过程中的特殊产物（国家计划委员会宏观经济课题组，2001），是指在一国范围内由于自然条件比如交通运输和通信等基础设施的薄弱，或者由于各个地方政府或者市场参与者为了本地区和本身的利益，通过设置一些明显的或者隐藏的行政手段来阻止资源在本地和外地之间自由流动的行为（银温泉、才婉茹，2001）。这将导致我国国内市场被人为分割成块，造成不能按照市场经济的价格机制配置资源，从而导致资源的低效率配置。一般来说，市场分割可以分为产品市场分割和服务市场分割。其中产品市场又包括劳动力市场、原材料市场、各种商品市场，服务市场主要包括一些服务性行业比如资本市场等。市场分割也可以分为空间横向市场分割和产业链纵向市场分割。空间市场整合是研究某一区域市场价格的变化对其他区域市场价格的影响，从理论上来讲，在完全竞争条件下，当商品在不同区域的市场之间流动时，输入地的价格等于输出地的价格加上两地之间的运输成本，因此，在运输成本不变的情况下，输入地该商品价格的变化应该随着商品输出地价格的变化而呈现同方向和同等程度的变化，在这种情况下，两个市场就是完全整合的。空间市场整合又可以分为长期市场整合和短期市场整合，长期市场整合指的是两个市场的商品价格长期存在一种比较稳定的关系，即使这种关系在短期内被打破，在各种影响因素的作用下，市场也会重新调整到原来的均衡状态。短期市场整合指的是一个市场价格的变化会立即引起另外一个市场下一期市场价格的变化，主要衡量的是同种商品在不同市场价格传递的及时性和敏感性。与空间市场整合原理相同，产业链纵向整合指的是在产业链不同环节，下游价格应等于上游出厂价加运输成本或加工成本，在完全市场整合的情况下，上游产品价格的变动，会引起该产品产业链上下游价格的同方向、同程度变动，与空间市场整合一样，纵向整合也分为长期纵向整合和短期纵向整合。

自从市场整合的概念提出以来，到目前为止，关于市场整合的定义有很多种，比如：

Stigler（1968）认为，如果两个市场的价格密切相关，那么可以认为这两个市场是整合的。

周章跃和万广华（1999）认为市场整合是指存在于不同市场间的一种价格运动关系，市场整合的研究重点就在于描述和分析这种关系。

武拉平（2004）认为市场整合也称作“市场一体化”，是研究市场之间的相互协调关系，主要包括不同空间市场的整合、不同营销阶段的整合、不同时间和不同商品的整合。其本质都是研究某一市场价格变化对另一市场价格变化影响的程度。

喻闻（2010）认为市场整合是关于市场的区域、时间和商品形式的市场间相互关系的概念。在实际研究中通常是对市场间的价格关系进行经验估计。

Barret（1996）和黄盈堂（2001）认为，市场整合问题主要探讨各市场在形式、空间、时间上产品是否能够充分流通，主要分为垂直市场整合、空间市场整合和跨期市场整合。

韩胜飞（2007）认为市场整合从程度上来分的话，主要可以分为完全整合、完全隔离和不完全整合三种情况。

王怡（2007）把市场整合定义为同类商品在不同市场上的价格或者数量的一体化趋势即协调关系，它反映的是市场运行效率。

综上所述，可以看出对于市场整合的研究角度不同，得出的分类就不同，按照市场整合的进程可以分为贸易一体化、要素一体化、政策一体化和完全一体化四个层次。按照市场整合的研究对象来说，可以分为产品整合和服务市场整合。按照市场整合的形式可以分为垂直市场整合、空间市场整合和跨期时间整合。按照市场整合的程度来划分可以分为完全整合、完全分离和不完全整合三种情况。不同的分类方式研究的侧重点有所不同，比如对期货市场和现货市场跨期整合的研究注重研究资本市场的效率，对垂直市场整合的研究重点在产业链上各个环节的整合情况，以便对整个产业链上各个环节的市场势力有所判断。本书所说的市场整合主要是针对空间横向市场和产业链纵向市场而言的，采用Stigler（1968）、武拉平（2004）、王怡（2007）、喻闻（2010）对市场整合的定义，所谓市场整合就是同类商品在不同市场上或产业链上不同环节价格的一体化变化趋势，它是对资源在空间和产业链内配置效率和市场运行效率的反映。

二 研究背景

统一、开放、竞争、有序的市场体系，是我国社会主义市场经济体制运行的基础，是十八届三中全会决议所要求必须完成的艰巨的改革任务之一。经过几十年的改革开放，我国统一、开放、竞争、有序的市场体系，并没有相应地建立起来。统一的国内市场是我国全面深化改革急需解决的重大现实问题，在市场化改革不断深入和推进的过程中，为了实现资源的跨区域自由流动，中央陆续推出了多项举措。当前，我国正处在经济转型发展的关键时期，削弱地方政府干预、推进区域市场整合是制度红利得以释放的重要前提。由于我国各个地方发展水平极不平衡，政府在促进地方经济发展政策方面也存在差异性，导致地区之间的融合效果也不尽相同。目前，我国深层次的要素市场分割问题还很严重，在劳动力、资本、土地等市场领域，都存在动机更为复杂、手段更为隐蔽的市场分割和扭曲现象（刘志彪，2015）。国外经济学家认为中国的市场是“碎片市场”，其主要原因是地方政府强大的行政力量的干扰，如战略性新兴产业投资发展中的各自为政和严重的产能过剩（吴敬琏，2014）。2016 年 6 月 1 日国务院发布《国务院关于在市场体系建设中建立公平竞争审查制度的意见》，明确指出

“随着经济体制改革的不断深化，全国统一市场基本形成，但是同时也要看到，地方保护、区域封锁、行业壁垒、企业垄断、违法给予优惠政策或减损市场利益等不符合建设全国统一市场的现象仍然存在”。并且在意见中一连用了 18 个“不得”，比如：不得设置不合理和歧视性的准入和退出条件；不得限制外地和进口商品、服务进入本地市场或者阻碍本地商品运出、服务输出；不得限定经营、购买、使用特定经营者提供的商品和服务；不得对外地和进口商品、服务实行歧视性价格和歧视性补贴政策；不得排斥或者限制外地经营者参加本地招标投标活动；等等，直指由地方政府保护所造成的市场分割①。

在一个完全以市场为导向的经济体制中，市场经济的价格机制是指导商品流通、生产、消费等一系列决策的主导因素，对不同地域和产业链不同环节之间商品的价格关系的分析是一种深入了解市场运作效率和市场内部运行情况的非常有效的手段。国外的研究表明，在发展中国家的商品市场，特别是在农产品领域存在很多阻碍市场机制发挥正常功能的因素，比如区域政府对商品自由流通的控制，对本地商品和外地商品采取的各种不同的歧视性待遇，以及不发达的交通基础设施和运输条件、获取各种市场信息的困难、流通环节存在的垄断现象和不适当的市场政策等，这些因素都会影响资源在空间和产业链不同环节上的配置，从而影响市场整合程度。Andrew M. McKenzie 和 Bingrong Jiang（2002）认为市场整合程度是衡量市场效率和市场机制作用是否充分发挥的一个最直接的计量指标，一般来说，市场整合度较高的市场，资源与商品的流动性也比较高，市场机制的发挥比较充分，市场整合可以把不同地区的市场联结到一起，大数定律作用的发挥可以大大减缓价格的波动，提高社会的总福利水平或者使社会福利的损失减少到最小（武拉平，2002）。

空间市场整合研究的是在不同区域之间同种商品贸易和价格之间的变化关系，由于发展中国家普遍存在省际贸易数量缺乏的信息，因此，对于空间市场的整合一般从价格之间的变化关系来研究，因为在完全竞争的条件下，拿猪肉市场来说，猪肉在输入区的价格应该等于输出区的价格加上

---

① 《国务院关于在市场体系建设中建立公平竞争审查制度的意见》，http://news.xinhuanet.com/politics/2016-06/14/c_129061382.htm。

到输入区的运输成本，输出地和输入地的价格变化也会呈现同向的变化，也就是说各种商品在空间上满足一价定律，一个有效的市场上将不存在套利性的机会。因此对市场整合的分析结果已经成为衡量市场运行效率和市场机制发挥程度的一个重要指标。市场整合程度越好，市场机制功能发挥得就会越完善，资源的分配效率就会越高，市场的经济效率就会越高。相反，一个分割的市场将会影响资源的充分自由流动，造成资源配置的低效率，从而给整个社会带来福利损失。

农产品纵向市场整合是指沿着农产品产业链从生产、收购、流通、批发到最后零售环节的纵向链条上的价格变化的相关经济学研究，对纵向产业链价格传导机制的研究已经成为判断产业链某个环节是否存在垄断的重要手段。在不存在垄断势力的前提下，产业链各环节价格波动幅度基本是一致的，与空间市场一样，一个地方价格等于运输成本加另外一地价格。对于纵向产业链则有下游环节价格等于上游价格加各种成本。纵向市场整合度越高，市场的经济效率就会越高。相反，一个分割的市场往往会导致资源和价格在产业链上的扭曲，给产业链上不同的参与主体带来福利损失。

猪肉是中国重要的农产品之一，在我国农业经济中扮演着重要的角色，一是因为猪肉在我国居民肉类的消费中占据了很大的份额，2009 年我国城市和农村居民人均猪肉消费量分别为 20.5 千克和 13.96 千克，占总肉类消费的 60% 左右。二是生猪的养殖也是我国农民收入的一个重要来源，在农村经济中有着举足轻重的作用。可以说，猪一头联系着千万养殖户的利益，另一头与广大人民群众的日常生活密切相关。最近几年，猪肉价格的大幅度波动给农民生活和农民收入带来了重大影响，2016 年 3 月以来，各地猪价再次上涨，已突破 2011 年创下的 19.6 元/公斤的历史高点。猪肉价格创下单月上涨 30% 的历史纪录，引起全社会的关注。20 世纪 80 年代以前，我国生猪的生产、流通和消费都在政府的计划管制之下，如今生猪市场化体制改革已经进行了 30 多年，逐步由原来计划经济下的供求关系过渡到了市场经济起主导地位的供求关系，随着我国市场经济体制改革的不断深入，各个省份之间原来分割的状态被打破，但是由于我国地域辽阔，各个省份经济社会发展十分不平衡，再加上近几年猪肉价格的暴涨暴跌、菜篮子工程的重新兴起、猪肉价格的稳定成为当地主管领导政绩的一个考核指标，再加上食品安全问题越来越引起大众和政府官员的重视以及生猪产业链上饲料、养殖、屠宰、运输各个环节之间复杂的关系，使得对外来猪肉在养殖以及运输环节的监控成本越来越高，因此在区域经济发展不平衡和价格稳定以及食品安全等这些问题的大背景下，极有可能使当地政府实施地方保护主义。同时，由于生猪市场周期过长，市场供给对市场需求的反应存在一个滞后期，这也给生猪产业链上的一些环节带来了垄断机会。因此，对我国猪肉市场整合的研究不仅可以使我们从微观角度观察到我国猪肉市场的整合状态，从宏观角度来说还能够为我国有关生猪政策的制定和统一开放市场体系建设提供一定的借鉴。

三　问题的提出

地方市场分割是经济转轨过程中出现的特有现象，苏联在从计划经济向市场经济体制转轨过程中，曾经出现国内地区间贸易壁垒和地方保护主义。我国也是一个从计划经济向市场经济转型的大国，在这个转轨过程中，市场的分割和整合一直是学者研究的一个热点。尽管我国经过将近四十年的改革开放，政府逐步放开了商品和服务价格，市场机制在价格形成中的主导地位已经确立，但是我国的完全市场经济地位仍没有得到欧美等国家和地区的认可。我国的市场经济体制改革从空间的角度来说一直致力于建立一个全国大流通、大贸易、大统一的“三大”市场，早在 1993 年中共中央十四届三中全会上制定的《中共中央关于建立社会主义市场经济体制若干问题的决定》中，就提出了要“打破地区、部门的分割和封锁，反对不正当竞争，创造平等竞争的环境，形成统一、开放、竞争、有序的大市场”；十年之后，在 2003 年中共中央十六届三中全会上又做出了《中共中央关于完善社会主义市场经济体制若干问题的决定》，再次强调，要“完善市场体系，加快建设全国统一市场”。党的十七大报告中再次阐明了要完善基本经济制度，健全现代市场体系，深化垄断行业改革，加快形成统一开放竞争有序的现代市场体系。2007 年十届全国人大常委会第二十九次会议讨论并通过了《中华人民共和国反垄断法》，其中的第 32 ~ 37 条明确规定了禁止行政机关和法律法规授权具有管理公共事务职能的组织滥用行政权力排除、限制竞争的行为。2013 年十八届三中全会指出“建设统一开放、竞争有序的市场体系，是使市场在资源配置中起决定性作用的基础。必须加快形成企业自主经营、公平竞争，消费者自由选择、自主消费，商品和要素自由流动、平等交换的现代市场体系，着力清除市场壁垒，提高资源配置效率和公平性”。2013 年国务院出台的《国务院关于化解产能严重过剩矛盾的指导意见》明确指出：坚决清理废除地方政府在招商引资中采取土地、资源、税收、电价等损害公平竞争的优惠政策，以及地方保护、市场分割的限制措施。改革开放以来我国产品市场相关市场化改革重点举措见表 1.1。

表 1.1　改革开放以来我国产品市场化改革重点及举措

市场改革举措分类	改革重大历史事件
克服价格刚性的改革	“价格双轨制”（1979～1985 年）
	“价格闯关”（1979～1985 年）
克服供求弹性不足的改革	“扩大企业自主权”的试点（1979 年）
	“利改税”（1983～1984 年）
	国有大中型企业建立现代企业制度的试点（1992 年）
	“政企分开”为中心内容的行政体制改革（1993 年）
强化市场竞争的改革	制定《反不正当竞争法》（1993 年）
	颁布《国务院关于禁止在市场经济活动中实行地区封锁的规定》（2001 年）
	我国加入 WTO（2001 年）
	颁布《中华人民共和国反垄断法》（2008 年）
	十八届三中全会明确提出“建立统一开放、竞争有序的市场体系”
	《国务院关于在市场体系建设中建立公平竞争审查制度的意见》（2016 年）

资料来源：张超、郭海霞、沈体燕：《中国空间市场一体化演化特征——基于“一价定律”与空间杜宾模型》，《财经科学》2016 年第 1 期。

中央的这些措施和决定一方面显示了我国政府对建立大统一市场的决心和信心，另一方面也说明目前我国仍然存在比较严重的市场分割和地方保护主义的情况。

我国各个地区经济发展不平衡，发展程度不一致，地区间竞争加剧，导致激烈的地区利益冲突，地区市场分割就是最明显的表现形式。拿生猪市场来说，尽管有些省份已经不把生猪养殖、屠宰等产业作为地区的主要经济来源和主导产业，但是利益冲突仍旧是导致保护各地生猪市场的一个基本原因，这主要在于生猪市场与其他商品市场的不同之处，首先是食品安全问题。由于近年来出现毒血旺、蓝耳病以及瘦肉精等事件，各个地方民众和政府对食品安全越来越重视，但由于生猪产业涉及饲料、养殖、免疫、屠宰、冷运等一系列长的产业链，本地执法人员对外地生猪产业链进行监控成本太高，因此，对外地生猪流入本地市场就实行了比较严格的控制。其次，由于近年来猪肉价格的暴涨暴跌和菜篮子工程的兴起，稳定猪肉价格已经成为当地主管领导的一个重要的考核指标，因此为了能更好地控制猪肉价格，保证各个城市的猪肉自给率，各个地方的政府就采取了干涉当地猪肉供给的策略，如：2016 年北京市政府在猪肉市场调控和政府储备冻猪肉投放新闻通气会上透露，当年 5 月 5 日至 7 月 4 日，北京市将启动猪肉市场调控和政府储备冻猪肉投放工作，将对多家屠宰企业和超市进行两头补贴，增加生猪屠宰量。尽管早在 2001 年 4 月 21 日国务院就公布了《国务院关于禁止在市场经济活动中实行地区封锁的规定》，对地区行政垄断做了比较详细的界定，然而效果并不明显。根据 2004 年商务部对全国 22 个省份的调研，22 个省份里面有 20 个省份都有产品或服务遭受地方保护主义的侵害。当时由于资源供给短缺，陆续发生了“烟叶大战”“羊毛大战”“蚕茧大战”等事件，因此各个地方这个时期采取的主要是限制本地区的材料向外省流出。目前各种商品的供求格局都发生了明显的变化，大部分商品都已经由原来的供给不足转变为供给剩余，因此目前地方保护主义采取了各种各样的办法，例如在限制外地商品流入方面规定财政拨款单位只能购买或者优先购买本地生产的白酒、汽车等。2015 年 10 月株洲市为了稳增长、促发展而出台的《株洲市政府采购本地产品目录》第 43 条措施中就明确提出，应优先购买列入该目录中的本地产品。具体到生猪流入方面，采取多头检验、重复检验，或者更加严格的检验标准等。2016 年 4 月发生的双汇猪肉在河北迁安遭“围剿”就再次表明目前在微观层面仍存在一些阻碍市场整合的力量，这些歧视性行为严重阻碍了全国大统一市场的形成，全国人大代表、双汇集团董事长万隆在 2016 年两会期间接受记者采访时曾表示：“双汇最大的敌人并不是强大的跨国公司，国内的地区封锁、诸侯经济、地方保护主义才是双汇最大的对手，地方保护主义是阻碍和干扰建立社会主义市场经济体制的重要障碍，有效清除地方保护主义是构建发展新体制、深化改革、加强政府自身建设的重要内容。”[①] 在这样的背景下，以我国生猪市场为例探讨和研究市场整合和市场分割的问题就显得非常迫切和必要。这不仅可以为我国未来生猪产业政策的制定提供政策建议，还可以为我国统一开放的市场体系建设提供一定的借鉴。

另外，关于市场整合的研究对于经济学中的一个基本概念“市场”的界定也具有非常重要的意义。通过对两个地方同种商品价格的联系行为（比如价格之间的联动和因果关系，如果两个市场的同种商品的价格不存在联动关系，一个地方价格的变动对另外一个地方该商品价格的变动没有影响，那么我们就可以认为这两个市场是完全分割的市场，是两个不同的市场）来判断两个市场是否分割、是否是同一个市场，从而判断两个不同地方企业的合并和重组是否违背了垄断规则。Faminow 和 B. L. Benson（1990）用计量方法对加拿大牛肉市场的整合情况进行研究之后，得出加拿大牛肉市场存在非竞争性行为的结论。在美国，食品加工包装和畜牧业管理局也曾经委托一些研究人员利用市场整合的研究结果来判断市场的界限（Hayenga、S. R. Koontz et al.，1996）。

本书将从三个角度说明我国生猪市场分割现象依然存在。

（1）基于事实的角度。通过有关媒体公开报道的资料和相关案例的形式予以证明。

（2）学术研究的角度。目前已经公开发表的实证或者理论研究，以及本书的实证研究结果都证明了地方保护和市场分割的存在。

（3）法律法规的角度。2007 年 8 月十届全国人大常委会第 29 次会议讨论通过的《中华人民共和国反垄断法》中第 33 ~ 35 条对地方保护及其导致的国内市场分割问题进行了规范，2007 年 12 月 19 日国务院第 201 次会议修订通过的《生猪屠宰管理条例》中的第 19 条明确规定，“地方政府及其有关部门不得限制外地生猪定点屠宰场经检疫和肉品品质检验合格的生猪产品进入本地市场”。2015 年 11 月，国务院发布的 66 号文《国务院关于积极发挥新消费引领作用、加快培育形成新供给新动力的指导意见》指出：“加快建设全国统一大市场。健全公平开放透明的市场规则，建立公平竞争审

---

① 《强化创新引领 打破地方保护》，《中国食品报》2016 年 3 月 11 日，http://www.cnfood.cn/n/2016/0311/81007.html。

查制度，实现商品和要素自由流动、各类市场主体公平有序竞争。系统清理地方保护和部门分割政策，消除跨部门、跨行业、跨地区销售商品、提供服务、发展产业的制度障碍，严禁对外地企业、产品和服务设定歧视性准入条件。消除各种显性和隐性行政性垄断，加强反垄断执法，制定保障各类市场主体依法平等进入自然垄断、特许经营领域的具体办法，规范网络型自然垄断领域的产品和服务。”再一次说明地区行政垄断的持续性和严重性。

基于上述分析，本书首先分析了我国生猪市场的整合进程发展趋势和现状。接着从自然条件和体制角度讨论了市场分割产生的机制，之后以生猪市场分割为例，就其对福利和社会的影响进行了分析。最后给出了促进我国生猪市场整合的政策和建议。同时，本书也希望通过对我国生猪产品市场整合情况的研究，能给其他商品市场整合的研究提供借鉴。全书行文逻辑为：现象—产生原因—带来的后果—对策和措施。需要指出的是本书所称的生猪市场的整合，指的是消除地区和产业链不同环节之间阻碍生猪贸易发展的种种阻碍，实现我国国内统一大市场的进程。

四　研究方法

（一）实证经济学方法

实证经济学是经济学中与规范经济学相对应的一个分支，是指描述、解释和预测经济行为的经济理论部分。实证经济学是独立于任何特别的伦理概念或者规则判断的，实证经济学不涉及价值判断和伦理道德问题，实事求是地分析经济活动的过程，并根据事实和规律预测经济活动的后果，因此又被称为“描述经济学”。Friedman（1953）在其著作《实证经济学论文集》里详细讨论了实证经济学的研究和分析方法。正如凯恩斯所说，实证经济学解决的是“什么是”而不是“应该是”一类的问题，实证经济学可以说和自然科学一样是一门“客观”的科学。

（二）计量经济学方法

“计量经济学”一词是由挪威经济学家弗里希在1926年模仿“生物计量学”而提出的。计量经济学方法是以理论经济学和数理统计学为基础，应用统计学的原理和方法对各种具有随机性特性的经济变量之间的关系进行研究的一种实证研究方法，它以建立经济计量模型为主要研究工具，可以对某些现象是否存在和某种经济政策的效果进行评价和检验，本书主要运用现代计量经济学方法——面板单位根检验实证研究我国生猪市场随着时间变化的整合速度问题。

（三）博弈论方法

博弈论又被称作对策论，我国《孙子兵法》是世界上最早的一部经典博弈论著作，冯·诺依曼在1928年证明了博弈论的基本原理，宣告了现代博弈论的正式诞生。博弈论是应用数学的一个分支，目前不仅已经成为经济学的标准分析工具之一，在政治学、生态学、计算机科学和军事学方面都有着广泛的应用。博弈论考虑利益相关者的决策行为，并研究他们的优化策略。在本书的研究中主要用来分析不同地方政府对毛猪市场采取的策略以及它们之间的相互影响以及由此策略带来的对福利的影响问题。

（四）案例分析法

案例分析法又被称作“个案研究法”，由哈佛大学在1880年开发成熟，开始的时候只是用于高级经理及商业政策相关教育中，后来被公司广泛应用于培养企业员工领域，主要是结合文献材料对对象进行分析归纳，得出一般的普遍性的规律。“事实胜于雄辩”，使用可靠翔实的事实来证明文章想要说明的问题可能会比其他研究方法更具说服力。因此在本书的研究中，将采用大量公开的信息和资料来证明目前我国生猪市场存在阻碍生猪贸易和流通的市场分割问题。

五 研究框架

本书的研究框架是对逻辑思路的综合概括，它能够清晰地体现本书各个模块之间的有机联系，本书研究的思路是：首先界定研究对象，由现象提出本书要研究的问题—分析问题的产生原因和影响机制—市场分割所导致的福利损失和其他社会影响分析—对策建议。具体框架见图1.1。

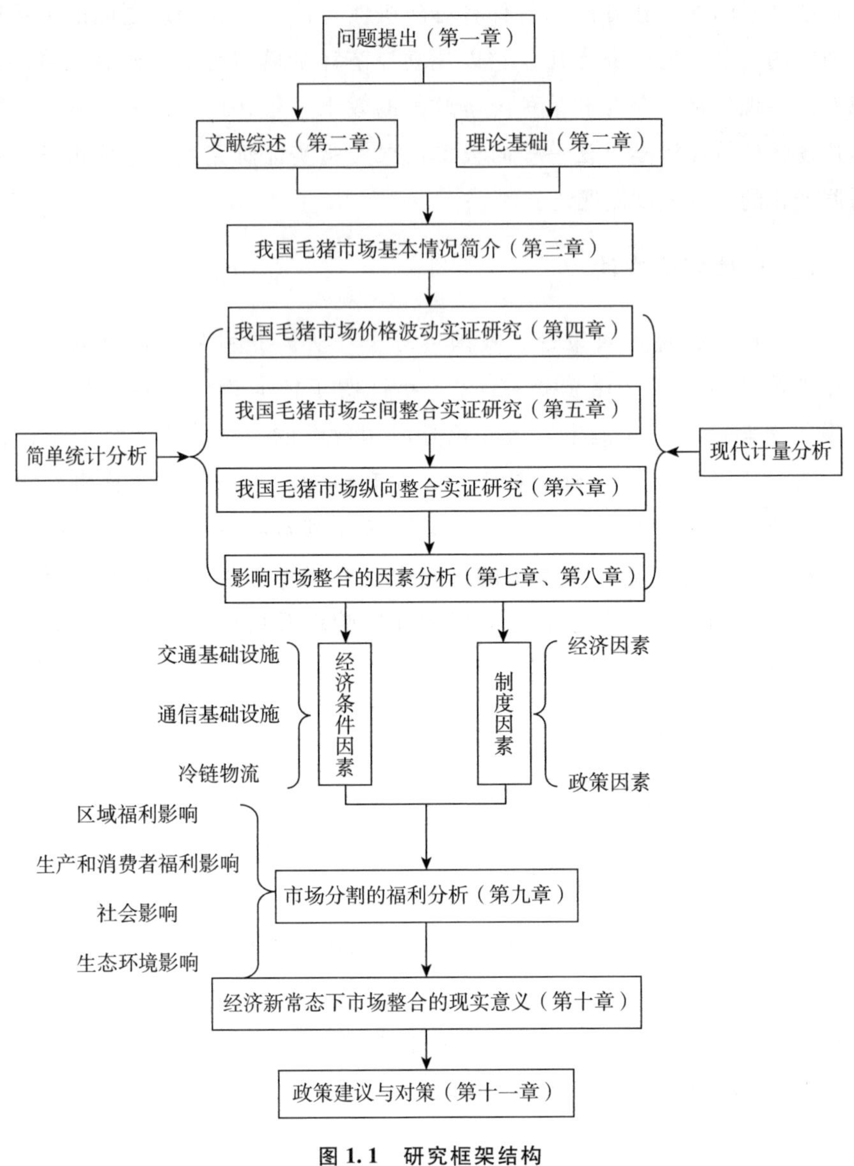

图 1.1　研究框架结构

六　创新与不足

（一）可能的创新

相对于已经存在的研究文献，本书在以下几个方面进行了探索研究。

（1）建立地方保护、市场分割和重复建设（产能过剩）几个变量之间关系的概念模型，详细分析了从地方保护（市场分割）传导至重复建设（产能过剩）的传导机制，并用生猪产业进行了验证，证明了概念模型的正确性。

（2）利用本书提出的相关模型，分析了新兴产业——新能源汽车产业过剩产生的机理，在此基础上，基于交易成本理论和价格理论，对在经济新常态下如何破解产能过剩提出了相关政策建议。

（3）以生猪产业为例，研究了我国生猪价格之间的空间和产业链不同环节价格关系，讨论了我国猪肉市场的整合情况。针对目前我国生猪市场不断推出的促进大流通和大贸易以及大统一市场的建设问题，借鉴战略性贸易保护的相关理论和博弈论模型深度分析了目前影响我国生猪市场整合的因素。

（4）目前我国对市场整合的研究一般都运用一些综合性指标，比如，对产业结构的分析等。而本书使用具体的一种商品——生猪对我国具体商品整合情况进行分析，以期能得出对我国市场经济体制建设有意义的结论。

（5）在计量方法的使用上，使用了面板单位根检验、协整、格兰杰检验和非对称向量回归模型，对我国近十多年生猪市场的整合速度问题进行了研究，与一般的使用价格传递的方法相比，更能精确地从总体和全国范围内把握我国生猪市场的整合情况。

（6）以生猪产业为例借鉴国内外生猪市场运行情况，从技术、行业、政府和法律四个层次和方面提出了促进我国生猪市场整合的建议。

（二）存在的不足

（1）在发展中国家由于缺少省际贸易数据和相关成本数据，再加上对市场整合的研究一直是一个比较复杂的问题，存在很多研究方法，尽管本书综合使用了统计分析、现代计量方法、引用别人相关研究成果的方法和案例分析方法，但是仅仅使用价格数据来对商品的整合情况进行分析只能说是目前学术界一个万不得已的研究方法，对商品市场的整合很有可能得出稍有偏差的结论。

（2）产品的同质性问题。由于市场整合研究需要资料具有同质性，本书主要资料是我国各个省份的生猪收购价格和猪肉零售价格，但是由于生猪产品品种众多，各省份由于品种不同可能存在一定的差别，因此无法保证产品同质性。这种情况可能会对本书的研究结果产生影响。

（3）数据的局限性。由于我国各个省份数据的采集点可能会发生变化以及本书使用的月度数据，都有可能对本书的结果产生影响。

（4）问题的复杂性。本书仅仅从地方保护和重复建设角度对影响我国市场整合的机制进行了分析，并在最后从市场整合的角度提出了经济新常态下破解我国产能过剩的方法，但是产能过剩本身就是一个十分复杂的问题，从一个角度分析难免会忽略其他问题。

第二章　文献综述与理论基础

我国国内市场的整合过程是从市场分割逐渐走向一体化的一个曲折的波动变化过程。银温泉（2001）认为我国国内市场的分割是从20世纪80年代实行“放权让利”行政分权之后出现的。地方政府拥有财税权和事权通常被认为是造成我国市场分割的经济和体制原因，在各地地方政府对当地的经济发展和当地居民福利利益负责的驱动下，地方保护和国内市场分割成为一种必然出现的情况。整合和分割正像是一枚硬币的正反两面，分割与整合是两种相反的作用力，市场分割力量减弱的过程就是整合力量加强的过程，对市场整合过程的研究就是分析在市场分割的反力量和整合的正力量作用力下的市场发展趋势。

通过对现有文献的梳理、归纳和总结，作者认为国内外学者对我国市场整合问题的研究主要集中于区域经济整合和个别商品的整合两个层次，尽管两个层次所使用的研究方法有所不同，但是对这两个层次主要都是针对以下两个问题进行研究：1. 对我国国内市场整合程度的测量和发展趋势的评价，主要是利用现代计量经济学方法对经济体中的一些指标之间的关系进行研究。2. 对影响我国市场整合的原因、表现形式等相关问题的研究。下面本书在对理论基础阐述后将从区域经济整合和商品市场整合两个方面，将相关研究进行归纳总结和简单评述。

一　市场整合的含义

市场整合与市场分割是两个相对的概念，市场整合指的是让分散在不同地理位置上的市场能够像单一市场那样运转。因此完全的市场整合意味着所有空间上分散的市场要受同一种供给和需求关系支配。根据Marshall（1890）、Cournot（1927）、Stilger（1942）等经济学家对市场范围含义的解释，市场整合就是使在同一个市场中同种商品的价格在扣除贸易成本后相等。因此，一个完全整合的市场意味着空间分散的市场满足一价定律。下面本书以 Enke（1951）、Samuelson（1952）、Judge（1964）、Takayama T（1964）、Takayama T（1971）等提出并完善的价格决定模型对市场整合的概念进行说明。考虑一个由 n 个地区构成的一个竞争性的同质商品市场，假设各个地区的超额需求函数为：

$$q_i = b_i(a_i - p_i), i = 1,2,\cdots,N$$

其中 q_i 和 p_i 分别是地区 i 的超额需求和价格，a_i 和 b_i 是符号为正的参数，a_i 表示的是地区 i 自给自足时候的价格，此时，超额需求等于 0。当 $q_i > 0$（<0）时，地区 i 为净进口（出口）地区。假设 s_{ij} 是地区 i 到地区 j 的贸易量，且有：

$$q_i = \sum_j (s_{ji} - s_{ij})$$

则模型均衡的充要条件为：

$$\sum_i q_i = 0$$

$$p_j - p_i - c_{ij} \leqslant 0$$

$$s_{ij} \geqslant 0$$

$$s_{ij}(p_j - p_i - c_{ij}) = 0, \forall i \neq j$$

其中，第一个式子为物质平衡式，后三个式子为一组互补性条件，$s_{ij}(p_j - p_i - c_{ij}) = 0$，$\forall i \neq j$ 表示 $s_{ij} = 0$ 和 $p_j - p_i - c_{ij} = 0$ 至少有一个成立，若 $s_{ij} \geqslant 0$，则有 $p_j - p_i - c_{ij} = 0$，即地区 i 和 j 满足一价定律或者说是市场完全整合。因此，以一价定律为基础的市场完全整合满足空间价格决定的均衡条件，是一种竞争性均衡。

二　理论基础

（一）绝对优势理论和比较优势理论

比较优势理论是古典经济学大师李嘉图在亚当·斯密的绝对优势理论

之上发展提出的，因此，在论述比较优势之前，我们先简单阐述一下绝对优势理论。

1. 绝对优势理论

绝对优势理论又被称为绝对成本说或地域分工说，亚当·斯密在《国民财富的性质和原因的研究》中写道，“生产力最大的增进，以及运用劳动时所表现的更大的熟练、技巧和判断力，似乎都是分工的结果”。并且进一步把分工扩展到了空间层面，从而提出了绝对优势理论。他认为，每一个地区都有其生产成本最低的产品，各个地区都生产本地区生产成本最低的产品，然后与其他地区交换产品，能够使各个地区的资源得到充分应用。并且各地区经济的专业化能够提升生产效率和增加国民收入水平。

亚当·斯密的分工理论是建立在劳动生产率的绝对差异之上，一个地区之所以要输入其他地区的产品，是由于该产品在该区的生产成本不具备优势，反而不如购买其他地区生产的该产品。而把自己的资源用在劳动生产率比较高的产品上，并向其他地区输出自己的这种产品，从而使两个地区的福利达到最大化。

2. 比较优势理论

比较优势理论由古典经济学大师李嘉图提出，他认为贸易的基础并不仅仅限于劳动生产率上的绝对差异。只要在劳动生产率上存在相对差异，生产成本和价格就会出现相对差别，从而导致各个地区在不同的产品上具有比较优势，使地区之间的贸易成为可能。根据比较优势理论，各个地区都应该生产具有比较优势的商品、进口有比较劣势的商品。

比较优势理论指出：任何地区都有其相对有利的条件。如果各个地区都生产和交换有比较优势的产品，就会使各个地区的资源得到充分的利用。保罗·萨缪尔森曾对比较优势理论做出“比较成本说是国际分工和国际贸易中不可动摇的基础”的评价。马克思对此观点也持有赞同态度，他指出，即便是劳动生产率比较低经济比较落后的国家或者地区，在与其他国家或者地区交换中所付出的实物形式的物化劳动多于它所得到的，但是它由此得到的商品比它自己所能生产的更便宜。

根据比较优势理论，只要两个地区的生产成本存在相对差别，那么就会使各个地区在不同商品的生产上具有比较优势，最后都会导致分工和专业化的形成。

3. 要素禀赋理论（比较优势理论的扩展）

无论是绝对比较优势理论还是相对比较优势理论，都把分工和贸易归结于劳动生产率的差异。然而由于劳动生产率反映的只是实物形态的差异，而不能反映价值差异和成本差异。赫克歇尔和俄林在前人理论的基础上进一步提出了要素禀赋理论。

他们认为，比较成本差异的产生需要具备两个基本条件，第一，两个国家或者地区的要素禀赋不一样；第二，不同商品的生产技术不同。无论国际贸易还是国内贸易，都是域际贸易。构成区域间分工的主要原因在于区际差异和要素禀赋的差异。具体来说，要素禀赋差异主要包括以下两个方面：（1）自然禀赋差异；（2）劳动力、资本等生产要素在区际的不完全流动性。

根据要素禀赋理论，各个地区或者国家都倾向于发展生产具有要素优势的产品，例如，劳动力密集的国家偏于向劳动力密集型产业进行扩张，资本密集的国家偏向于向资本密集型产业扩张，知识技术密集的国家偏向于向知识密集型产业扩张等。总之，各地区都倾向于输出本地区丰富资源密集型产品。

（二）现代贸易理论

以保罗·克鲁格曼为核心人物的现代贸易理论认为，随着生产规模的不断扩大，生产该种商品的单位平均成本在规模效应的作用下会呈现不断下降的趋势，企业可以通过不断地扩张和扩大规模来取得规模效应从而最终取得竞争优势。该理论认为是规模效益导致贸易的产生。保罗·克鲁格曼在《报酬递增、差异产品和国际贸易》一文中就明确指出，“企业对规模经济效果的追求，就是对获得超额利润的追求，是国际贸易产生的动力”。现代贸易理论的另外一个重要贡献就是对国际贸易产生的解释，根据外部规模经济贸易理论，一个国家有没有贸易优势并不在于其所拥有的要素禀赋，而在于某个产业或者行业在某个时间点上的规模。一般来说，如果一个国家在某个产业上规模很大，那么就会拥有一个可以供该产业使用的共同的劳动力池，可以调节整个产业内部的劳动力盈缺，同时大的规模还有利于技术进步和成果的迅速扩散，就会形成该产业的规模优势。如果一个国家或者地区生产规模小，具有“小而全”的特点，将会导致比较高的单位产品生产成本，在国际市场上就没有竞争力。

（三）区域农业专业化理论

农业是自然和经济再生产相互交织的社会再生产过程，具有特定的地域资源约束性。国际市场上许多有独特竞争力的农产品大都来自大规模的农业专业化地区，农业地区专业化理论虽然明显地继承了杜能的农业圈层理论，都承认级差地租对农业布局的影响，它们也都承认最优区位取决于比较利益。但是与杜能的理论不同，农业地区专业化理论不再以城市市场作为决定农业布局的决定性因素，而是综合分析所有影响农业布局的条件进行全国性农业生产地区分工，推进大规模和高效率的农业专业化生产，使得各个地区都有可能最大限度地发挥自己的优势。

（四）空间套利与一价法则

1. 空间套利

空间商品套利是指市场参与者出于逐利的原因将商品从价格低的地区运输到价格高的地区以利用两地之间的价格差异获取利润。在一个完全竞争的市场中，套利行为的存在使同种商品在不同地区的价格之差不可能高于两地之间的运输成本，这种观点用空间套利条件可以表示为：

$$|p_i - p_j| \leq c_{ij}$$

其中，c_{ij}是商品在地区 i 和 j 之间转移所产生的运输和交易成本，需要说明的是空间套利条件只是一个理想的均衡概念。在现实中，地区之间的价格表现可能与上面式子的表示有所不同，但是只要市场运行良好，空间套利者将推动两地之间的价格差异收敛到贸易成本。在经济学家眼中，只要存在空间的价格差异，那么套利行为是理性经济人的必然选择，空间套利条件是任何空间价格行为模型的出发点。

2. 一价法则

购买力平价理论最初由英国经济学家桑顿在 1802 年提出，之后由瑞典经济学家古斯塔夫－卡塞尔加以补充和发展，并在其《1914 年以后的货币与外汇》一文中给予了详细论述，是关于汇率决定的一种理论。购买力平价理论认为：根据一价定律的原则，两地区同种商品的价格差别只能是暂时的，由于价格差别而存在的套利机会会使两地价格的差异趋于消失（扣除运输成本后）。购买力定律在一个国家内部（不存在汇率转换）表现的是一价法则，即如果市场之间不存在明显的市场分割，那么市场之间同种商品的价格应该大致相同。因为，如果地区之间存在显著的价格差异，那么地区之间将会发生空间价格套利行为，一直到价格差别减小到等于交易成本的时候套利交易停止。这时商品市场在空间上才达到新的均衡。

（五）大市场理论

大市场理论是在共同市场理论基础上发展起来的，共同市场理论主要分析的是在生产要素可以自由流动的情况下，对一个共同市场内部各成员生产要素价格以及生产要素收益的影响，该理论的代表人物是米德（Meade）和伍顿（Wooton），他们认为共同市场可以产生净收益，使共同市场成员国的国民收入水平上升，并且在一个共同市场内还会伴随着技术和管理水平的转移和溢出效应，促使劳动生产率显著提高从而带来经济增长效应。

大市场理论的代表人物是西托夫斯基（T. Scitovsky）和德钮（J. F. Deniau），他们在共同市场理论的基础上着重分析了区域一体化的竞争效应，西托夫斯基认为，在实行区域经济一体化之前，各国为了保护本国利益而制定各种贸易保护政策只会使各国面对狭隘的国内市场，无法进行大规模的生产。这种“小市场”的经济会出现恶性循环，而当建成共同市场之后，可以将原本受到地方保护的市场联系和统一起来，为各成员国提供更大的市场，这势必会促进规模经济的产生。另外，共同市场的形成还会使共同市场内部厂商之间的竞争更加激烈，使得规模较小、竞争力比较弱的企业逐渐被市场淘汰，由此整个经济体迈入以规模经济为主导的市场扩大竞争加剧的良性循环。德钮认为，由于大的市场形成，机器获得充分利用，大量生产活动专业化，研发和技术创新活动由于竞争的加剧而加大，这一切都将促使生产成本和价格的下降，从而使实际生活水平提高。而这种消费的扩大又会引起投资的扩大，扩大的投资又使价格下降和购买力提高，这样一来经济就开始滚雪球似的扩张。因而，只有市场规模迅速扩大，才能促进经济扩张。

大市场理论的核心是通过扩大市场，获得规模经济和良性循环，带动经济蓬勃发展，从而实现宏观效益。另外，关于大市场理论有代表性的说法还有丁伯根所说的“消除障碍最合理运营的各种人为障碍，通过有意识地引入各种有利于调整、统一的最理想因素，创造出最理想的国际经济结构”。

（六）政府竞争理论

在经济学史上，最早对政府竞争机制进行分析研究的是亚当·斯密，他认为如果一个国家不能提供对私有产权的有效保护，那么资本所有者就会移民其他国家，从而促使政府竞争机制的形成。政府竞争这时候主要是政府为了吸引人才、资本和技术等要素而进行的诸如政府行政管理因素之类软制度的竞争，包含政治、法律和经济等多个方面的内容。经济学史上明确提出政府竞争理论的则是新制度学派，该学派在演化经济学的基础之上，把经济市场中竞争的天然规律运用到了对政府的集体行动的分析上。该学派认为，竞争是制度进步的原动力，国家正是因为竞争的压力，为了维持国家的可持续发展，从而逐渐改变现有的制度。以上对政府竞争的研究主要集中在国与国之间，对地方政府竞争的研究则以蒂布特在 1956 年发表的《地方支出的纯理论》为标志，在该书中，他提出了著名的“以脚投票”理论。该理论假设政府活动空间中存在一个与市场机制相似的政治市场，政府是不流动的政府供给品（市场竞争环境）的供给者，企业和居民作为需求者以脚投票的方式来选择和消费政府提供的这些不流动产品，和商品市场一样，市场竞争使最符合消费者偏好的产品脱颖而出，政府竞争也可以遴选出哪些政治规则以及制度更符合企业和民众的偏好。国内最早利用政府竞争理论对中国问题进行研究的是何梦笔教授。另外，冯兴元教授对政府竞争的研究也颇具代表性，他认为政府间竞争就目的来看是指政府围绕资源的竞争；就竞争模式来看，主要分为横向竞争和纵向竞争以及直接竞争和间接竞争四种类型；就竞争内容来看，主要指的是政府选择规则和规则体系的竞争。不同的规则和体系将会对一个辖区内部的经济活动和政治活动产生影响，经济活动和政治活动又会反过来影响规则及其体系，促进规则及其体系的演进。总的来看，所谓政府竞争就是在政府之间，为了吸引经济增长所必需的人才、资本和技术等生产要素在法律法规、投资环境、政府效率等多个方面选择的竞争。

三　商品市场整合

（一）国外研究现状

市场整合的研究始于20世纪60年代，发展到目前已经成为研究市场问题的一个重要领域。市场整合直接影响到市场机制发挥作用的程度和范围，一个整合好的市场，价格信号传递的效率也会比较高，价格机制对生产者的指导功能就发挥得越充分，一个整合不好的市场，价格机制的发挥将受到很大的限制，对市场机制在资源配置中发挥的作用将产生极大的负面影响（Goodwin，1991）。Steven Zahniser（2009）认为整合的市场有助于实现地区和国家之间的相对比较优势，可以使生产者和消费者更有效地适应瞬息万变的市场环境，对于生产者来说，整合的市场有利于生产者扩大销售地盘，从而实现更好的规模效应。对于消费者来说，整合市场有助于稳定该地区的价格波动，商品的充分流动可以增大消费者的选择权，从而增加消费者福利。国外关于这一领域的研究主要集中在以下几个方面。

一是一国之内商品市场的整合情况，这也是目前市场整合研究的热点，因为对该问题的研究可以指导政府制定相关的产业或者经济政策来纠正目前市场上出现的问题，另外还可以评价政府的市场政策，因此对一国之内商品市场的整合具有比较大的实际应用价值（Alexander and Wyeth 1994）。由于市场分割在转轨经济体制中比较常见，有很多文献都对处于转轨经济之中的国家的市场进行了研究，Gluschenko（2002）、Gluschenko（2003）、Gluschenko（2004a）、Gluschenko（2004b）、Gluschenko（2006）和Berkowitz（1999）、Berkowitz（2001）、Berkowitz（2003）都对俄罗斯经济转轨过程中的市场整合进行了广泛和深入的研究，Brooks（1994）对俄罗斯实行市场经济体制改革7个月的粮食市场的整合情况进行了研究，得出俄罗斯的市场整合受到了来自外部压力的结论。Kurosaki（1996）对巴基斯坦小麦市场的整合情况进行了研究，B和Y（2005）、Yahshilikov和Brosig（2006）对哈萨克斯坦的小麦市场整合进行了研究，Palaskas和White（1993）对孟加拉国的商品市场整合进行了研究，认为市场基本上是整合的，但是对于不同商品整合程度不同。Asche和Gordon（1998）对法国的水产品市场整合情况进行了研究。Goodwin 和 Piggott（2001）对美国北卡罗来纳州四个玉米市场和四个大豆市场在考虑到交易成本因素的情况下进行了研究，得出上述市场整合情况良好的结论。Jyotish（2006）对印度一个邦的马铃薯市场整合情况进行了分析，得出政府应该不要对已经整合良好的市场进行过多政策干预的结论。Niquidet（2008）对新西兰的木材市场进行了研究，认为新西兰木材市场可能存在运输成本过大而导致市场分割的现象。Awokuse（2007）对中国粮食市场的整合情况进行研究之后，得出中国的粮食市场改革推动了粮食市场效率提高的结论。此外还有 Lele（1967）对印度高粱市场整合的研究，Khalid Mushtaq（2008）对巴基斯坦苹果市场的研究，Bailey 和 Brorsen（1989）对美国牛肉市场的研究，Balch（1994）对美国食品市场的空间价格联系以及整合的研究，Bailey 和 Brorsen（1989）、Abdulai（2000）对加纳玉米市场的研究，Negassa 和 Jayne（1998）对埃塞俄比亚谷物市场整合的研究，Van Campenhout（2007）对坦桑尼亚玉米市场的整合研究，G. Abdul（2009）对巴基斯坦芒果市场的研究，Loadapo（2008）对尼日利亚农产品市场整合情况的研究，Chin 和 Habibullah（2008）对马来西亚商品市场的整合研究，Federico（2007）对 19 世纪意大利小麦市场的整合和市场效率的研究，等等。

二是对区域内跨国商品市场之间的整合研究。对跨国商品市场的整合研究主要是想通过考察两种商品在不同国家的价格联系和整合程度，从而了解两国之间的贸易效率和确定市场在国际市场中的地位，即哪个国家的市场是整合国际市场的定价中心。对于贸易效率比较关注的研究主要有 Y 和 D. A. Besseler（2000）对发展中国家和发达国家之间大豆市场的整合情况的研究以及 Emelly 和 Edward（2007）对非洲南部几个国家玉米市场整合情况的研究，此外还有 Padilla 和 Thilmany（2003）对美国和墨西哥西红柿市场整合情况的研究，Miljkovic（2006）对美国和加拿大畜产品市场整合情况的研究，Bakucs 和 Brümmer（2011）对匈牙利和德国两个国家小麦市场整合情况的研究，Bakucs 和 Falkowski（2010）对匈牙利和波兰的牛奶市场整合情况的研究，等等。对后一种情况的研究主要有 Atanu（2006），他通过对国际上小麦市场价格的分析，得出美国的小麦价格是世界上其他国家价格的领导者的结论，Sanogo（2010）对尼泊尔和印度大米市场整合情况进行了研究，得出两个市场整合良好，印度国内粮食政策的变化将会通过价格机制影响到尼泊尔居民的福利情况的结论。此外还有 Zanias（1993）对欧盟的农产品市场整合情况的研究等。

（二）国内研究现状

用关键词“市场分割”“地方保护”“统一市场”“区域市场”，选取我国经济学、管理学和政治学最具代表性的15种期刊（《经济研究》《中国工业经济》《金融研究》《经济学（季刊）》《世界经济》《数量经济技术经济研究》《管理世界》《中国社会科学》《系统工程理论与实践》《政治学研究》《南开经济研究》等）为样本，利用中国期刊全文数据库进行文献搜索，最后共搜集到97篇相关文章，具体分布如下表所示。

表2.1　国内主要期刊有关市场分割研究文献统计

期刊名称	学科	合计	2001年以前	2001-2005年	2006-2010年	2011年	2012年	2013年	2014年	2015年
《经济研究》	经济学	31	3	12	14	2		1	1	1
《经济学（季刊）》	经济学	9		3	6					
《中国工业经济》	经济学	14		3	6	2		2	1	
《世界经济》	经济学	9		3	3	1			1	1
《南开经济研究》	经济学	3	1		1			1		
《数量经济技术经济研究》	经济学	4		1	2				1	
《管理世界》	管理学	7		2	2	1	1			1
《财经科学》	经济学	5			1			1	1	2
《财贸科学》	经济学	3		2	1					
CCER	经济学	6	1	4	1					
《中国社会科学》	综合	7		5	1	1				
《政治学研究》	政治学	2		2						

武拉平（2004）对国内外有关农产品市场整合的理论和实证方法进行了归纳和总结，并以小麦、玉米、糖、棉花和豆油为研究对象，运用协整—格兰杰因果检验法对主要农产品国内和国际市场的整合情况进行了分析，探讨了国内市场和国际市场之间相互影响的因果关系，即哪个市场首先变化从而带动其他市场的变化，最后得出随着农产品流通和贸易政策的改革，国内外市场整合程度不断提高的结论，文章缺陷是没有考虑到运输

成本等其他交易成本的存在，而仅仅是利用传统的线性协整方法对两个变量之间的关系进行了研究。

郭利京、胡浩、李春燕（2011）对我国的饲料、仔猪、活猪、猪肉之间的价格，利用相对价格方法进行了分析，结果表明：2000～2009年，我国养猪业的市场整合程度在逐步提高。万广华、周章跃、陈良彪（1997）对我国的水稻市场整合情况利用协整方法进行了研究，得出我国的稻米市场整体来说整合程度尚很低，但是也存在着局部市场的整合，例如北京、大连和哈尔滨三地之间的整合程度就比较好。武拉平（1999）对我国小麦、玉米和生猪收购市场的空间整合情况利用协整分析方法进行了研究，认为小麦和玉米以及生猪市场存在长期整合关系，但短期来看，小麦和玉米市场不存在市场整合。朱晶、钟甫宁（2004）认为一个整合程度高、发育良好的市场可以以相对较低的储备规模覆盖较大的保障范围，反之，如果市场发育不良整合程度比较低，地域分割比较严重，各个地区供给和需求所造成的价格变动只能靠自身储备水平来平抑的话，则所需储备规模的总和会远远超出市场整合下的储备规模水平，从而大大地增加储备成本，造成更大的储备浪费和管理成本以及经济损失。孙项强、徐晋涛（2005）依据1997年7月至2004年7月全国30多个红松原木价格以及杉原木价格数据，利用协整和格兰杰因果检验的方法对中国木材市场的整合程度进行了研究，根据存在协整关系，作者得出中国木材市场存在长期整合关系但不存在短期整合关系的结论。王宁、司伟、王秀清（2008）运用协整和格兰杰因果检验方法对我国北方小麦和面粉市场的整合情况进行了研究，认为无论长期还是短期，我国北方小麦市场和面粉市场都存在整合现象，但两个价格之间没有固定的因果关系，即既有小麦价格引起面粉价格变化的情况出现，也有面粉价格带动小麦价格变化的情况出现。王怡（2007）在其博士论文《中国苹果市场整合研究》中利用面板数据、协整及格兰杰检验、误差修正模型对中国的苹果空间市场整合情况进行了研究，得出中国苹果市场长期呈现逐步整合的趋势，但是在短期内由于交通运输等多种因素的影响，整合关系不明显的结论。刘丛（2007）利用协整分析方法和清代数据对18世纪我国南北方大米市场整合情况进行了研究。赵留彦（2011）利用门限误差修正模型对民国时期“裁厘改统”政策对我国粮食市场整合程度的影响进行了研究。本书反过来利用模型估计的门限值作为运输成本的替代量，然后通过对政策改变前后模型估计的门限值的变化表示运输成本的变化情况，由门限值的变动情况得出运输成本的下降导致市场整合情况大大增强的结论。

宋安德（2010）对台湾省白米与稻谷的市场整合情况利用和武拉平（2004）同样的方法进行了研究，实证结果表明，台湾南部和东部地区价格不存在整合关系，只有中部地区存在整合关系。黄盈堂（2001）认为网络的使用会使信息的传播更为顺畅，进而使市场整合程度增强，所以作者对网络上电脑周边零售市场的空间整合情况利用模型（Ravallion，1986）进行了研究。陈政位等（2002）和陈政位、杨奕农、范宇平（2004）对台北和台中的鱼类市场整合情况分别利用 Ravallion 模型和 PBM 模型以及协整法进行研究，并对不同模型的结果进行了比较，得出除个别鱼类外，台北和台中鱼类市场整合程度良好的结论。

长期整合指两个市场的价格之间存在长期、稳定的联系，即使这种关系暂时被打破，也会存在一种力量使系统恢复到原来的均衡状态。短期整合是指一个市场该商品价格的变动会立即引起另一个市场上该商品价格的变化，它反映了市场之间产品价格传递的敏感性和及时性。

此外，其他有关市场整合的研究方法和研究对象的分类和具有代表性的国内文献以及相关研究总结归纳如下表所示。

表 2.2　商品市场整合的国内学者相关研究文献

序号	作者	杂志	研究方法	研究内容	研究结论
1	夏飞、陈修谦（2003）	《数量经济技术经济研究》	理论研究	价格传导与企业产销平衡	价格模型是双方谈判的结果，与经济景气情况、价格指数等因素有关
2	赵革、黄国华（2005）	《统计研究》	价格传导的响应率及响应弹性	国际市场价格的变化对国内市场的影响程度	国际市场价格影响国内工业品和消费品价格，并且这两个价格对国家市场价格的反映程度差别很大
3	王志强（2002）	《财经问题研究》	协整 GRANGER 因果检验	对股票价格与消费水平和投资水平之间的关系进行分析	股票价格波动对投资没有影响

续表

序号	作者	杂志	研究方法	研究内容	研究结论
4	顾海兵、周智高（2005）	《价格理论与实践》	简单价格相关分析法	对生活资料、固定资产投资、居民消费等价格指数不同阶段的变动进行研究	原材料工业价格与耐用消费品价格变动同步性比较强
5	李国祥（2008）	《农业展望》	国际国内价格指数比较	分析国际农产品价格传导对中国农产品价格的影响	全球农产品价格最终会传导到国内市场
6	严宝玉、余剑（2008）	《金融与经济》	描述性分析	国际市场大豆价格对国内的影响	大豆的国际价格对国内制成品和消费者价格指数都有影响
7	刘金山、尉盼龙（2009）	《经济前沿》	动态分布滞后模型	测度我国省际价格传导效应，分析省际经济联系	省际价格传导呈现"生产领域快，流通领域慢"的特征
8	王雪松（2007）		动态分布滞后模型	对上游、中游和最终产品的价格指数进行实证分析	上游和中游产品的价格向最终产品价格传递存在一年的时滞
9	苏梽芳、臧楠（2011）	《财经研究》	门限误差修正模型	食品通胀率与非食品通胀率之间的传导关系	食品通胀率与非食品通胀率存在门限协整关系，并且在不同的区制内，两者的因果关系不同
10	楪至浩（2004）	硕士学位论文	门限误差修正模型	股价指数期货与股价指数价格关联研究	非线性门槛向量误差修正模型能较好地显示出期货与现货间长期关系与短期动态关系
11	孙项强、徐晋涛（2005）	《中国农村经济》	协整检验，格兰杰因果检验	全国30多个城市的红松原木价格数据	中国木材市场存在长期整合关系，但不存在短期整合关系
12	李佳珍、黄柏农（2008）	第九届实证经济学论文研讨会	TAR，M-TAR	台湾毛猪市场生产价格与零售价格之间的关系	与羽毛理论相反的结论，即生产价格下降传导到零售价格的速度快于生产价格上升时候的传导速度。可能原因：毛猪市场受政策的高度干预比较严重

续表

序号	作者	杂志	研究方法	研究内容	研究结论
13	李皇照（2003）	《农业经济与政策》	Ravallion 模型	台湾四个花卉批发市场	台湾花卉批发市场资源配置效率尚未达到最佳化，经济效率仍有改善空间
14	王宁、司伟、王秀清（2008）	《农业经济问题》	协整检验，格兰杰检验	我国北方小麦收购市场与面粉零售市场的整合	小麦市场和面粉市场无论在短期还是长期都存在整合关系，就因果关系而言，两个价格之间的关系没有固定走向
15	陈政位、杨奕农、范宇平（2004）	《农业经济丛刊》	PBM 和 Ravallion 模型	对台北和台中的 11 种鱼种进行市场整合检验	台北和台中市场间各种鱼种整合程度还算高，但是也有个别品种整合程度比较低，显示运销体系仍有改善空间
16	陈政位、杨奕农、范宇平、庄雅南（2002）	《农业与经济》	PBM 模型和协整与格兰杰因果检验方法	台北和台中的吴郭鱼市场整合情况	台北和台中吴郭鱼市场不存在运输障碍
17	Wei X. D.（2006）	The Review of Economics and Statistics	价格趋同法	国内 31 个省份	我国国内市场总体上来说是整合的而非分割的，西部地区的市场整合程度低于东中部地区
18	鄂永健（2007）	《经济评论》	价格趋同法	1978～2004 年 28 个省份年度商品零售价格指数	我国改革开放以来国内市场一体化程度正逐步加深
19	桂琦寒、陈敏、陆铭等（2006）	《世界经济》	价格趋同法	1985～2001 年 28 个省份 9 类商品的相对价格方差变化趋势	中国国内市场日趋整合
20	范爱军、李真等（2007）	《南开经济评论》	价格趋同法	1985～2005 年的国内商品零售价格指数	结果显示地区经济发展水平、政府财政支出、国有企业就业比重、进口、出口及 FDI 皆不同程度影响着国内商品市场的整合趋势

续表

序号	作者	杂志	研究方法	研究内容	研究结论
21	赵奇伟、熊性美（2009）	《世界经济》	价格趋同法	以中国1995～2006年分地区的居民消费价格分类指数、固定资产投资价格指数和职工平均实际工资指数来测算消费品市场、资本品市场和劳动力市场的市场分割指数	发现稳定的收敛趋势，国内市场日趋整合
22	杨朝英（2009）	《技术经济》	协整与价格趋同	2000～2008年全国30个省份生猪批发价格月度数据	中国生猪市场实现了良好的长期整合和短期整合，市场能够实现自身的价格调整，不需要政府对生猪价格进行干预
23	郭利京、胡浩、李春燕（2011）	《南京农业大学学报》（社会科学版）	价格趋同法	2000～2009年饲料，仔猪，猪肉等五种商品价格	我国养猪业市场整合程度是逐步提高的，生猪主产区内的个别省份市场整合程度较低
24	胡向东、王济民（2010）	《农业技术经济》	门限自回归模型	我国1994年6月至2009年1月全国平均猪肉价格	猪肉价格调整过程存在非对称性，猪肉价格序列可以更好地用门限模型来刻画
25	赵留彦（2011）	北京大学经济学院工作论文	门限误差修正模型	1931年国民政府“裁厘改统”政策对国内粮食市场整合的效应	“裁厘改统”后上海和芜湖两地之间贸易成本相对于以前下降了将近40%，市场整合程度大大增强了
26	黄新飞、陈珊珊、李腾（2014）	《经济研究》	断点回归方法	2011年5月至2014年5月长三角15个城市224个市场37种农产品的161个周度价格及成本数据	即使在长三角地区这样的一体化区域内，各省份的农产品零售市场之间仍可能存在明显的市场分割

（三）主要研究方法

商品市场整合的测定方法主要是围绕着考察市场价格变动关系来进行

的，自从 Lele（1967）发表第一篇有关市场整合的文章以来，研究人员又相继推出了一些新的研究方法，归纳起来大概有相关分析法（The correlation analysis method）、Ravallion 模型法（The Ravallion procedure）、等值临界模型法、协整法（The cointegration approach）、价格趋同法（The price convergence）以及最近几年发展起来的门限或者机制协整法（Threshold cointegration model 或者 Regime switch model）等。关于商品市场整合的研究大多是基于价格的研究，其中一个主要原因就是相对来说，商品价格的数据比较完善，此外，Khalid Mushtaq（2008）和行伟波、李善同（2010）也都认为在一个市场经济体制中，价格是指导商品在时间和空间上生产和消费的重要信号，对不同价格在不同地区之间的差异的研究已经成为研究市场效率的一个重要的分析手段。

（1）相关分析法。相关分析法是最简单的一种检测空间市场整合的研究方法，该方法曾经流传了很长一段时间，例如 Lele（1967）、Thakur（1974）、Ejiga（1997）等都曾运用该方法对市场整合问题进行了研究。该方法的优点是简单易用，在做市场整合的实证时，只需要对不同市场的两个价格时间系列进行相关系数的计算，如果该系数在统计上是显著的，那么就可以认为这两个市场之间是具有整合关系的。例如：如果两个市场价格的相关系数等于1，那么就可以认为这两个市场上的这种商品是完全整合的，一般认为如果系数超过自己设置的某个数值（比如0.6或者0.8等），就认为两个市场整合的程度比较高。但是该方法存在很多问题，例如，较高的相关系数可能是由于两个地方具有相似的供需环境，或者是由于通货膨胀以及季节性因素对两个价格时间序列造成的共同趋势在计算中没有预处理等。价格序列的高度相关将会夸大市场的整合程度（Negassa 和 Myers，2004）。另外，整合的市场也有可能存在较低的相关系数。导致这种现象的原因是某个市场既是占主导地位的供给中心又是重要的需求中心（Blyn，1973）。

（2）Ravallion 模型法。为了克服相关分析法的缺点，Ravallion 把相关分析法与格兰杰检验方法相结合，对相关分析法进行了延伸和改进，于1986年提出了 Ravallion 模型法（Ravallion，1986）。该方法假定有一个车轮状的辐射型的市场格局存在，处于中心的市场称为中心市场，周边的市场都受中间市场的价格支配，这种关系可以用下面的式子表示：

$$P_i = f_i(C, X_i),$$
$$i = 1,2,\cdots,N$$

这里 P_i 表示第 i 个周边市场的价格，C 为中心市场的价格，X_i 是影响第 i 个市场价格的其他因素，同时中心市场的价格也可以用周边市场的价格进行函数表示：

$$C = f(P_1, P_2, \cdots, P_n, X)$$

如果考虑滞后价格的影响，那么上面两个等式又可以变成：

$$P_{it} = a_i P_{it-1} + b_{i0} C_t + b_{i1} C_{t-1} + c_i X_{it} + \varepsilon_{it}$$
$$C_t = \alpha C_{t-1} + \beta_{10} P_{1t} + \beta_{20} P_{2t} + \cdots + \beta_n P_{nt} + \beta_{11} P_{1t-1} + \beta_{21} P_{2t-1} + \cdots + \beta_{n1} P_{nt-1} + cX_t + \varepsilon_t$$

其中 P_{it} 还可以改为如下形式：

$$(P_t - P_{t-1}) = d_0 + d_1(P_{t-1} - C_{t-1}) + d_2(C_t - C_{t-1}) + d_3 C_{t-1} + d_4 X + \varepsilon_t$$

该式子具有误差校正机制，可以用普通最小二乘法进行估算（周章跃、万广华，1999）。使用该方法的典型文献有 Wu（1994）、Cheng（1995）、李皇照（2003）。

虽然 Ravallion 方法与相关分析法相比有了不少改进，但是它也有一些缺点，比如，模型假定存在的中心市场在实际中有可能是不存在的，或者即使存在，对周边市场的价格也没有支配和主导作用，反过来也很有可能成立。另外，很多时间序列数据都有趋势问题，除非两个时间价格序列是协整的，否则用普通最小二乘法估算 Ravallion 模型是不可能的或不合适的（Wyeth，1992）。

（3）等值临界模型法。等值临界模型由 Balch（1997）首先在其博士论文中提出，他利用空间市场均衡理论之单一价格法则，将市场价差与转运成本之间的关系用概率函数表示来说明市场整合的情况，该模型的核心机制在于当两个市场之间价格的价差等于运输或者交易成本且市场间没有运输障碍的时候，可以推论两个市场之间的运输行为使价格以相同方式变动，满足空间套利行为；当两个市场价格之间的价差小于运输成本的时候，空间套利条件存在，则运输行为将不会发生；当两个市场价格之间的价差大于运输成本的时候，无论运输行为有没有发生，都表明违反了空间套利行为，这样就可以从侧面证实存在运输障碍。等值临界模型根据上述三种可能发生的范围对市场整合情况进行研究，第一范围在等值临界上，即价差等于运输成本的情况；第二范围在等值临界内，即价差小于运输成本的情况；第三范围在等值界外，即价差大于运输成本的情况。这三种范围发生的概率总和等于1。在生产地和消费地明确区分的情况下，只有第一范围是市场整合的。若生产地和消费地是混合的，那么第一范围和第二范围都是市场整合的，这个时候第三范围与市场整合是不一致的，如果落在第三范围的概率越高说明市场整合程度越低。[该方法的详细情况可以参见 Baulch (1994)、Baulch (1997)]

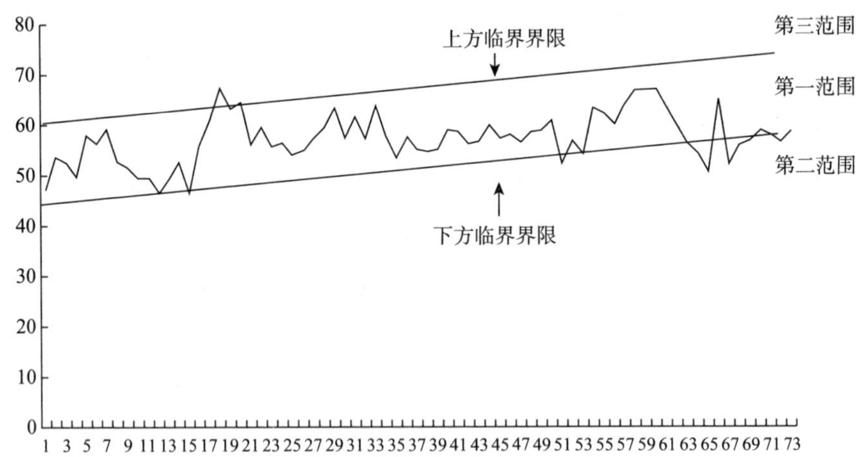

图 2.1 等值临界模型图示

资料来源：Baulch 1997，Spatial Price Equilibrium and Food Market integration Ph. D. Dissertation，Standford University.

针对该模型不能分析政策变化对空间市场整合程度的影响，Negassa 和 Myers (2004) 对该方法进行扩展，提出了标准比价界限模型 (EPBM)，使其可以描述三种情况随着政策变化而变化的过程。该模型虽然从理论上来说是非常完美的，但是由于需要的数据比较多，而现实中的数据并不能满足该模型的要求，比如，在我国就没有完整的运输成本的时间序列。因此此模型在我国并不实用。

(4) 协整法。Goodwin (1991) 首先将协整技术用于空间市场分析，之后，协整方法受到研究人员和相关学者的极大关注并予以改善，具体情况见 Wyeth (1992)、Palaskas 和 White (1993)、Alexander 和 Wyeth (1994)、Der-

con（1995）。该方法通常由两步构成，第一步首先检验单个价格时间序列是否是同阶单整的，如果是同阶单整的，那么就可以用协整方法。如果两个时间序列是协整的，便意味着两个市场之间存在长期的整合关系。用数学语言可以表示为：以 i 和 j 分别代表两个市场，P_i为市场 i 某种商品的价格，P_j为 j 市场上同类商品的价格。那么 P_i和 P_j的关系可以表示为：

$P_{it}=\delta+aP_{jt}+v_t$，如果 P_i和 P_j同阶单整且 V_t零阶单整，那么市场 i 和市场 j 对于这种商品来说是整合的。

第二步，为了确定两个价格时间序列之间的因果关系，可以做格兰杰因果检验。先估算下面的方程式：

$$\Delta P_{it} = \theta_{11}\Delta P_{it-1} + \cdots + \theta_{1n}\Delta P_{it-n} + \theta_{21}\Delta P_{jt-1} + \cdots + \theta_{2n}\Delta P_{jt-n} - \gamma_1(P_{it-1} - aP_{jt-1} - \delta) + \varepsilon_{1t}$$
$$\Delta P_{jt} = \theta_{31}\Delta P_{jt-1} + \cdots + \theta_{3n}\Delta P_{jt-n} + \theta_{41}\Delta P_{it-1} + \cdots + \theta_{4n}\Delta P_{it-n} - \gamma_2(P_{it-1} - aP_{jt-1} - \delta) + \varepsilon_{2t}$$

然后通过对下列假设进行检验来判断市场 i 和市场 j 的价格因果关系：

$$\theta_{21} = \cdots = \theta_{2n} = \gamma_1 = 0,\text{（从 } P_j \text{ 到 } P_i \text{ 没有因果关系）}$$
$$\theta_{41} = \cdots = \theta_{4n} = \gamma_2 = 0,\text{（从 } P_i \text{ 到 } P_j \text{ 没有因果关系）}$$

协整技术自从运用于市场整合研究以来，颇受研究人员的青睐，除前面提到的一些例子外，还有 Zhou（1997）、喻闻和黄季焜（1998）都使用了该方法对中国稻米市场的整合情况进行了研究。

协整法虽说比上面所说的两种方法在理论上更近了一步，但是该方法也有一些缺陷，该方法首先假定两个时间价格序列之间的调整是线性的，这在现实中是不现实的，另外该方法没有考虑到交易成本的存在会阻碍市场之间价格的联动，这就会造成即使两个市场之间是整合的，但是协整方法也测量不出来的情况出现。

（5）价格趋同法。价格趋同法和其他测定空间市场整合的方法一样，所有有关空间市场整合的实证研究都是建立在 Enke（1951）提出的空间价格均衡模型之上，之后 Samuelson（1952）和 Judge（1964）对该模型进行扩展。这些模型的理论基础都是购买力平价和一价定律。在理想状态下，受市场空间套利活动的影响，商品价格在不同地区趋于相同，因此我们可以通过考察地区之间价格水平的收敛性来检验市场整合情况。尽管 Frenkel（1978）的开创性工作证实了在通货膨胀比较高的时间段 PPP 成立，但是后来许多实证研究都拒绝 PPP 成立。对于这个问题，大部分研究人员都认为造成拒绝 PPP 成立的主要原因是选取的时间段比较短。为了提高统计上的拒绝能力，Edison（1987）和 Lothian（1996）使用较长的时间段对该问题进行了实证研究，结果发现可以拒绝有单位根的假设，即 PPP 在长期是成立的。但其半衰期比较长通常需要 3 ~ 7 年时间。另外一种提高拒绝能力的办法是使用面板单位根检验的方法，因此本书拟使用面板单位根检验方法对我国国内各地区间 PPP 是否成立进行检验。Parsley 和 Wei（1996）曾使用第一代面板单位根检验方法对美国城市间相对价格水平的收敛速度进行了研究，发现半衰期竟然长达 9 年，远慢于国家间的收敛速度。Barrio（2004）使用同样的方法对西班牙城市之间的收敛速度进行了研究，也发现城市之间的收敛速度慢于国家之间的收敛速度。用这个方法进行实证检验的典型文献还有 Wei X. D（2006），桂琦寒、陈敏、陆铭等（2006），范爱军、李真等（2007）、Chin 和 habibullah（2008），赵奇伟、熊性美（2009）。

四　市场整合的理论分析

（一）两种观点

对市场整合的测度和其演进趋势的研究是研究市场整合的最重要也是最基本的环节，目前大多数研究人员都使用计量经济学方法对市场整合的程度进行测算。从目前存在的文献来看，国内外学者对于我国国内市场的整合趋势还没有达成一致意见。其中一部分人认为我国市场正在走向分割，并且情况越来越严重。另一部分人认为我国市场正在逐渐走向整合，并且一体化程度正在逐渐加快。

提出我国市场分割正在逐步加深的是 Kumar（1994），他在对我国省际零售的购买趋势与对外贸易情况作了对比后，发现相对于快速增加的对外贸易，我国省际贸易量竟然呈现减少趋势。Young（2000）对我国省际产业结构的相似度进行了分析，基于我国省际产业结构和 GDP 同构化趋势以及省际产品价格波动大并且有逐步扩大的趋势，他认为是地方政府为了当地的经济发展和就业，在省际贸易中设置了各种人为障碍，造成我国省际的市场分割现象。Poncet、Sandra（2002）和 Poncet、Sandra（2003）使用边界效应方法对我国国内和国际市场的壁垒进行了计算，发现在经济体制的转轨过程中，我国国际贸易壁垒在不断下降，各省份对外开放程度都呈现加快趋势。但是却发现我国国内市场的省际贸易壁垒竟然呈现提高趋势。据此他认为我国国内市场分割趋势增大，但是国内市场与国际市场整体分割却呈现减小趋势。Poncet（2003a）利用 D. Parsley（2000）使用的相对价格方法对我国 28 个省份的 7 种农产品的整合情况进行了研究，认为 20 世纪 90 年代中期我国省际市场分割程度依然较高。胡向婷（2005）通过对我国各省份产业结构进行分析，得出我国各地地方保护和省际市场的分割趋势在扩大的结论。赵永亮等（2008）、范爱军和孙宁（2009）、行伟波和李善同（2010）的研究都表明我国省际边界效应有上升趋势，国内市场趋于分割。许统生（2013）利用 Novy（2013）和 Wong（2012）的方法计算了 2002 ~2007 年国内省际贸易成本，结果表明，贸易成本虽然有所下降，但是幅度不大。中国的省际贸易成本变化也反映出国内市场一体化水平并没有得到很大改善。徐统生和洪勇（2013）采用 Cerqueira（2009）的 C – M 同步化指数法对我国省区间经济周期同步性进行的研究表明，省区间经济周期同步性水平总体偏低，并且没有表现出明显的上升趋势，据此认为我国国内市场整合水平总体仍处于比较低的水平。黄新飞等（2014）利用 2011 年 5 月至 2014 年 5 月长三角地区 15 个城市 224 个市场 37 种农产品的 161 个周度价格及成本数据，运用断点回归方法对省际边界和价格差异的关系进行了实证研究，结果表明：即使在长三角地区这样的一体化区域内，各省份的农产品零售市场之间仍可能存在明显的市场分割。这主要是由历史原因和财政分权等制度原因造成的，地方政府对农业更具保护意识，出于利益考虑可能会形成行政性壁垒，在边界造成一定程度的供应链分割，作者依此判断行政区经济依然存在并具有一定的排他性，地方政府追求行政边界内利益最大化的动机加大了贸易壁垒和市场分割。刘易昂和赖德胜（2016）基于引力模型，利用省际面板数据，对中国省际贸易的产品市场分割和分割原因进行了研究分析，结果表明，中国省际仍然存在比较严重的分割现象，造成这个现象的主要原因就是自然贸易壁垒和行政贸易壁垒的存在。

Naughton、Barry（1999）使用陈家海（1996）的方法，利用我国各省份的投入产出表方法测算我国省际贸易流量，发现贸易流量在不断增大，再加上有越来越多的私有企业在经济活动中的作用越来越大，得出我国省际市场整合程度在不断提高的结论。Bai（2003）使用 Hoover 系数对 1985 ~ 1997 年我国 29 个省份 32 个行业的专业化程度进行了测量，发现这 32 个行业的地区专业化程度有了很大的提高。李善同、侯永志、刘云中、陈波（2004）使用调查问卷的方法对我国的市场整合和分割问题进行了调查分析，得出地方保护依然存在，并且手段和方法多种多样，丰富多彩，但总体上来说程度是在不断减轻。陆铭、陈钊（2004）使用 Parsley Wei（1996，2001a，2001b）所使用的相对价格法，利用我国商品零售价格指数数据对我国省际分割程度进行了研究，得出我国商品市场的整合程度在不断提高的结论。国务院发展研究中心“中国统一市场建设”课题组通过使用调查问卷的方式进行了大范围的调查，发现我国市场整合程度比 20 年前增强了很多，比 10 年前略有增强，我国地方保护主义仍旧存在的结论。朱恒鹏（2006）对我国 2001 ~ 2005 年五年的抽样调查数据进行了分析，得出我国商品市场的市场整合程度有所提高的结论。黄吉林、王敬云（2006）和黄吉林（2007）通过对地区产业集中度的分析，发现我国自 1997 年以来，地区产业结构差异呈现上升迹象，整体上由地方保护主义导致的市场分割在减弱。Xing 和 Li（2011）利用我国省际增值税数据代替省际贸易量数据，发现我国省际边界效应比同期美国和加拿大的还要小，得出我国国内市场是趋于整合的结论。贾伟和秦富（2014）的研究也表明我国国内市场正处于整合过程中。宋冬林等（2014）利用相对价格法对我国 1990 ~ 2012 年的省级面板数据进行了分析，结果表明中国区域市场呈现整合趋势，但是东部地区市场分割程度明显高于其他地区。葛红（2015）认为我国农产品流通市场的一体化程度正在逐步加深，但是局部农产品商贸流通市场的分割变化不同，行政壁垒和地方保护等软因素是造成我国农产品市场分割的重要因素，主要表现为鼓励本地国企发展、地方财政补贴和鼓励本地消费等方面。

另外也有一些研究人员对我国某个区域的市场一体化和整合程度进行了研究。周莉和姜德波（2006）对长三角地区八个城市的行业利用边界效应模型进行了行业间边界效应值的测算，得出在长三角地区许多行业的市场分割和保护主义仍然非常严重，长三角地区并没有实现真正的市场整合和一体化的结论。与周莉等的研究结论相同，陈涵波（2015）利用 1985 ~ 2013 年商品零售价格指数对我国国内商品市场分割程度及变化趋势进行研究，结果发现经济规模较大的长三角和珠三角地区省际市场分割程度最高，而西北、中部和华北地区市场分割程度则较轻。王华倩、林里升（2006）对长三角和珠三角地区服务行业的整合情况利用引力模型进行了研究，得出两个区域在服务领域合作大于竞争，并且合作呈现加强的趋势的结论。李雪松和孙博文（2014）利用相对价格法对长江中游地区鄂湘赣皖四省的研究表明，从整体上来看，四省整合程度在不断加强，但是鄂湘两省市场有分割趋势。张淑芹等（2015）利用相对价格法对山东经济圈商品市场一体化的现状进行了研究，结果表明，虽然山东经济圈及圈内各区域的商品市场在长期呈现区域收敛，但是圈内各区域间的一体化水平存在较大差距。江曼琦和谢姗（2015）利用相对价格法和 1995～2013 年的年度数据对京津冀一体化程度进行了研究，结果表明：京津冀三省市间天津与河北省的市场化程度最高，河北省与北京的市场整合水平最低，河北省内城市间的分割程度小于与北京、天津的市场分割状况，秦皇岛与其他城市的市场分割最为严重。现把我国地区市场整合的代表性文献总结如下（见表 2.3）。

除以上实证研究外，张超等（2016）对不同要素市场的空间整合情况用“一价定律”和杜宾空间回归模型进行了定量分析，结果发现，我国产品市场一体化程度较高且在不断加深，劳动力市场整合程度自 2003 年开始趋于弱化转向加深，资本市场在最近 20 年市场分割程度竟然逐步加深。

表 2.3　我国地区市场整合代表性文献总结

作者	年份	所采用数据和方法	所持观点
Young	2000	产业结构、商品价格、劳动生产率差异	国内市场是分割的，且不存在整合趋势
Poncet	2002	贸易流	
郑毓盛、李崇高	2003	技术效率	
Naughton	2000	贸易流	国内市场是分割的，但正逐步走向整合
Park 和 Du	2003	产业结构、商品价格、劳动生产率差异	
桂琦寒等	2006	价格指数	
鄂永健	2006	价格指数	
范爱军等	2007	价格指数	
赵永亮等	2008	贸易流	

续表

作者	年份	所采用数据和方法	所持观点
赵奇伟、熊性美	2009	价格指数	
白重恩等	2003	产业结构	
胡向婷、张璐	2005	产业结构	
徐勇、赵永亮	2007	GDP	
宋冬林	2014	价格指数	
蔡宏波、戴俊怡	2015	贸易流	
邱风、王正新	2015	贸易流	
李善同等	2004，2006	问卷调查	国内市场分割有所改善，但仍比较严重
范剑勇	2004	行业结构	
行伟波、李善同	2009	贸易流	
许统生、洪勇	2013	经济周期	
江曼琦、谢姗	2015	相对价格法	
刘易昂、赖德胜	2016	贸易流	
葛红	2015	实证检验	

（二）简要评述

通过对上面文献的回顾和分析我们可以看出，对市场整合这同一个问题的研究竟然得出了相反的结论，原因主要不仅仅在于所研究样本的时间段和研究的样本不同，还在于所使用的研究方法不同。一般来说，对地区经济整合的测量方法有以下几种：一是通过产业结构的差异来研究一体化和市场整合的程度（靖学青，2004；靖学青，2006）；二是通过地区之间的贸易量来研究；三是通过地区之间的产品价格的差异和传导来研究；四是调查问卷研究法。桂琦寒、陈敏、陆铭、陈钊（2006）和余东华、刘运（2009）分别将以上四种方法称为生产法、贸易法、价格法问卷调查法。

（1）生产法

通过各个地区 GDP 构成结构、产业结构的相似度和专业化分工等指标来判断地区间市场整合和分割的程度的方法称为生产法。一般认为，如果两个地区的产业结构和产出结构存在高度的相似性，整合程度进展就比较缓慢。主要的比较指标有：①产业结构相似度；②经济结构系数；③Hoover

系数①。

（2）贸易法

贸易法主要是从省际贸易量的角度来分析市场的整合程度，通过商品贸易量的变化来反映地区之间的市场整合情况。主要的比较方法有：①贸易流方法。如果贸易量在与其他省份贸易中的比例有所提高，就说明该地区与其他地区的整合程度有所加强；②边界效应法。主要利用垄断竞争贸易和引力模型，通过分析边界对贸易流量的影响，衡量区域贸易的壁垒。如果边界效应比较大，就说明与其他省份存在比较高的贸易壁垒，市场整合程度和一体化程度比较差。

（3）价格法

价格法是利用不同省份同种商品价格的差别以及价格之间的关系来考察整合程度，如果价格呈现收敛的态势，那么就表明市场整合的程度有所提高，如果呈现发散的趋势，则市场表现分割趋势。价格法主要有协整分析方法和相对价格方法。

（4）问卷调查法

通过设计调查问卷对市场分割和整合情况进行调查，并对收回的问卷进行整理分析，从而得知目前市场是整合还是分割及其程度。

以上几种方法，各有自己的优缺点，生产法数据比较容易获得，使用起来比较简单，但是由于缺少衡量生产结构变化的理论标准，该方法存在局限性（Naughton，1999）。贸易法是最直接的一种方法，但是该方法存在的一个比较大的问题是各个地区之间的贸易流量尤其是单个商品的贸易流量数据非常难得，使得该方法受到很大的限制。目前一般认为，价格法是衡量市场整合的最有效和最实用的方法。但是通过对国内外商品市场的整合研究进行总结我们可以发现，即使都是使用价格法，有关市场整合研究的方法也多种多样，除较多地利用协整和误差修正模型外，还有非线性模型、状态转换模型、等值临界模型等。并且在同样使用价格法的条件下，得出的结论即使是针对同一对象使用的研究方法也不同，结果也大都不相同，但是一般都认为随着国家经济发展和市场化程度的提高，转型国家的市场整合程度正在逐步提高。一些市场也存在不整合的情况，其主要原因

① 详细情况参见樊福卓《地区专业化的度量》，载《经济研究》2007 年第 9 期。

是市场信息传递缓慢、交通基础设施差、交易成本过高、不适当的市场政策以及各个地方政府之间存在的地区封锁政策等人为因素。调查问卷法最大的一个问题就是问卷的收回率比较低，很有可能造成样本偏差，从而影响结果的准确度。

从研究对象来看，无论是国外还是国内有关商品市场整合的研究，一般都集中于农产品市场，并且普遍集中于大宗商品如小麦、大米、大豆等，关于畜牧产品市场整合的研究不多。此外，从研究切入的角度来看，一般都是从空间价格的联动和因果关系入手。

综合上面对各个研究方法的比较分析，考虑到数据的可得性和各种方法的优缺点，本书使用价格法对我国生猪产品市场的整合情况进行研究分析。

五　影响原因

为什么我国国内市场分割会成为经济转型的伴随物，到底是什么因素导致同一货币区内出现区域市场分割，又是哪些原因推动地区市场走向整合？对市场整合的影响因素有两种，一种是阻碍市场整合的力量，另一种是促进市场整合的力量，国内外研究人员大多都是从阻碍市场整合的角度对市场整合进行研究，对导致市场分割的因素和根源进行深入的分析，以便得到更深层次的结论。这将有助于揭示影响市场整合的根本原因。我国市场分割的成因大致可以分为宏观原因和微观原因，其中宏观原因主要是地方政府的不恰当保护，微观原因主要是商品特性、运输成本和风俗习惯等非地方政府行为。例如，一些商品不适宜远距离运输或者运输成本太高，这类产品往往会存在一个最优的运输半径。下面从宏观和微观两个角度对影响市场整合的原因进行归纳总结。

（一）宏观原因

从理论上来说，不同商品由于特性不同在市场整合的过程中将会表现出较大的差异，尤其是对于我国农产品市场而言，由流通体制的障碍导致的“最后一公里”现象非常突出，黄赜琳（2006）的研究表明在中国商品中农产品的地方保护和市场分割最为严重，实际上，由流通环节过多、流通信息不对称等问题导致的层层加价等因素所导致的扩大效应是农产品价格产生巨大波动的主要原因，地方保护主义的存在则阻碍了农产品流通市场的有效整合（聂辉华，2012）。目前对市场分割产生的原因研究一般都集中在理论研究层面，也有一些学者从实证的角度对该问题进行了考察。无论是理论研究还是实证研究都发现，地方政府对本地利益的维护是导致市场分割的最根本原因。至于地方政府为什么要采取保护措施主要有以下五种说法。

（1）分权说

一些学者认为造成我国市场分割的主要原因是改革开放以来的中央分权，因为财政分权后地方政府的经济主体地位得到强化。财政分权使地方政府成为一个相对的利益主体和“理性经纪人”，政府自身的利益与当地的经济发展非常紧密，当地企业经济效益好，政府税收就越多，当地居民的就业问题也能得到很好的解决。地方政府也有更多的财力投资基础设施和公共服务设施建设，从而吸引更多的企业，形成一个良好的循环。沈立人、戴园晨（1990）认为地方分权强化了地方观念和利益，为了增加地方的财政来源和发展本地企业，增加就业水平，地方政府重复建设盲目生产，形成了“诸侯经济”。Young（2000）认为在经济改革的转轨过程中，由于中央政府权力的下放，地方政府发现获得经济扭曲的“租金”有利可图，从而导致区级贸易壁垒的产生。臧跃茹（2000）和银温泉、才婉茹（2001）也从地方分权的角度阐述了我国市场分割的原因。邢华和胡汉辉（2003）利用尼斯卡宁模型分析了财政分权对地方政府的重要影响。由于财政分权对地方政府发展辖区内经济的激励和约束大大增强，地方政府都各自开始使各自辖区的利益最大化，设置区级贸易壁垒，从而进一步制约分工和地区专业化水平，不利于长远的制度变迁和技术进步，最终都会损害经济发展和我国的国际竞争力。李真（2007）则对财政分权对我国市场分割的负面影响做了实证研究，结果表明市场分割会阻碍地区财政收入增长，并且存在显著的跨地区和跨时效应。任志成等（2014）利用 1996～2012 年省际面板数据对贸易开放、财政分权和市场分割的关系进行了研究，结果发现：财政分权具有加强地方保护主义行为的内在激励，财政收入分权度高的地区同时也是市场分割严重的地区。

（2）晋升博弈论

晋升博弈论认为官员不仅在 GDP 和利税方面进行竞争，同时在官场上也存在竞争，由此导致地方政府间的竞争，导致地方保护和市场分割，持有此类观点的主要有周黎安（2004），Li 和 Zhou（2005），何智美、王静云（2007）。徐现祥（2007）通过研究发现，我国各省份主要领导职务升迁与地方经济增长具有很强的正相关关系。另外，皮建才（2008）对我国的国内市场整合问题构建数理模型进行了研究，结果发现，在国内市场整合的过程中，收入差距是阻碍我国市场整合的决定性力量，中央政府对地方官员的考核机制也会影响国内市场的整合态势。

（3）区域分工论

陆铭、陈钊、杨真真（2007）从落后地区发展的视角出发，认为由于落后地区的经济发展水平与发达地区相比不具备优势，在与发达地区进行商品贸易时，往往只能占据比较小的市场份额，因此落后地区为了本地区的利益和提高自己的利益分配比例，往往选择分割市场各自为政的战略，不加入分工体系。

（4）政府竞争论

R. Weingast（1997）认为尽管地方政府之间的经济竞赛在一定程度上是我国经济发展的动力，但是行政分权，职责和权力的明确，导致各地政府之间竞争程度加剧，甚至产生利益冲突，进而导致各地政府之间缺乏信任和合作，不会从全社会和国家的角度来考虑问题，结果造成全国范围内的资源配置效率低下。周业安、赵晓男（2002）和冯兴元、赵坚毅（2004）认为分权化改革必然会带来政府竞争和竞争程度的加剧，尽管地区保护会增加区际贸易成本，但是在一定条件下，政府为了当地的利益仍然会采取保护手段。马彧崧（2016）认为政府为维护本地区税基和在地方利益的驱动下，往往会人为地造成市场分割，无形之中造成区域资源错配和经济效率严重低下。

（5）利益驱动论

平新乔（2004）认为在我国的体制背景下，地方政府为了巨大的利益和保护地方政府的税收，往往会通过国有资本对产业进行保护和控制。黄玖立、李坤望（2006）认为地方政府在利益的驱动下，将对本地区过度投资从而导致产能严重过剩，因此只好采取排挤外地厂商的策略来保护本地厂商，确保企业赢利提高总福利水平，用来显示其政绩。陈宇峰和叶志鹏（2014）利用相对价格法考察了我国农产品流通市场分割程度的演变趋势，结果表明地方保护主义和区域行政壁垒是加剧农产品市场分割的重要原因，并且以高速公路收费为代表的行政事业性收费导致区域壁垒的进一步加强。

以上观点尽管针对地方保护从宏观层面提出了很多不同的解释，但是总结发现，我国市场分割主要是由地区利益驱动造成的。地方政府的财税权和事务权是造成我国市场分割的经济和体制原因。曹春方和周大伟等（2015）认为市场分割降低了地方国企的公司价值，市场分割增强了政府的资源配置能力，很容易导致地方国企的过度投资。

（二）微观原因

一般来说，影响市场分割的微观原因主要是交通基础设施建设较差、信息基础设施不完善、交易成本过高、天气灾害和疾病等。

Atack 和 P. Passell（1994）发现自从蒸汽机车发明以后，美国新奥尔兰和辛辛那提两个城市之间猪肉和面粉的价格差降低了 70% 之多。Metzer（1974）对俄罗斯研究之后同样也发现，1851 年开始建设的铁路等交通设施对俄罗斯各个省份之间谷物价格差减小有比较显著的影响。Whitcombe 和 J. Hurd（1983）对印度进行研究之后得出和 Metzer 相同的结论。Hurd（1975）利用 1861 ~ 1920 年印度 188 个地区大米和小麦年度数据进行了实证研究，发现年度变异系数在这段时间内降低了 60% 多，他还发现，有铁路相连的地区价格变异系数更小，最后他得出铁路对大印度市场的农产品市场的整合具有很重要的影响作用的结论。刘生龙、胡鞍钢（2011）利用 2008 年我国交通部省际货物周转量的数据，通过对引力方程加入交通变量进行了我国区域经济一体化的研究，结果表明，交通基础设施的改善对我国的区域贸易产生了显著影响，显著提高了我国区域经济一体化的程度。Martínez - Zarzoso 和 Inmaculada（2005）利用重力模型对南美 5 个国家和欧洲贸易关系中的运输成本和交易量进行了研究，认为运输距离和交通设施的完善与否对运输成本呈现正相关关系，与交易量呈现负相关关系，但是每次交易量的大小也可以反过来影响交易成本的大小。他们同时发现高昂的运输成本可以阻碍交易活动的发生，但是文化和体制的相似性可以促进交易的发生。Soe 和 Pa（2010）对缅甸油菜作物的市场整合情况进行了研究，得出交通和信息基础设施的改善将会大大促进市场效率提高的结论。Gonzalez - Rivera 和 Helfand（2001）同样指出运输距离和产品质量特性是影响市场的重要原因。Federico 和 Sharp（2011）对美国内战时期农产品市场的整合情况进行了研究，发现方差系数由于铁路的管制有变大的趋势，从而得出内战交通管制妨碍了农产品市场整合的结论。S. Jacks（2006）对什么因素推动了19世纪市场的整合进行了细致的研究，得出交通信息基础设施、货币政策以及政治环境、突发事件（比如战争等）等因素是影响市场整合的主要变量，并且交通基础设施建设的影响没有软因素的影响大的结论。McAlpin（1974）对印度的棉花市场整合进行研究之后也得出了类似的价格趋同的结论。此外，对市场整合的影响因素进行研究的还有 North（1955）、Fishlow（1964）展开的水利运输对市场影响的研究，Flandreau（1996）的商业政策对市场整合影响的研究，Ghosh（2011）利用协整方法对印度政府在粮食市场上实行的农业政策改革效果从市场整合的角度进行了验证，最后得出政府的农业改革政策促进了粮食市场的整合和市场效率的提高的结论，还有 Kaukiainen（2001）、Findlay 和 O'Rourke（2003）的战争等突发事件对市场整合影响的研究，等等。

六　市场分割影响

通过对以上文献的研究发现，大多数对市场分割后果和影响的讨论都是负面的，主要集中在经济效率、竞争力和企业绩效三个层次，分别综述如下。

钟笑寒（2005）通过研究发现，地区竞争的后果取决于该行业的技术特质，如果该行业是规模报酬递增的行业，那么具有地方保护主义的市场分割会使各个地区内部的经营者成为相对独立的垄断者，那么就会降低经济的效率。郑纭盛、李崇高（2003）将技术效率细分为省内技术效率、产品配置效率和要素配置效率并进行了研究，结果发现省内技术效率自从改革开放以来出现大幅下降的趋势，产品配置效率和要素配置效率呈现上升趋势，反映了地方分割对技术效率带来的巨大损失，之后刘培林（2005）利用上面的改进方法对市场分割对效率所造成的影响进行了重新分析，发现市场分割的损失并不是那么严重。陈铭、陈钊（2009）对总体上市场不断走向一体化的进程中为什么地方政府仍有激励采取地方保护的政策和措施这个问题进行研究的时候发现，在地方政府看来，一定程度的分割有助于该地经济的增长，地方分割对该地的经济增长具有倒“U”形的影响，由于地方政府的相对短视，市场分割很有可能导致我国地区收入差距扩大。王磊和汪衡（2015）的实证研究表明市场分割将会扭曲资源配置，从而影响经济效率，尽管我国各地区之间的市场分割程度正在逐年下降。与陈铭和王磊的研究结果相似，王宋涛等（2016）的研究证明市场分割不仅仅影响资源配置效率和经济增长，还会影响到劳动收入，降低劳动收入份额。破除阻碍生产要素流动的壁垒，有利于完善要素收入分配，提高劳动收入份额。

钟吕标（2002）在对中国的市场进行研究的时候发现，各地区对对外贸易的重视，在一定程度上导致“对外贸易偏好”，这种结果的形成并不是由于国内市场的自然延伸，而是由于国内市场的分割严重限制了企业在国内规模的扩大和规模经济的形成，所以无论对于企业还是行业甚至是国家的竞争力都有着非常大的负面作用。朱希伟、金祥荣、罗德明（2005）指出，如果中国国内市场分割严重，导致国外市场与本地市场的进入成本相对比较低，那么我国企业将长期依赖于 OEM 的出口贸易方式。徐保昌和谢建国（2016）用 1999～2007 年中国制造业的微观数据对市场分割对于本地企业生产率的影响进行了探讨分析，认为市场分割与本地企业生产率呈倒“U”形关系，较低程度的市场分割可以促进本地生产率的提升，但是当市场分割超过一定程度的时候，则会阻碍本地企业生产率的提升。市场分割将会恶化目前我国产能过剩的程度，杨振兵（2015）对中国市场分割和产能过剩治理之间的关系进行了研究，认为地方保护导致的市场分割和过度投资将会造成更加严重的产能过剩，市场分割程度的加深同时也会弱化对外直接投资缓解产能过剩的作用。最后作者得出结论，治理产能过剩必须弱化地方政府干预力，消除市场分割，加速建立统一的国内消费市场。

刘凤伟、于晓辉、李琳（2007）以我国上市公司为研究对象，对我国企业的绩效进行了研究，认为地方保护主义以及由此带来的市场分割在很大程度上是损害了企业的经营绩效而不是提高了本地企业的经营绩效。陈弘、陈晓红（2008）认为市场分割使企业对新技术进行研发投资的动力减弱，不利于企业产品结构的调整和升级。曹春方等（2015）以市场分割对企业异地子公司分布及效果的影响为研究对象，通过研究发现，市场分割导致地方国企相比民企有更少的异地子公司分布，市场分割不但降低了地方国企的公司价值，还增加了地方国企的过度投资。尽管已经有大量的文献认为市场分割会对企业的生产率产生影响，但是鲜有文献研究市场分割是通过什么样的渠道和机制影响企业生产率的，申广军和王雅琪（2015）利用中国 1998～2007 年工业企业数据库，系统地分析了市场分割对企业生产效率的影响，发现市场分割明显降低了企业全要素生产率，并进一步分析了市场分割影响企业全要素生产率的机制和渠道，结果发现市场分割主要是通过降低研发收入、抑制规模经济效应和过度保护国有企业等渠道对企业全要素生产率产生影响。

第三章　中国生猪市场基本情况

我国养猪历史悠久，向前可以追溯到新石器时代，在浙江余姚河姆渡和桐乡罗家角遗址中曾经发现大量猪骨骼和陶猪，表明我国在公元前 5000 年至前 4000 年，即距今六七千年前，已经有了饲养家猪的历史。同样在中原地区的河南新郑裴李岗和河北武安磁山遗址中也发现了很多猪骨，说明在公元前 6000 年左右，养猪已经在中原地区非常盛行。在《周礼》中，通称为彘或猪，牡猪叫豭。若以年龄老幼两分，小猪叫豚，生后六个月叫猔，一岁叫豵，二岁叫豝，三岁叫特，四岁叫豣。阉猪叫豮。我国商周时代就已经发明了阉猪技术，《易经》中有"豮豕之牙，吉"，意即阉割了的猪，性子就会变得驯顺，虽有犀利的牙，必不足为害。我国的养猪业是伴随着农业生产而渐次发达起来的。我国养猪不仅为了食肉，而且还为了积肥。"养猪不赚钱，回头看看田"是相传已久的农谚。而如今生猪养殖还是农民收入的一个重要来源，近十多年来，随着富农惠农强农政策的实施，生猪养殖业呈现快速发展的势头，生产方式也发生了积极转变，区域化、产业化、专业化和标准化步伐不断加快，生猪养殖在我国畜牧业中占比最大，位置也极为重要。

对生猪市场整合的研究，必须建立在深刻和正确认识目前我国生猪和猪肉市场的基础上，下面就猪肉的分类和猪肉的流通特征、供需情况，我国生猪产业链的产业组织模式和相关的法律法规分别进行论述。

一　种类

（一）生猪分类

根据生猪的繁育关系，可以将其分为纯种猪、二元种猪和三元猪。其中，纯种猪是指未经杂交的生猪品种，主要用于优良基因的选育和繁殖，纯种猪又包括曾祖代纯种猪和祖代纯种猪；二元种猪是指由杂交所产生的一代杂种母猪；三元猪一般指由二代猪杂交所生主要被人们当做食品的猪。

生猪按照地理区域主要分为华北类型、华南类型、华中类型、江海类型、西南类型和高原类型等。

按照用途可以分为脂肪型、瘦肉型和兼用型。

按照猪的来源可以分为引进品种、培育品种和地方品种三类。

其他的分类方法还有根据瘦肉率、体长和胸围差距等标准，在这里不一一列举。

（二）猪肉分类

按照不同的标准，猪肉的分类大致如下。

1. 按照猪肉加工和运输过程中需要保持的温度，可以大致分为冷冻肉、冷鲜肉和热鲜肉。

（1）冷冻肉。把屠宰后的生猪肉先放入 -30℃的冷库中冷冻，然后在 -18℃的环境中储藏，最后以冻结状态出售的猪肉。

（2）冷鲜肉。又称为冷却肉，是指将严格按照检屠宰标准加工后的生猪胴体在 24 小时内降为 0℃ ~4℃，并在后续加工和运输过程中始终保持这个温度的生鲜猪肉。

（3）热鲜肉。是指生猪按照传统的屠宰方式屠宰后未经任何加工就在市场上出售的猪肉，一般都是凌晨屠宰，清早上市，上市周期不超过两天。

2. 按照销售形态可以分为分割肉和白条猪肉。

（1）分割肉。白条猪肉去骨头后，按照一定的要求分割成带膘和不带膘的各个部位的净肉。超市和农贸市场以及食品配送公司出售的一般都是分割肉，分割肉直接面向消费者销售。

（2）白条猪肉。白条猪肉是指生猪经过屠宰，去掉杂碎后切成两片带骨的猪肉，一般来说，白条猪肉一般都是运送到批发市场、农贸市场和超市以及食品配送公司，一般不直接面向消费者。

3. 按照猪肉安全程度的高低，可以分为有机猪肉、绿色猪肉、无公害猪肉、安全肉和放心肉。

（1）有机猪肉。有机猪肉是指按照有机农业的生产标准，在培养的过程中，不使用有机化学合成的饲料、生长调节剂等物品，按照生猪自然成长规律，并且不使用基因工程技术和经过合法机构认定的猪肉。

（2）绿色猪肉。绿色猪肉的标准由农业部在2001年12月制定，主要是指在生猪的饲养、防疫、屠宰、运输和销售过程中全过程控制，不含有害或者威胁人体健康的物质，并经过国家有关部门检验并颁发绿色食品标志的猪肉。

（3）无公害猪肉。无公害猪肉的概念首先由农业部在2001年9月颁布的“无公害食品行业标准”中提出，该标准对生猪的饲养环境和饲料要求以及检疫标准等全程进行质量控制，并规定了无公害猪肉的标志，储存和运输标准。

（4）安全肉。2000年5月，北京资源集团首次对“安全猪肉”做了明确的界定，安全肉是指在饲养的过程中严格按照国家有关标准，从养殖到屠宰及运输环节进行有效的控制，猪肉的一些安全卫生指标尤其是药物残留量达到国家的质量标准。

（5）放心肉。放心肉首先由中国肉类行业协会在2001年11月进行了界定，是指生猪来自非疫区，由定点屠宰厂屠宰，并且宰前和宰后胴体加盖合格检验章和有生猪检疫证明的猪肉。

二 生产

从生猪的生长过程来看，整个生猪繁育体系的构成主要包括纯种猪、二元种猪、三元仔猪和三元肉猪，其中从二元种猪到出栏整个过程大约需要1年半的时间，整个生产周期和流程见图3.1。

三 供给

（一）总供给

从数量上说，我国在世界上是一个生猪和猪肉生产大国，近年来，我国生猪存栏量一直稳居世界第一位，同时我国也是世界上最早进行家庭养猪的国家，早在3000年以前甲骨文就有了生猪养殖的记载。养猪已经成为

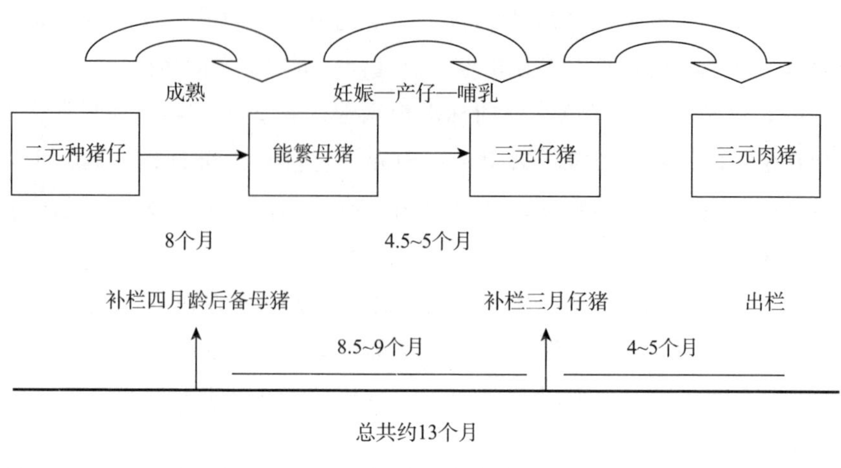

图 3.1　生猪生产周期与流程

我国劳动人民收入的一个主要来源。近些年来，我国生猪存栏、出栏的数量都呈现快速增长势头，图 3.2 是 2002～2014 年我国历年生猪存栏和出栏数量，从图中可以看出，截至 2014 年年底，我国生猪存栏量达到 4.66 亿头，大约占世界生猪存栏量的 60%。总体上来看，我国生猪存栏量在 2011 年以前大致保持持续增长的趋势，2012 年开始持续小幅度下降，从农业部公布的数据来看，2015 年上半年我国生猪存栏量继续呈现下降趋势，由第一季度的 4.36 亿头减少到第二季度的 4.17 亿头，7～10 月 4 个月环比小幅增长，截至 2015 年 10 月，同比下降 10.3%。比 2011 年的最高峰下降了将近 12.5 个百分点。2016 年 1 月首次跌破 3.8 亿头至 3.73 亿头，2 月继续下

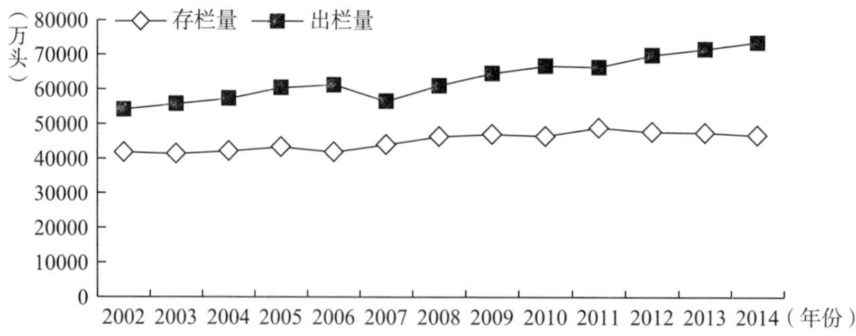

图 3.2　2002～2014 年中国生猪存栏量与出栏量趋势

数据来源：中国农业统计资料。

跌至3.67亿头，创历史最低纪录，3月，生猪存栏环比略增至3.7亿头，同比下滑5.7%，仍处于历史底部区域，这主要是猪肉价格持续高涨，造成生猪出栏量大幅度增加，从而减少了存栏量。

从生猪出栏量来看，我国生猪出栏量近年来同样也一直占据世界第一的位置，大约占全世界的56%，除了在2007年出现了较大降幅，基本上保持了持续增长的态势，尤其是2008年以后，增长尤为明显。2014年创出历史新高，达到7.35亿头，2015年前三季度出栏4.98亿头。

2002年以来，我国猪肉产量整体上来看呈现增长趋势（见图3.3），在2010年达到了5000万吨，2014创历史新高达到5671万吨，从猪肉占肉类产量的百分比来看，以2007年的62.5%为顶点，整体上呈现开口向上的抛物线趋势，在2002年占比最高，达到66.1%，至2007年占比逐年下降，之后呈现稳步攀升的态势，2014年占比65.1%。从农业部公布的数据来看，人均猪肉产量也呈现不断增长态势，2008～2014年全国人均猪肉产量从34.8千克增长到41.5千克，上升了19.3%，年均复合增长率为3.6%。

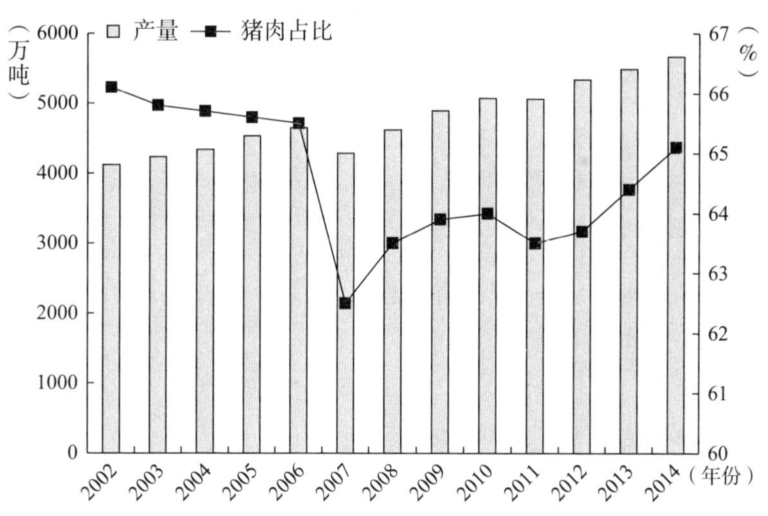

图3.3　2002～2014年中国猪肉产量及占比趋势

（二）地区供给

由于生猪养殖对饲料消耗比较大，因此主产区大部分都集中在粮食的主产区。长江流域、西南地区、东北地区和华北地区生猪产量占我国总量的80%以上，是我国生猪主要的产区和调出区。以出栏量计算的话，2009年我国排名前三位的生猪生产大省分别是四川（11%）、湖南（9%）和河南（8%）。2013年四川省仍然稳居第一的位置，占全国产量的10.22%，与2009年相比略有下降，前七位总量占全国生猪出栏量比例为54.35%，整体上来看，从1985年起，除了浙江和江苏逐步跌出了生猪养殖大省，其他几个省份仍旧保持了生猪养殖大省的地位。具体情况如表3.1所示。

表3.1 1985年、1995年、2009年、2013年生猪出栏量前七位省份具体情况

1985年		1995年		2009年		2013年	
省份	生猪出栏量（万头）	省份	生猪出栏量（万头）	省份	生猪出栏量（万头）	省份	生猪出栏量（万头）
四川	4469.1	四川	7778.9	四川	6915.5	四川	7314
湖南	2296.6	湖南	5001.7	湖南	5508.7	河南	5996.9
江苏	2024.4	山东	3328.3	河南	5143.6	湖南	5902.3
山东	1482.6	湖北	2981.5	山东	4155.7	山东	4797.7
湖北	1393.8	江苏	2754.9	湖北	3735.5	湖北	4356.4
广东	1392.1	河南	2614.2	广东	3601	广东	3744.8
浙江	1185.2	广西	2424.2	河北	3332.9	广西	3456.7
河北	1018.5	河北	2409.6	广西	3119.9	云南	3323.7

数据来源：历年中国农业统计年鉴。

生猪的主销区为长三角地区、珠三角地区和环渤海三大经济圈。由于生猪和猪肉的运输半径受新鲜条件限制，要求不能过长，因此各个销区内的猪源供给一般都是由相应的产区供给。长三角地区的猪源一般是长江中下游和华北地区，珠三角地区的猪源主要是广东、四川、云南和湖南等主产区。环渤海的猪源为华北和东北地区。

（三）规模化养殖

我国生猪养殖的行业集中度很低，行业主体类型多样，主要以农户家庭养殖为主，根据农业部的统计数据，2007年我国年出栏50头以上的规模养猪专业户和商品猪场总共有224.4万家，出栏生猪占全国出栏总量的比例大概为48%，其中年出栏一万头以上的规模养殖场有1800多个；2008年全国年出栏生猪50头以上的规模养殖专业户和商品猪场出栏生猪占我国生猪出栏总量的比例为62%，然而出栏规模在5万头以上的企业占全国生猪出栏量的比例仅为1%。2013年的数据表明，我国生猪出栏量中59%来自规模在年出栏500头以下的养殖单元，31%来自出栏量在500～10000头的养殖单元，剩下的10%来自出栏量在10000头以上的养殖单元。根据USDA统计，美国生猪存栏量达到1000头的养殖场占比从1987年的37%快速上升到1997年的71%，而我国目前这一比例不到41%，行业集中度提升潜力极大。

经济和城镇化的发展给我国的生猪散养带来了巨大冲击，随着城镇化进程的加快和经济的发展，越来越多的农村青壮年不愿意留在农村走上了外出打工的道路，另外，农村新居的建设也不再适合单家单户的散养模式，特别是2008年以来猪肉价格大幅度波动以及粮价的上涨，使得许多农民认为养猪远不如打工收入稳定。另外，养殖业上游饲料工业和下游屠宰以及肉制品工业的快速整合，也造成了小规模散养的不适应，主要体现在饲养条件差、防疫水平低、饲料转化率低、产子率低等方面。另外，从养殖成本上来看，2014年，规模企业和散养户的生猪养殖完全成本分别为15.16元/kg和17.56元/kg，这主要是由于规模企业的平均人工成本1.6元/kg远远低于散养户的平均人工成本4.75元/kg，另外随着劳动力成本的逐年攀升，两者之间的差距有进一步扩大的趋势。表3.2是规模养殖和散养户的成本构成及变迁比较。

表3.2　规模养殖企业和散养户的成本构成及变迁

	规模养殖企业			散养户		
年份	饲料成本	人工成本	其他成本	饲料成本	人工成本	其他成本
2004	56.54%	7.30%	36.16%	50.60%	18.85%	30.55%
2005	57.43%	7.49%	35.08%	50.51%	20.79%	28.70%
2006	61.64%	8.12%	30.24%	54.69%	22.39%	22.93%
2007	53.95%	6.39%	39.66%	49.95%	16.68%	33.38%
2008	51.72%	5.53%	42.76%	47.28%	14.22%	38.50%
2009	59.35%	6.63%	34.02%	54.34%	16.72%	28.94%
2010	62.20%	7.53%	30.27%	56.27%	19.12%	24.61%
2011	55.36%	7.74%	36.89%	50.05%	19.13%	30.82%
2012	55.85%	8.72%	35.43%	48.71%	22.73%	28.55%
2013	57.51%	9.85%	32.65%	49.32%	25.68%	24.82%
2014	59.38%	10.58%	30.04%	50.51%	27.02%	22.47%

数据来源于Wind资讯。

其次，从完全成本对饲料原料价格变动的弹性来看，规模养殖相比散养而言，对饲料原料价格的变动更为敏感，从而更能受益于玉米和豆粕等饲料原料的价格下跌。以价格下跌50%为例，规模化的完全成本将会下降1.6元，而散养户的完全成本只下降0.65元。表3.3是规模养殖和散养户完全成本对饲料原料价格变动的敏感性分析。

表3.3　规模化养殖和散养对于玉米、豆粕价格变动的敏感性分析

单位：元/kg

玉米	-50%	-30%	-10%	10%	30%	50%
规模户养殖总成本	-1.6	-0.96	-0.32	0.32	0.96	1.6
散养户总成本	-0.65	-0.39	-0.13	0.13	0.39	0.65
豆粕	-50%	-30%	-10%	10%	30%	50%
规模化养殖总成本	-1.35	-0.81	-0.27	0.27	0.81	1.35
散养户总成本	-0.55	-0.33	-0.11	0.11	0.33	0.55

最后再加上各地政府对规模化养殖的支持，使得规模化养殖水平快速提升。图3.4是我国规模化养殖的发展趋势。

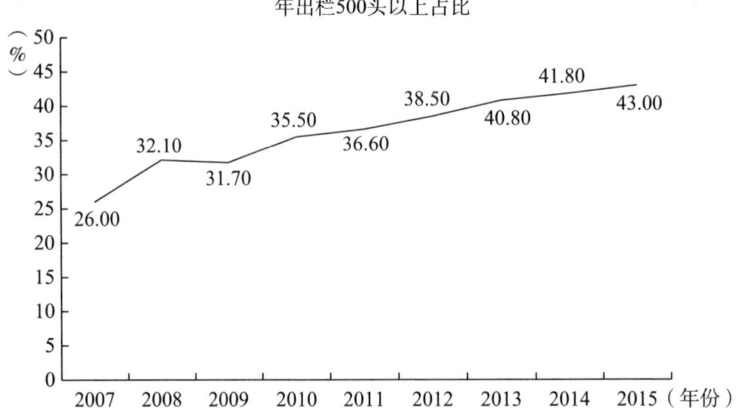

图3.4　2007～2015年我国生猪规模养殖变动趋势

数据来源：历年中国农业统计年鉴。

其他生猪养殖模式主要有多元化养猪模式、单元化养猪模式、一条龙养猪模式、阶段性养猪模式、公司+农户养猪模式、养猪小区模式。表3.4是以上几种模式的比较分析。

表 3.4 不同养殖模式的优缺点比较分析

模式	特点	优点	缺点	基本要求	主要公司
多元化养猪模式	多元化、产业化经营，以养猪业为主，兼营饲料、动保、屠宰、销售等相关产业；有种猪、商品猪，自繁自养	易于扩张，规模效益好；形成产业链，整体创利能力强，抗风险能力强；即使养猪亏损，其他环节也可以赚钱，整个产业链仍会赢利	公司多元化经营，管控难度大	适合于有实力的大集团公司运作，要求人、财、物资源雄厚，中小公司或企业不易运作	广东温氏、广东长江、江西正邦等大集团
单元化养殖模式	只从事养猪产业，不经营其他产业	便于集中人力、物力、财力，易于养猪专业化	与多元化模式相比，养猪市场不好时，无以弥补亏损；综合竞争与赢利能力差；受相关产业的制约，抗风险能力差	对人、财、物要求相比多元化养殖模式较小	国内绝大部分猪场
一条龙养猪模式	从种猪育种、种猪扩繁、仔猪繁殖，一直到生长育肥都自己做	自繁自养，易于疫病控制；可根据市场情况灵活调整猪群结构，或生产纯种猪，或生产二元母猪，或育肥；专业化较强	种猪育种成本高，要求专业化饲养与管理水平要高，猪场的固定资产投入较高	对专业技术要求比较高	国内大部分规模化种猪场
阶段性养猪模式	有的只生产祖代猪，有的只生产父母代猪，有的只生产仔猪，还有的只养生长育肥猪	养猪更专业化，技术要求单一；便于集中人、财、物力；管理简单，便于操作	综合赢利能力差，易受养猪其他环节的制约；下游阶段的猪场如商品仔猪繁殖场、生长育肥猪场，不能自繁自养，需不断引猪，疫病难以控制	抗风险能力差	各种专业化养殖公司
公司+农户养猪模式	多元化产业化经营，以养猪业为主，兼营饲料、动保、屠宰等相关产业；给农户提供配套服务，提供饲料、动保、肉猪回收、技术咨询等服务；提供种猪、育肥仔猪，但生长育肥阶段交给农户饲养	养猪部分的固定资产投资相对减少（公司不用建生长育肥舍）；整体养猪规模易滚动扩大；最大的好处是，能带动农民养猪致富，所以农民欢迎、政府支持，融资能力强	运作复杂困难，资金链风险大，受民风（农户信誉度）的影响很大	需要大量的流动资金，只有财力雄厚或融资能力强的公司才能做到	

续表

模式	特点	优点	缺点	基本要求	主要公司
养猪小区模式	把许多养猪户联合集中起来，在一个共同兴建的养猪园区内统一饲养、经营管理		一家一户入住养猪小区，管理难度大，尤其是防疫工作无法进行、疫病难以控制。主要是由一些地区的政府组织牵头运作的，也有的是以某个龙头企业（公司）牵头运作的。这种模式多以失败告终	龙头公司或政府主导	

根据全国生猪优势区域规划（2008—2015年），我国生猪养殖业正面临养殖成本上升、产业化水平低、疫病威胁严重、养殖效率低下等问题和困难。农户散养的小农经济模式已经不能与下游屠宰和肉制品加工业发展相匹配，因此加速上游养殖业的规模化、产业化将成为行业产业规划的大趋势。我国生猪养殖业面临的主要困难如表3.5所示。

表3.5　目前中国生猪养殖面临的主要问题与困难

养殖成本上涨，体现在：
饲料价格长期趋势持续上涨 工业化、城镇化导致劳动力转移和缺乏，劳动力成本上升 用地困难，大部分地方没有把生猪养殖用地列入规划 环境要求提高，对养殖场污水和废物处理成本提高
产业化程度低，体现在：
龙头企业数量较少，带动力不强 公司与生产基地、农户结合不紧密，没有形成真正的利益共同体，整个养殖产业链上利益分配不平衡，产供销一体化没有真正形成 小规模和散户养殖仍占很大比重，规模化、专业化、组织化程度不高，抗风险能力低 产销信息服务网络不完善 养殖业信贷机制不健全
防疫能力低，体现在：
由于温室效应，近几年极端气候发生频率增加，防疫落后，猪疾病呈现多发多样态势
养殖效率低，体现在：
生猪品质比较差，两种繁育体系非常薄弱 技术服务机构不健全，技术服务设施和手段不完善，直接影响了新品种、新产品和新技术的推广使用

（四）贸易

目前世界上猪肉进口国和地区主要是日本、墨西哥、中国香港、俄罗斯和加拿大，其2009年进口量占全球进口总量的将近60%。主要猪肉出口国是欧盟的丹麦（猪肉自给率为500%）、荷兰（猪肉自给率为250%）和比利时（猪肉自给率为200%以上）以及美国。我国猪肉的出口地区主要为中国香港地区，我国猪肉对外依存度无论从进口还是出口上来说，都比较小，每年的猪肉进口和出口量最多都没有超过30万吨，与我国每年消费5000万吨和生产5000万吨左右的数量相比微乎其微。图3.5是2009年以来我国猪肉的进口和出口情况。

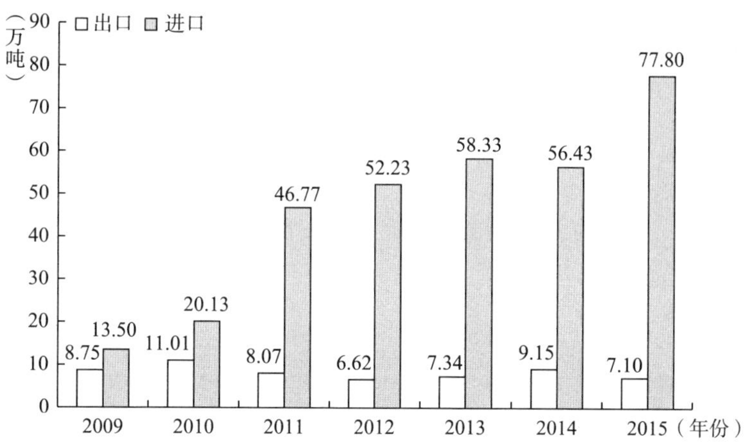

图3.5　中国2009～2015年生猪进口与出口情况

数据来源：中国农业统计年鉴（2009－2015年）。

四　屠宰

（一）屠宰市场

2015年我国规模以上生猪定点屠宰企业共计屠宰生猪2.14亿头，同比下降9.46%，按照定点屠宰企业的总屠宰能力8.5亿头计算，产能利用率低于30%。存在严重的屠宰能力闲置和过剩现象。2010年国家颁布的《全国生猪屠宰行业发展规划纲要2010－2015》指出要大力淘汰半机械和手工屠宰场等落后生猪屠宰产能，在 2013 年和 2015 年分别淘汰 30% 和 50%。目前我国屠宰行业的集中度非常低，屠宰量排名前四位的双汇发展、雨润食品、大众食品和众品食业的市场份额不足 15%。排名第一位的双汇发展 2015 年屠宰生猪 1239 万头，仅占总屠宰量的 6%。我国生猪屠宰市场的 CR4 目前仅为 14%，远低于美国 67% 的水平（见图 3.6）。

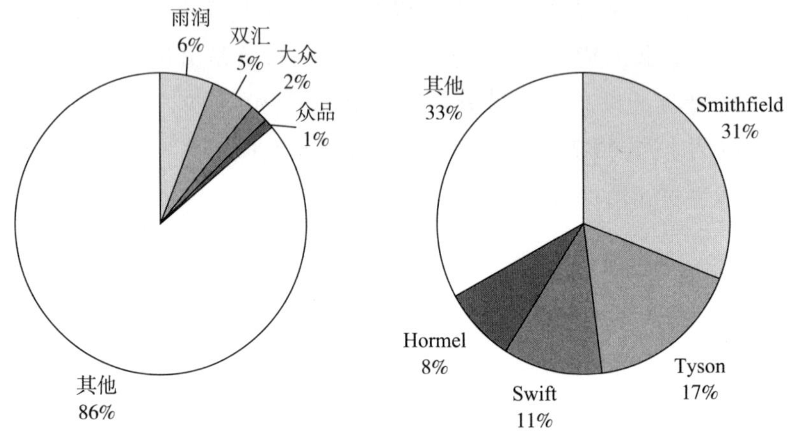

图 3.6　中国和美国生猪屠宰市场结构比较

（二）屠宰制度

我国生猪屠宰管理体制开始于 1955 年，之后将近 30 年的时间内，生猪屠宰管理都是由商业部门进行。1985 年我国实行统购统销制度，放开了生猪经营权，打破了国有食品公司对肉类商品的垄断局面，出现了“双轨制”经营模式。之后屠宰环节也进行了逐步放开，屠宰行业呈现了“一把刀，一口锅，一条板凳”的杂乱无章、规模较小、安全设施条件低下的私人屠宰企业，导致一些问题肉和病死猪肉在市场上进行销售，对我国猪肉质量安全和人们生命造成了极大的隐患和威胁。另外，杂乱无章的屠宰模式还给我国造成了巨大的税收损失，据中国肉类协会测算，此阶段我国每年流失税收大约为 45 亿元。屠宰行业的杂乱无章还造成了“劣币驱逐良币”现象的发生，由于私人屠宰企业成本比较低下，对具有现代化屠宰水平的国有食品企业造成了极大的冲击，导致国有食品公司设备和基础设施的大规模闲置。据有关数据统计，从 1985 年至 1994 年，我国国有企业屠宰份额由 1985 年占全国的 85% 急速下降到了1994年的25%，设备利用率仅为20%左右，大约1/3的国有食品公司面临倒闭。

针对屠宰行业混乱、猪肉质量问题严重等各种弊端和缺陷，1995年国务院发布文件要求执行“定点屠宰，集中检疫，统一纳税，分散经营”的生猪屠宰管理办法，并在1997年12月9日颁布中华人民共和国国务院令（第238号）《生猪屠宰管理条例》，于1998年开始实施。之后在全国范围内进行了对私自屠宰的清理和整顿以及定点屠宰的推行工作，对生猪屠宰和交易进行了严格控制。生猪定点屠宰制度的实行虽然在一定程度上保障了猪肉质量安全，但是并没有避免死猪肉、病猪肉和瘦肉精猪肉以及母猪肉等问题猪肉流入市场。另外，由于生猪屠宰能够给本地政府带来税收等便利，生猪定点屠宰制度越来越呈现强化的趋势①。据有关数据统计，1999年我国生猪屠宰厂家有4.32万家，平均一个县大概有15家，2004年我国生猪屠宰场有3.78万家，一个县平均为13家左右，随着定点屠宰制度的逐步推行，到2007年，我国有生猪定点屠宰厂家2.31万家，平均一个县为8家左右，其中2862个县级行政区的肉联厂为当地垄断企业。

2013年国务院决定将商务部的生猪屠宰管理职能移交到农业部。为了解决生猪屠宰行业产能总量严重过剩，落后产能比重过大，行业结构和布局不太合理、产业集中度偏低，相当一部分定点屠宰企业设备落后，环境条件差、污染严重、产品形态同质化、忽视品牌建设、恶性竞争严重，约75%的定点屠宰企业实行代宰制，屠宰操作不规范和检验检疫制度落实力度不大等一系列问题，国家颁布了《全国生猪屠宰行业发展规划纲要（2010－2015)》。根据纲要政府采取行政手段使屠宰行业适度集中并减少定点屠宰数量，促进屠宰行业规模化和品牌化经营，发展壮大，机械化屠宰和标准化管理再上新台阶，冷链流通得到广泛应用，市场秩序明显好转，提高了食品安全系数和生产效率。

（三）美国屠宰市场与制度

美国生猪屠宰行业的集中度从20世纪80年代末开始出现显著的提升，

---

① 《生猪屠宰制度　不可忽视的肉价推手》，《科学时报》2008年2月22日。

CR4 从 1987 年的 37% 上升到 1998 年的 54%，实际上，美国大型生猪屠宰场（100 万头以上）在 70 年代就进入了上升通道，大型屠宰场的屠宰量在总的屠宰量中的比重从 1977 年的 38% 上升到 1998 年的 88%，但是整个行业集中度的提升却出现稍晚，直到 80 年代末才开始迅速上升。根据 Manitoba 大学的研究，生猪屠宰行业的规模经济是驱动大型屠宰场流行的重要因素，美国 90 年代生猪屠宰成本与屠宰规模有明显的负相关关系，屠宰场规模越大，单位屠宰成本越低，40 万头规模的屠宰成本大约为 40.55 美元/头，400 万头规模的屠宰成本仅为 25.7 美元/头，比前者将近低 40%。另外，生猪养殖业集中度的提升也是推动屠宰行业集中度提升的重要原因，规模化屠宰场实现规模经济的一个重要前提是产能利用率要处于较高的状态，这意味着屠宰场要有大量不间断的生猪供应，因此，在上游生猪养殖产业的集中度比较低的时候，规模化的屠宰场其实也难以发挥其应有的规模经济效应，20 世纪 80 年代末，美国以家庭为单位的生猪养殖户的快速退出，对屠宰市场集中度的提升也起到了积极作用。

（四）目前我国屠宰市场存在的问题

1. 农村猪肉价格高于城市

由于生猪定点屠宰的屠宰场选址比较特殊，虽然在选址的过程中已经考虑到了方便批发商和最终消费者等方面的因素，但是综合考虑燃料费、运输费、劳力成本和购买力以及收入水平等因素和农村对猪肉的消费量远远小于城市，并且农村村庄比较散落等现实情况，只有少部分零售者到农村来销售，再加上农村信息基础设施不完备和不完善，零售者很容易利用价格的非对称性，使农村猪肉价格高于城市猪肉价格，形成一种农村养猪者反而难吃上猪肉，农村猪肉反而比城市猪肉还要贵的奇怪现象①。

2. 食品安全问题并没有解决

本来实行生猪定点屠宰制度的一个主要目的就是解决私自屠宰所造成的食品安全问题，但是结果并没有从根本上解决食品安全问题，一些生猪定点屠宰厂为了暴利往往会私自偷宰死猪病猪，甚至给猪注水，为了提高

① 《关于高安农村猪肉价格和农村公路客运票价的调查报告》，http://www.ycswjj.com/jglt_show.asp? id=470。

所屠宰猪肉的瘦肉率甚至默许使用瘦肉精等违禁药品的生猪进入屠宰场从而流入市场，让消费者受到食品安全的威胁。据有关数据统计，仅仅在2004～2005年两年间，我国就发生因猪肉质量问题所造成的食物中毒案例29618例，2006年在上海相继发生了消费者因食用含瘦肉精的猪肉而食物中毒的事件。

3. 生猪定点屠宰制度造成了垄断

由于屠宰处于生猪从生产到消费整个流通过程中的咽喉地位，在整个生猪产业链中，无论是猪贩子还是零售商谁想在生猪产业中谋取利润，都不得不和定点屠宰场合谋。相反，定点屠宰企业如果想自己牟利，就可以轻而易举地通过压低收购价格和抬高批发价格获得，从而造成生产者和消费者的福利损失。

4. 生猪定点屠宰制度造成了猪肉价格的波动

由于实行定点屠宰制度，养猪者不能直接进入收购、屠宰、批发和零售等猪肉产业链上的其他环节获得收益，养殖者所承担的瘟疫、价格波动的风险都将由养猪者自己承担，因此猪农在这种风险和收益不对等的情况下只有选择不养猪，从而加剧了生猪产业的大起大落。据湖北武陵区畜牧水产局2007年生猪生产调查报告：中湖乡全乡共有农户3458户，养猪户2109户，空栏率39%，比2006年同期增长约20个百分点，造成空栏户增加的原因主要是收购价低，养猪赔钱。

五 流通

（一）从产业链角度来说，产业链过长，大大增加了质量控制的难度

如图3.7所示，从生猪到猪肉，中间要经过种猪繁育、养殖育肥、屠宰、深加工、包装和运输等主要环节，除此之外还涉及饲料加工、疾病防治、生猪检疫等环节。种猪的疾病防治，育肥环节的生长环境，屠宰工厂的屠宰环境是否达到国家屠宰要求标准，屠宰设备的自动化程度，深加工行业的深加工环境和运输过程中车辆的选择，车辆温度的控制等因素都会影响到猪肉的质量，所以由于生猪产业链比较长，影响质量的因素众多，

大大增加了生猪和猪肉质量控制的难度。

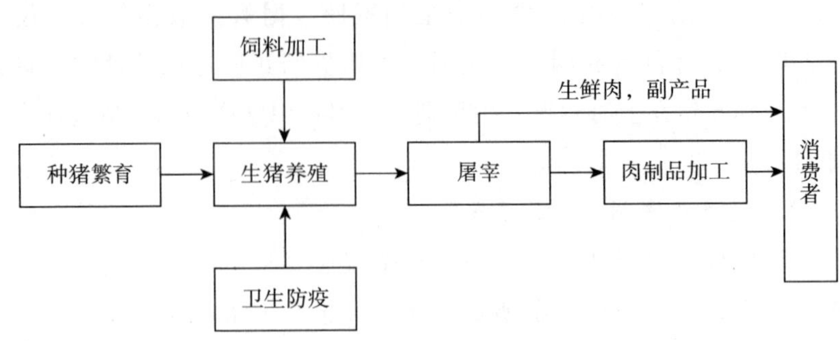

图 3.7 中国生猪养殖产业链情况

（二）从产品形态上来说，产品形式的多样化，增加了流通的复杂性

与其他农副产品不同，猪肉在流通的过程中，由于客户有多种不同的需求，形态变化比较大，不像水果和蔬菜的流通过程，从生产到消费，在流通的过程中形态不会发生太大的变化。猪肉从生猪的收购到屠宰、深加工、运输和销售，由于下游客户的不同，形态会发生不同的变化，在屠宰环节，一般都是去杂碎，然后将白条猪运输批发给农贸市场，农贸市场或者超市再将白条猪分割成各个部分，零售给消费者。整个流通过程形态发生多次变化，无疑增加了流通的复杂性。

（三）储藏和运输成本高

首先是生猪不容易运输，因为生猪在运输过程中由于路途颠簸和温度的变化，容易发生挤压和创伤以及感染疾病而死亡等。甚至如果装车的环节有问题还有可能发生生猪跳车逃跑现象，这无疑都会增加生猪的运输成本。对于猪肉来说，由于猪肉容易腐烂，为了防止在运输过程中变质腐烂，需要冷链运输，与普通运输相比这无疑也会增加猪肉的运输成本。

（四）猪肉物流路径复杂

由于我国各地在生猪养殖环节都存在养殖规模偏小、以家庭养殖为主的养殖模式，屠宰环节都由当地定点屠宰企业屠宰然后进行猪肉批发销售，我国生猪产业链呈现一个养殖和零售环节宽而屠宰环节窄如图3.8所示的路线图。首先由猪贩子从养殖户手中收购生猪，然后再卖给大的经纪人或者屠宰公司，屠宰公司再进行白条猪的批发和销售，然后再由超市或者农贸市场对白条猪进行分割，出卖分割肉。

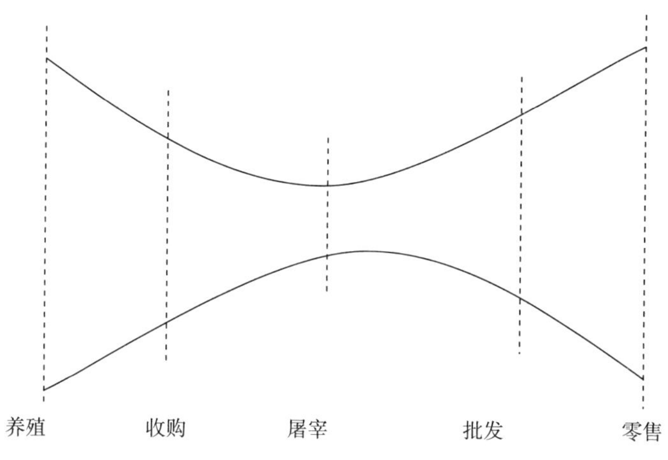

图3.8　中国猪肉物流路径图

六　消费

猪肉是我国消费者日常生活中最重要的蛋白质来源食品之一，猪肉在我国消费者主要的肉类（主要包括猪肉、牛肉、羊肉、禽肉和杂畜肉，不包括水产品和奶制品以及禽蛋）消费中占比将近60%。中华人民共和国成立以来，猪肉消费在我国呈现三个特征比较明显的阶段：在1980年以前，我国猪肉属于紧缺型消费阶段；从1980年到1995年，我国猪肉消费进入平衡性阶段；1995年以后进入注重质量和安全阶段。我国1979~2015年猪肉消费量见图3.9。

根据USDA2011年4月的预测，2011年我国猪肉的消费量将达到5258万吨（2010年国家统计局公布的猪肉供给量为5070万吨），占全世界猪肉消费量的50%，远远高于第二大消费地区欧盟27国和第三消费大国美国。世界各国猪肉具体消费情况见图3.10。

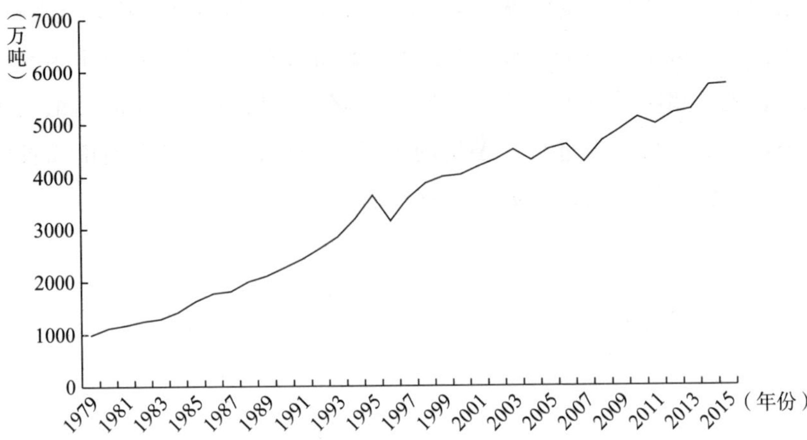

图 3.9　中国 1979～2015 年猪肉消费量

数据来源：博亚和讯（中国农牧行业资讯门户）网站。

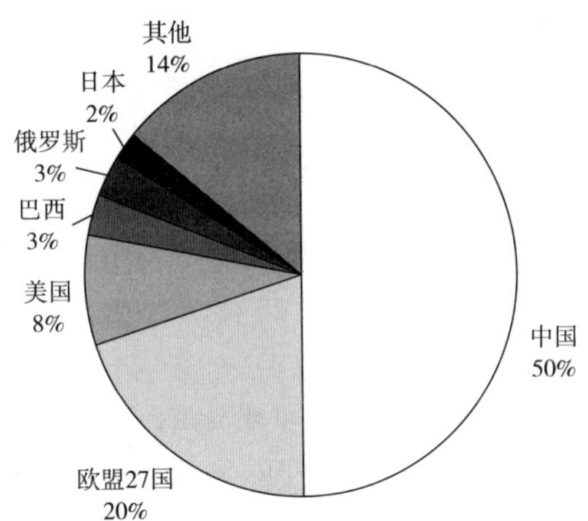

图 3.10　世界各国猪肉具体消费分布

数据来源：USDA。

（一）地区消费

我国猪肉的消费地区主要集中在经济发达、人均消费水平比较高的沿海地区，总体上来说主要有三大主销区，分别是珠三角主销区、长三角主销区和环渤海主销区。另外，作为主产区的四川、湖南、重庆、云南，猪肉消费量也比较大。

从季节上来说，猪肉的消费在我国呈现明显的季节性，一般来说，夏季是猪肉消费的淡季，冬季是猪肉消费的旺季。中秋节、国庆节等节假日是消费需求最为旺盛的时期。

（二）影响因素

1. 人口数量的增长

随着人们生活水平的提高，猪肉逐渐从奢侈品成为必需品，其需求随着人口基数的增长呈现一定的刚性。根据 US Census Bureau 的估计，我国未来 15 年内人口基数都将保持正增长，年均复合增速在 0.3% ~0.4%，人口基础是奠定猪肉消费平稳增长的基础。

2. 农村需求受城镇化和购买力提升驱动

猪肉消费在城镇肉类消费中占比为 59%，与 1990 年的 73% 相比降低了 14 个百分点，而猪肉消费对农村消费者的占比为 71%，比 1990 年的 81% 下降了 10 个百分点，农村猪肉消费占比更高的原因主要是：（1）由于相对其他肉类食品价格较低，猪肉是劳动者补充体力的肉类首选；（2）农村一般存在自养自宰生猪的习惯。从猪肉消费的绝对量来说，城镇的人均消费量大约为每年 20 公斤，在过去的 20 年内，人均消费量也基本保持在这一水平。农村则为 14 公斤。随着城镇化的深入和农民收入水平的提高，可以预计未来农村地区猪肉的消费量仍有较大的提升空间。而统计局的全年猪肉产量统计达到 5070 万吨，以此计算的近似人均消费量大约为每人 37 公斤，明显高于统计局对人均消费量的统计。美国农业部和 Euromonitor 对 2010 年我国的人均消费量估计最新数据分别为每年 38 公斤和 42 公斤。造成以上差别的主要原因可能是除了畜牧产品统计比工业产品统计更难以保证质量，统计局的人均消费数据仅指家庭采购猪肉，因此忽略了很大一部分通过外出就餐消费的猪肉。

过去 5 年，我国的城镇化进程以每年接近 1.2% 的速度推进。2020 年有望达到 60%，根据世界银行和联合国粮农组织的调查研究，收入的增加和肉类的消费增长呈现显著相关性。人均收入 5000 美元为肉类消费的转折点，当人均收入低于 5000 美元的时候，肉类消费增速最快，当高于 5000 美元的时候，猪肉的人均消费量会逐渐降低。城镇化的进程对我国猪肉的消费具有显著的拉动作用。

3. 食品安全因素的影响

生猪的疫病和人们对食品安全的关注也会影响猪肉的消费，疫病的发生和诸如瘦肉精、抗生素、注水肉和病死猪等事件的报道，会导致猪肉消费在短期内减少，如2003年的“非典”，虽然与猪肉无关，但是为了防止和控制疫病的传播，部分地区采取了限制生猪流动措施，消费者也减少外出用餐，都会对猪肉的短期消费产生影响。

（三）发展趋势

对于城镇消费者而言，尽管猪肉消费已经呈现稳定的消费状态，但是随着消费者健康意识和消费能力的提高以及现代流通渠道的快速发展，鲜肉和肉制品行业也呈现消费升级和结构调整的趋势，主要表现为：（1）生肉产品由热气肉和冷冻肉向更新鲜、附加值更高的冷鲜肉升级；（2）肉制品从比较单一的高温肉制品向低温肉制品转变；（3）企业将针对人们的快节奏生活推出大量的高附加值半成肉制品及小包装产品。

冷鲜肉在欧美、日本等发达国家的占比将近90%，而我国当前冷鲜肉占比仅仅为24%左右，一些一线城市为60%左右。和发达国家猪肉消费结构对比，未来我国冷鲜肉的发展潜力巨大。

七　政策法规

（一）饲养环节

最近几年，我国猪肉价格波动幅度比较大，影响了群众日常生活，带动了消费物价指数的上涨。为了保护生产者和消费者利益，促进我国生猪生产持续健康地发展，既保护生猪养殖者饲养积极性又避免出现猪肉价格过快上涨，我国陆续出台了一系列完善扶持生猪生产的政策措施。总的来说，从2007年至今，中央财政每年安排25亿元在全国范围内支持生猪标准化规模养殖场建设，我国生猪养殖的政策主要包括各种补贴、保险、生猪调出大县奖励等政策。为调动地方政府发展生猪养殖的积极性，2013年中央财政安排奖励资金35亿元，专项用于发展生猪生产，具体包括规模化生猪养殖户圈舍改造、良种引进、粪污处理的支出，以及保险保费补助、贷款贴息、防疫服务费用支出等。奖励资金按照“引导生产、多调多奖、直拨到县、专项使用”的原则，依据生猪调出量、出栏量和存栏量权重分别为 50%、25%、25%进行测算。2015 年中央财政继续实施生猪调出大县奖励。现将 2007 年以来我国实行的相关生猪养殖政策归纳如表 3.6。

表 3.6　2007 年以来我国实行的生猪养殖相关政策

能繁母猪补贴					
能繁母猪现金补贴	每头 50 元 中央财政 11.06 亿元 地方财政 12.59 亿元	增加至每头 100 元	无	无	每头 100 元
能繁母猪保险					
每头保险金额 1000 元，保费 60 元	对于中西部地区，在地方财政部门补贴 30% 保费的基础上，财政部补贴 50% 保费，养猪户承担 20% 保费				
生猪调出大县奖励政策					
1. 年均生猪出栏量大于 80 万头的县 2. 年均生猪出栏量在 60 万～80 万头，且人均出栏量大于 1 头的县 3. 不满足上面的标准，但是对区域生猪生产和供给有重大影响的大县，比如 36 个大中城市周边的养猪大县	中央财政 25 亿元，覆盖 253 个县	中央财政 21 亿元，覆盖 253 个县	中央财政 30 亿元，覆盖 300 个县	覆盖 421 个县	覆盖 500 个县
生猪良种补贴政策					
人工授精良种补贴	按每头能繁母猪年繁殖一胎，每胎配种两份精液，每份精液补贴 10 元，每头母猪每年补贴 20 元				
生猪标准化规模养殖场，生猪扩繁场补贴					
年出栏 300～499 头	每个中央补贴 10 万元，仅仅适用于云南和贵州				
年出栏 500～999 头	每个中央补贴 20 万元，其中苏浙粤 15 万元，西部地区 25 万元，其他地区 20 万元				
年出栏 1000～1999 头	每个中央补贴 40 万元，其中京津沪苏浙粤每个 30 万元，西部 12 省份 50 万元，其他地区 40 万元				
年出栏 2000～2999 头	每个中央补贴 60 万元，其中京津沪苏浙粤每个 50 万元，西部 12 省份 70 万元，其他地区 60 万元				
年出栏 3000 头以上	每个中央补贴 80 万元				

（二）屠宰环节

为了加强生猪屠宰管理，保证生猪产品的质量安全，保障消费者的身体健康，我国中央和地方政府从1997年颁布国务院令238号《生猪屠宰管理条例》开始，又陆续颁布了《国内贸易部关于贯彻实施〈生猪屠宰管理条例〉意见的通知》（内贸消费字〔1998〕第5号）、《生猪屠宰管理条例实施办法》（国内贸易部令第4号）、《国务院办公厅关于实施食品药品放心工程的通知》（国办发〔2003〕65号）、《商务部等七部门关于加强生猪屠宰管理确保肉品安全的紧急通知》、《商务部关于开展全国生猪屠宰专项检查的通知》（2004）、《国家发改委、财政部关于全面清理整顿涉及生猪饲养、屠宰、销售环节收费的通知》（发改委〔2004〕1256号）、《商务部办公厅关于实施生猪屠宰企业资质等级认定试点工作的通知》（商运字〔2006〕8号）、《关于在全国开展生猪屠宰加工业专项整治工作的通知》（2006）、《关于进一步加强猪肉、禽蛋等副食品市场监管的紧急通知》（国家工商行政管理总局，2007）、《国务院关于促进生猪生产发展稳定市场供应的意见》（国务院，2007）、《关于建立生猪保险体系促进生猪生产发展的紧急通知》（保监发〔2007〕65号）、《关于进一步建立健全猪肉市场监管长效机制的指导意见》（工商总局，2007）、《商务部关于加强乡镇生猪定点屠宰管理的紧急通知》（商务部，2007）、《商务部、公安部、工商总局关于深入开展猪肉质量安全专项整治进一步加强生猪屠宰监管执法工作的通知》（商运发〔2007〕456号）、《关于开展生猪屠宰企业污水处理情况调查的通知》（主席令十一届第九号）、《生猪屠宰管理条例》（中华人民共和国国务院令第525号）、《商务部办公厅关于贯彻落实〈加强猪肉质量安全监管工作的意见〉的通知》（商秩字〔2009〕28号）、《商务部关于印发〈全国屠宰行业发展规划纲要（2010—2015年）〉的通知》（商务部，2011）、《农业部办公厅关于进一步规范生猪屠宰检疫工作的紧急通知》（农明字〔2011〕第37号）等。相应地各地政府也根据相关中央文件陆续出台了一系列适合本地生猪屠宰环节的政策措施，这里不再列举。

（三）流通环节

为了进一步规范流通环节的市场行为，打破地方封锁和地方保护主义，维持良好的市场秩序，我国中央政府和地方政府陆续出台和下发了《国务院关于打破地区间市场封锁进一步搞活商品流通的通知》（国发〔1990〕61号）、《国家税务局关于生猪生产流通过程中有关税收问题的通知》（国税发〔1999〕113号）、《国家国内贸易局、国家工商行政管理局、卫生部关于进一步加强屠宰管理，整顿肉品流通秩序，提高肉品卫生质量的通知》（内贸局联发消费字〔1999〕第7号）、《国家发展计划委员会、国家经济贸易委员会、农业部、财政部、中国人民银行、国家工商行政管理总局关于进一步加快农产品流通设施建设若干意见的通知》（计经贸〔2002〕2668号）、《关于加强禽畜屠宰管理规范肉品流通秩序的通知》（商业部，2003）、《交通部、公安部、农业部等关于印发全国高效率鲜活农产品流通“绿色通道”建设实施方案的通知》（交公路发〔2005〕20号）、《商务部关于印发〈全国蔬菜流通追溯体系建设规范（试行）〉的通知》（商务部，2011）、《制止价格垄断行为暂行规定》（国家发展和改革委员会第3号）、《中华人民共和国反垄断法》（中华人民共和国主席令第68号）、《反价格垄断规定》（发改委令第7号）等。

第四章　生猪价格波动和价格地域性分析

1985 年以前，我国生猪市场是处在计划经济体制下的管理模式，政府对生猪生产、流通、消费以及猪肉价格等各个方面进行计划管制，人为控制生猪市场供给和需求的平衡，生猪及猪肉价格长期处于比较稳定的状态，波动不大。1985 年之后，猪肉市场由国家计划管理模式开始向国家宏观调控下的自由流通体制转变，逐步放开了生猪和猪肉收购以及价格管制，生猪和猪肉市场价格基本由市场供求关系决定，这个时候，国家主要工作是制定指导价格水平和对猪粮价格比进行管控。计划管理模式放开之后，我国生猪和猪肉价格开始大幅度上升，同时，价格波动的幅度和频率也逐步加大，例如在 1994 年，全国猪肉价格的水平从年初的 8.4 元/公斤迅速涨到年底的 13.6 元/公斤，之后逐步回落，从 1998 年 5 月开始，猪肉价格甚至跌到成本价以下，之后，我国猪肉价格波动减小，基本在 10～13 元/公斤区间波动。由于现有的研究指出，畜牧业统计数据面临严重失真的基础性问题（蒋乃华等，2003；毛雪峰，2009），早期生产数据和价格数据在统计上存在问题，但是随着 90 年代价格调查统计工作的逐步完善，之后数据的可信度逐步增强，可以真实地反映我国生猪以及猪肉市场价格的波动情况，因此本章研究选取由中国畜牧业网站提供的 2000 年 1 月至 2015 年 12 月全国生猪、猪肉价格月度数据作为研究对象，为了消除通货膨胀对价格的影响，根据国家统计局公布的居民消费价格指数，对生猪和猪肉价格进行处理得到实际价格。

一　我国生猪价格总体波动情况

2000 年以来，生猪市场价格的波动一直影响着我国生猪产业的健康发展，引起了政府、学者、消费者和企业的广泛关注，对生猪价格的波动的研究主要集中在波动特征分析、波动原因和相关对策建议三个大的方面，目前形成的主要结论有：年度内生猪和猪肉价格一般呈现两头高中间低的船形形态；宏观调控是推动生猪价格波动的一个主要原因；我国猪肉月度价格波动大致 3 年半为一个波动周期；我国猪肉价格的短期波动呈现出线性增长趋势；生猪市场体系建设不完善，等等。本章利用 2000 年以来我国生猪价格的统计数据，系统讨论生猪价格的波动特征、价格波动产生的原因以及应对价格波动的措施，以期对我国生猪市场的运行情况有个比较深的了解。

（一）年度内波动特征

从 2000 ~ 2015 年中国带骨猪肉的月度价格变化情况来看（见图 4.1），2000 ~ 2015 年除 2007 年、2008 年和 2011 年三个年份外，其余年份基本上呈现两头月份价格较高、中间月份价格较低的态势，一般是 1 月和 2 月价格较高，3 月价格开始走低，4 月和 5 月降至最低点，后半年随着中秋节、国庆节和春节等因素影响价格开始逐步爬升。2000 ~ 2004 年整体上价格波动幅度不大，比较平稳，2005 ~ 2015 年除 2008 年和 2012 年外，猪肉价格在每年的 5、6 月开始进入上升通道，尤其是 6 月、7 月更为突出，究其原因，可能与我国生猪市场的特征有关，一般认为夏天是肉类消费的淡季，所以无论是养殖场还是屠宰场都会有意避开这个时间窗口，减少在此段时间的供给，但是又由于猪肉的消费刚性比较强，所以会在此时间段造成猪肉供求关系的失衡，导致猪肉价格的上扬，进入冬季之后，生猪供给和屠宰量攀升，加上此时间段春节等节日需求的增加，猪肉价格一般都会维持较高水平。春节后猪肉价格又开始下跌。以上我国猪肉价格呈现的特点，主要是与我国传统节日和居民消费习惯有关。2007 年和 2008 年比较特殊，2007 年猪肉价格一直处在攀升通道，且夏季价格上涨幅度较大，主要原因是 2006 年下半年全国生猪产业遭受蓝耳病导致供给下降。根据农业部公布的数据，2007 年上半年，全国共有 25 个省份发生高致病性蓝耳病疫情，发病猪 165144 头，捕杀 42728 头，死亡 45546 头。2008 年猪价全年则呈现持续下跌的趋势，主要原因是 2007 年生猪供给的严重不足导致价格持续高涨，引起各地政府的极度重视，全国各地生猪养殖支持政策频出，养猪场补栏的积极性高涨，导致 2008 年生猪供给大于需求，引起生猪月度价格持续下降。在2000～2015年，2011年也是一个比较特殊的年份，生猪价格屡创月度价格新高，至今仍没有打破当年创造的月度肉价纪录。主要原因是养殖成本大幅度增加，2010年能繁殖母猪数量下降，散户退出养殖领域快，规模养殖的推进抵消不了散户退出带来的供给缺口，使得全年月度价格持续升高。2012年全年猪价运行平稳，生猪供求基本处于平衡。2015年生猪价格在年初稍微下降之后，就进入了上升通道。

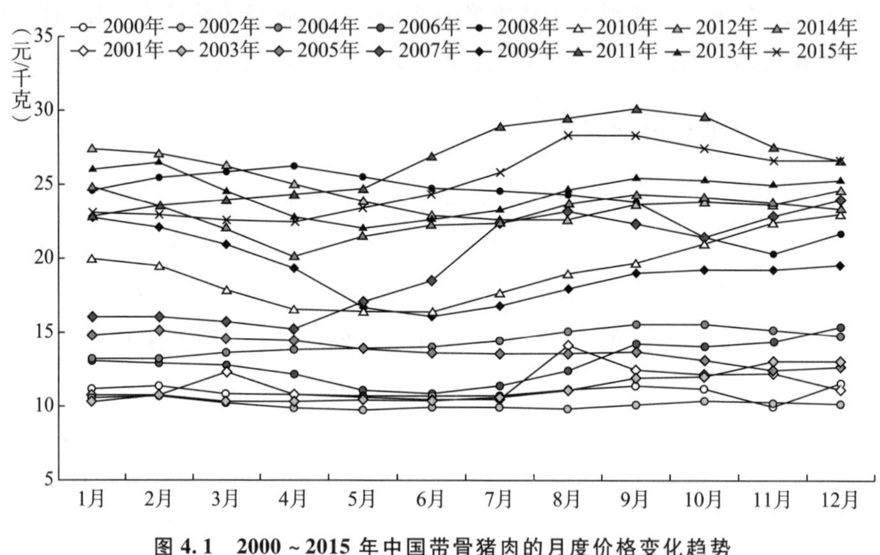

图4.1 2000～2015年中国带骨猪肉的月度价格变化趋势

（二）年间波动特征

从2006年至今，我国经历了两轮非常明显的“中周期”，第一轮是从2006年6月到2010年6月，大约49个月，第二轮是从2010年7月到2014年4月，大约45个月，目前正在经历第三轮中周期，从图4.2近几年我国猪肉价格的历史来看大致可以分为以下几个阶段。

第一阶段（2006年6月至2010年6月）：是近年来我国国内猪肉价格第一个中周期，由开始的11.53元/公斤涨到2008年2月的22.8元/公斤，价格几乎翻了一番，这主要是由2007年暴发的引起大量生猪死亡和母猪流产的蓝耳病所致，此外，2008年的雪灾不但给我国的生猪养殖带来压力并且还造成了大量生猪的死亡。之后，价格进入了回落期，从开始的22.8元/公斤回落至2009年11月的15.93元/公斤，大约降低了30%。这是由于国

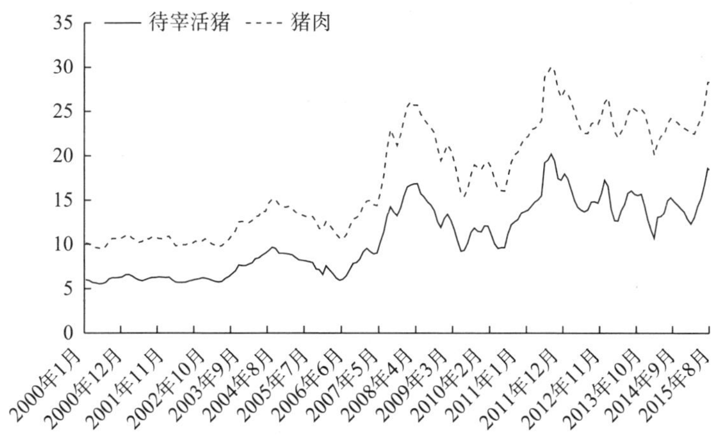

图 4.2　2000～2015 年我国生猪收购及猪肉价格趋势图

家为了控制猪肉价格的过快增长，对养猪户的补贴进行了大幅度的提高，造成生猪出栏量增加，供大于求是主要原因。第二个中周期阶段（2010 年 6 月至 2014 年 4 月）：本阶段刚开始时国内猪肉价格开始震荡上行，从 2010 年 10 月的 14.55 元/公斤迅速攀升到 2011 年 7 月的 26.11 元/公斤。之后缓慢下降到 2014 年 4 月的 20.04 元/公斤。第三阶段（2014 年 4 月至今）：为我国猪肉价格的第三个中周期。价格从最初的 20.44 元/公斤持续攀升到 25.35 元/公斤，目前仍处于上升通道。从最近几年我国猪肉价格波动的规律来看（见表 4.1），出现波峰的年度分别是 1997 年、2001 年、2004 年、2008 年、2011 年、2016 年。

表 4.1　我国改革开放以来猪肉价格波动情况

上一波谷	下一波谷	年数	波动幅度	上一波峰	下一波峰	年数	波动幅度
1978 年	1983 年	5	微量	1979 年	1985 年	6	微量
1983 年	1986 年	3	微量	1985 年	1989 年	4	中等
1986 年	1991 年	5	中等	1989 年	1997 年	8	大幅
1991 年	1999 年	8	大幅	1997 年	2001 年	4	微量
1999 年	2003 年	4	微量	2001 年	2004 年	3	微量
2003 年	2006 年	3	微量	2004 年	2008 年	4	大幅
2006 年	2010 年	4	大幅	2008 年	2011 年	3	大幅
2010 年	2014 年	4	大幅	2011 年	至今	5	轻微

从整个猪肉价格的波动周期和生猪养殖周期来看，一个周期产生的过程大致如下[①]：

①亏损 3 ~5 个月之后，生猪养殖企业资金链断裂，开始淘汰母猪。

②母猪淘汰 3 ~5 个月之后生猪开始进入供不应求阶段。

③生猪养殖企业初步走出亏损进入赢利，但是形势不明朗，持续观望半年，此时母猪补栏者较少。

④半年之后，行情渐好，补栏者大为增加，母猪存栏量开始大幅增长。

⑤补栏母猪在一年内无法形成生产能力，高猪价大约持续一年时间，此时，母猪补栏量也持续增加。

⑥生猪供应增加，市场供大于求，价格开始下跌。

⑦生猪出栏量持续增加，大约半年后进入供求平衡状态，价格跌至成本线左右。

⑧进入亏损，周期结束。

从整个生猪价格周期来看，赢利期为 24 ~28 个月，亏损期为 4 ~8 个月。

（三）价格波动的地区性差异

空间市场整合研究主要是研究市场信息能否在不同地区得到有效的传递，即市场价格能否指导商品在空间维度自由流动。价格是市场供求关系的总体表现，对价格在不同地区的差异化分析研究是研究空间市场整合的基础。

总体上来看（见图 4.3），2000 ~2015 年，我国生猪地域收购价格差和价格比经历了一个趋势基本减小的过程，尤其是 2012 年，价差和价比的最大值与以前相比，减小比较明显。另外，从整个区间段来看，虽然整体上呈现向下的趋势，但是中间也有多次反复，尤其是 2003 ~2004 年、2007 ~2008 年和 2011 年，价差和价格比波动都明显增强，在 2004 年 2 月价格比最大值为 2. 11，也就是说就全国范围来看，猪肉价格高的地区竟然是低的区域的两倍多，此时的价差为 6 元。之后 2005 ~2007 年价差和价格比波动幅度明显减小，至 2008 年 5 月，价格比又达到 1. 5 左右，价差达到 6. 5 元左

① 中国生猪预警网提供的资料。

右，再次达到高峰。之后价格比、价差波动幅度再次减小，到 2011 年 11 月价格比最大值为 1.4，价差最大值为 6.1，2012～2015 年，无论是价格比还是价差都逐步缩小，且波动幅度也呈现减小的趋势，从 2000～2015 年价格比的几次峰值来看，由 2000 年 1 月的 2.4 到 2004 年 2 月的 2.11，再到 2008 年 5 月的 1.5，至 2011 年 11 月的 1.4，我国区域之间价格也呈现逐步收敛趋势，表明我国生猪收购市场空间整合程度正在逐步加强。

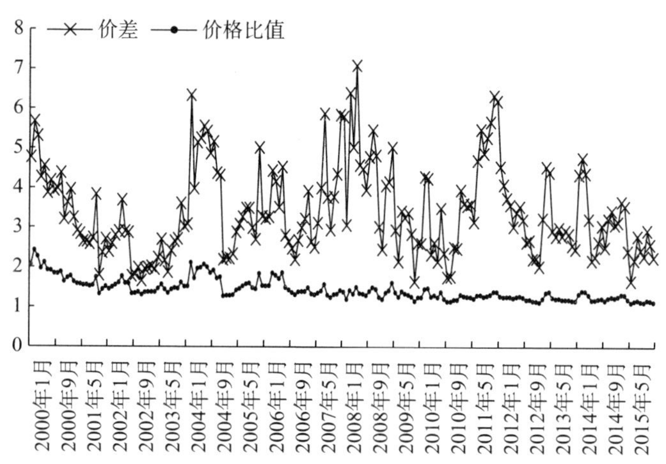

图 4.3 2000～2015 年我国生猪收购区域价格最大值与最小值差及比值趋势

2000～2015 年，我国猪肉地域销售价格比的情况（见图 4.4）：从图中可以看出，2000～2015 年，我国生猪地域销售价格比经历了一个趋势基本减小的过程，从整个区间段来看，虽然整体上呈现向下的趋势，但是中间也有多次反复，在 2005 年 7 月价格比最大值为 2.08，也就是说就全国范围来看，和生猪收购价格一样，猪肉价格高的地区竟然是低的区域的两倍多，此时的价差为 9.31 元。之后几年的价格比波动幅度明显减小，至 2009 年 3 月，价格比又达到 1.57 左右，价差达到 8.16 元左右，再次达到小高峰。之后价格比、价差波动幅度再次减小，到 2011 年 11 月价格比最大值为 1.59，价差最大值为 11.76，从 2000～2015 年价格比的几次峰值来看，由 2000 年 3 月的 2.14 到 2005 年 7 月的 2.08，再到 2011 年 11 月的 1.59，至 2015 年 2 月的 1.46，我国区域之间猪肉销售价格也呈现逐步收敛趋势，表明我国猪肉市场空间整合程度也正在逐步加强。

从生猪价格最高和最低的几个省份的变动情况来看，我国生猪价格较

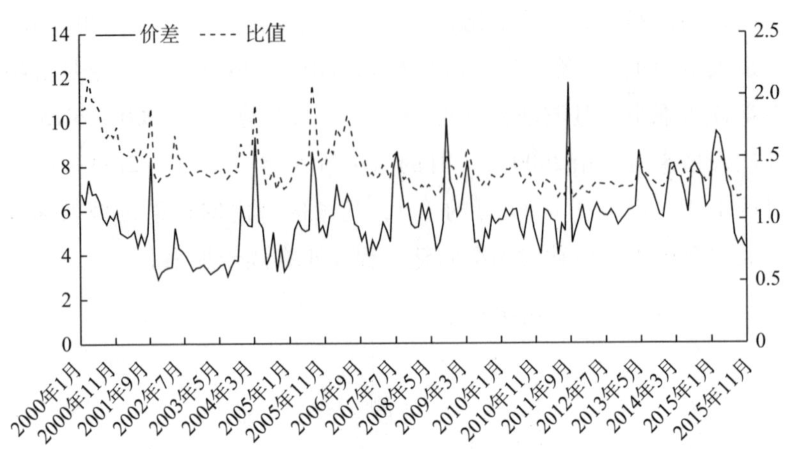

图 4.4　2000～2015 年我国猪肉区域价格最大值与最小值差及比值趋势

高的省份主要是北京、上海、浙江、福建和广东等经济比较发达地区以及青海等一些西部省份，生猪价格比较低的省份主要是山东、四川、河南、云南和黑龙江等。这主要是由生猪的供给所决定的，通过分析 2000～2015 年生猪价格最低和最高的省份的变动情况可以发现，价格最低的省份逐渐转向东北地区的吉林和黑龙江，以及西部的云南和广西等地区，这主要是由于以上几个省份最近一些年生猪养殖逐渐兴起，其中云南和广西已经连续多年进入中国生猪出栏量前十位，这也意味着以上几个省份在稳定我国生猪市场价格中所占的地位越来越重要。

二　生猪价格波动的进一步分析

（一）价格波动的长期趋势分析

由于时间序列的月度、季度数据常常受到月度和季度的循环影响，季节性变动往往会掩盖经济发展的客观规律，为了对生猪价格的波动进行更为细致的分析研究，本部分利用季节调整法对价格时间序列数据进行处理，之后再利用计量分析方法对我国生猪市场价格波动的规律进行深入研究。

本书以 2000 年 1 月到 2015 年 12 月的猪肉价格为研究数据，运用 Eviews 6.0 对上述数据进行了季节调整，结果如图 4.5 所示：其中图 Y_IR 是猪肉价格的不规则分量序列，可以看出，猪肉价格在 2003～2004 年、

2007～2008年和2011年间发生了较为剧烈的波动，这表明在这些时段均出现了不同程度的突发事件或者无预期的因素影响了猪肉价格的波动，从而引起了我国猪肉价格的不规则波动。实际情况也印证了这个波动特点。2003年初暴发的“非典”疫情导致对猪肉需求的大幅度下降，各个地区相互设立障碍，造成市场严重分割，生猪销售通道受阻，多数养殖户为了减少损失，采取了低价抛售，大幅度降低存栏量和淘汰母猪等多种措施，直接导致生猪补栏和后续出栏量的急剧下滑。2003年末“非典”之后，随着餐饮、旅游业的复苏，猪肉的需求迅速回升，再加上2004年上半年我国一些省份暴发的“禽流感”等原因，猪肉作为鸡肉的替代品消费量大幅度增加，而此时，由于前期生猪的补栏和存栏量不足，生猪供求关系严重失衡，猪肉价格大幅度攀升。

2007～2008年的波动同样也是源于一次突发事件——全国生猪蓝耳病疫情的暴发。2007年初，我国暴发了自20世纪90年代以来波及范围最广、持续时间最长、造成损失最大的生猪蓝耳病疫情。仔猪和母猪大量死亡，养殖户有的直接退出了养殖市场，有的则大幅度削减了养殖规模，在此段时间之内，母猪存栏量迅速下滑，直接导致了仔猪供应的减少，最终结果是造成生猪出栏量和猪肉供给的减少，价格持续上涨。

2011年我国猪肉价格从5月开始出现了持续加速上涨、同比涨幅进一步扩大的现象，在当年11月创下了至今仍没有打破的历史纪录。这个时期的上涨除价格长时间下滑、饲料等成本上升等基本因素外，同样也受到了猪瘟、口蹄疫和蓝耳病等疫病的影响。首先从养殖成本上来看，2011年4月全国育肥猪饲料价格为2.88元/千克，同比上涨7%，2011年1～5月，玉米平均价格为2.16元/千克，同比上涨11.3%，比前五年平均水平上涨21%左右，同时期仔猪价格也出现了较大幅度的上涨，助推了养殖成本的上升。其次，从生猪供给上看，由于2010年前两年生猪价格持续低迷，从2009年9月开始，生猪价格更是出现了连续9个月下跌的现象，养殖户亏损率一度高达58%，相当一部分小规模的养殖场和散户选择退出了市场，直接导致生猪供给的减少。最后，2010年底及2011年春的低温天气和口蹄疫、蓝耳病等疫情使母猪繁殖能力受到了极大的负面影响。据有关数据统计，2011年4月、5月、6月生猪供给月平均减少10%左右，供给和需求的失衡再次把生猪价格推向了历史高位，带来了价格的大幅度波动。

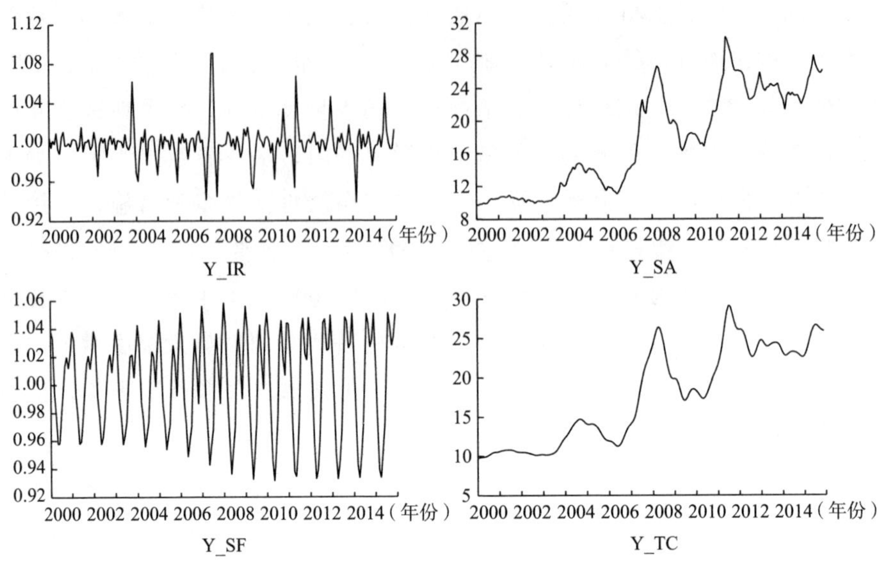

图 4.5　价格趋势分解图

图 Y_SA 是经过季节调整后的猪肉价格序列，与原价格序列图相比，可以看出经过季节调整以后的猪肉价格序列更为平滑，经过季节调整后的时间序列更有利于下面的计量分析，同时也容易从中判断出环比增长率和波动周期等波动特征。

图 Y_SF 呈现的是猪肉价格的季节因子序列，可以看出，与前面本章分析的一致，猪肉价格确实存在规律性较强的季节性波动。具体讲，就是年度内猪肉价格基本呈现两头高、中间低的船形模式。

图 Y_TC 是剔除了季节效应和不规则变化对猪肉价格波动的影响后的猪肉价格趋势循环序列。可以看出，从 2000 年到 2015 年，我国猪肉价格确实有一个比较大的增长。但是由于季节调整模型不能分离时间序列的长期趋势与循环波动，为了更进一步得到单一的猪肉价格长期趋势和循环波动的实际情况，下面用 H－P 滤波方法对两者进行分离，进一步分析猪肉价格的波动周期。

用 H－P 滤波法对我国猪肉价格的趋势循环序列即 Y_TC 序列进行分解，以便测定其波动周期，具体结果如图 4.6 所示：其中 Y_TC 是猪肉价格的趋势和循环序列，Trend 是从 Y_TC 序列分离出来的猪肉价格波动的长期趋势，Cycle 是分离出来的循环波动，即剔除了不规则波动、长期趋势波动和季节波动之后的价格波动曲线，Cycle 曲线能清楚地反映出猪肉价格的波动周期。从 Cycle 曲线来看，从 2000 年 1 月至 2015 年 12 月，大致可以分为三个周期，其中第一个周期为从 2003 年 1 月至 2006 年 6 月，总计 41 个月左右；第二个周期为 2006 年 6 月至 2010 年 6 月，总计 49 个月左右；第三个周期为 2010 年 7 月至 2014 年 4 月，总计 45 个月左右。目前是从 2014 年 5 月至今的第四个周期。这与本章第一部分的初步分析结果基本一致。总体上看，从 2000 年 1 月到 2015 年 12 月，我国猪肉价格的波动大约经历了三个比较完整的周期，周期的平均长度为 40 个月左右，其中第一个周期价格波动不大，比较平稳，第二、三个周期价格波动比较大。

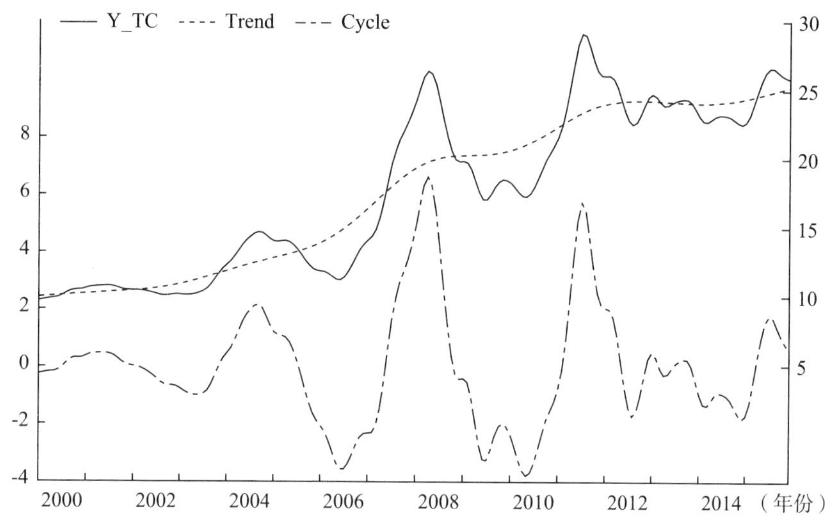

图 4.6 用 H－P 滤波法对我国猪肉价格的趋势循环序列进行分解后的结果

（二）价格波动的短期波动分析

对时间序列波动性的研究通常用自回归条件异方差模型进行（Autoregressive Conditional Heteroskedastic Model，ARCH 模型），该模型由 Engel 于 1982 年研究英国通货膨胀问题的时候提出，其构建模型的出发点是让条件方差等于历史观测值的函数。该模型由于具有条件方差随时间变化而变化和宽尾部无条件分布等特征，自提出后被广泛应用在金融研究领域，也有一些学者使用该模型对农产品价格的波动进行了研究分析，并且取得了很好的模拟效果，为后续研究者利用该模型在农业领域的研究奠定了基础。

为了缓冲猪肉价格的波动程度，本书使用月波动率作为研究对象，其计算方法为 $R_t = 100\ (\ln Pt - \ln P_{t-1})$，其中 P_t 是第 t 个月的猪肉价格，对 2000 年 1 月至 2015 年 12 月 192 个月份进行月波动率计算得到 191 个波动率样本。图 4.7 是我国猪肉价格 191 个月波动率的走势，可以看出，猪肉价格的月波动率基本上都在均值 0 处上下波动，并且表现出明显的波动聚集性，即随着时间的变化波动会出现连续偏低或者连续偏高的现象，从月波动率的图形特征初步判断，我国猪肉价格的月波动率适合用 ARCH 类模型进行分析。

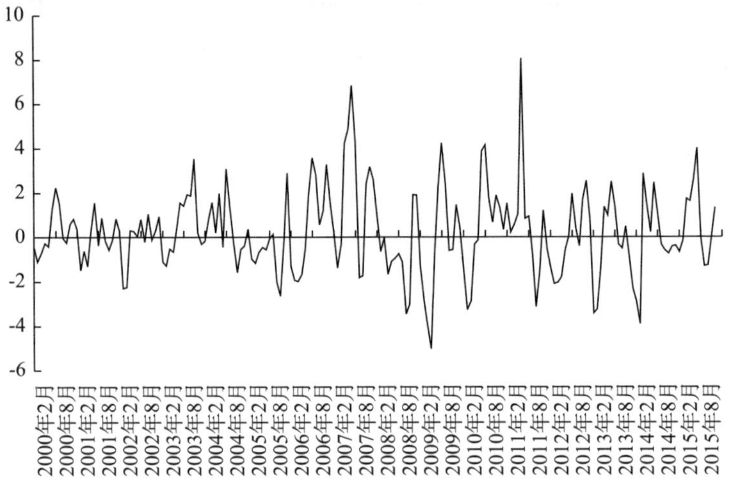

图 4.7　我国猪肉价格月波动率趋势图

表 4.2 是我国猪肉价格的月波动率基本特征表，从表中数据可以看出，我国猪肉价格月波动率的偏度大于 0，峰度大于 3，序列具有明显的“尖峰厚尾”特征。从 Jarque－Bera 指标来看，应该拒绝正态分布的原假设，该序列不服从正态分布。此外，通过对该序列进行单位根检验，发现该序列在 5% 的水平下存在显著的平稳性，并且该序列存在自相关性。因此，从基本特征指标来看，ARCH 模型也适合用来研究我国猪肉价格月波动率序列的波动性。

表 4.2　我国猪肉价格月波动率的基本统计指标

样本数	均值	标准差	最大值	最小值	偏度	峰度	JB 统计量	ADF－t 值
191	0.2200	1.9259	8.0628	－5.0166	0.5618	4.5642	34.4327	－8.9642

通过使用分布滞后模型，对猪肉价格月波动率序列而言，当滞后阶数为2时，检验概率 P 值等于0.0，可知残差序列存在异方差效应，利用ARCH-LM检验发现，该序列存在ARCH效应。基于以上的统计检验和分析可以看出，我国猪肉价格月度波动率序列存在以下特点：不服从正态分布，存在异方差和波动集聚性，具有较强的序列自相关性，是平稳的时间序列。从以上数据特征我们可以发现，该序列可以使用GARCH模型进行研究分析。根据GARCH模型整体的AIC、SC值最小化准则，表4.3列出了GARCH（1，1）、GARCH（1，2）、GARCH（2，1）、GARCH（2，2）模型的AIC和SC值，从表4.3中可以看出，模型GARCH（1，1）更加符合我国猪肉价格月波动率序列。

表4.3　模型估计结果

参数	模型一	模型二	模型三	模型四
C	0.0507（0.09）	2.79（0.00）	2.13（0.50）	0.03（0.34）
RESID（-1）^2	0.0453（0.03）	0.3951（0.01）	0.3987（0.01）	0.3547（0.02）
GARCH（-1）	0.6463（0.00）	-0.0846（0.55）	0.0993（0.94）	0.8800（0.00）
GARCH（-2）		-0.0657（0.60）		0.1191（0.55）
RESID（-2）^2			-0.0726（0.89）	-0.3577（0.02）
AIC	4.06	4.06	4.06	4.00
SC	4.12	4.15	4.15	4.10

通过以上四个模型的比较发现，GARCH（1，1）所有的系数都通过t检验，并且AIC和SC的值都没有随着滞后项的增加而大幅度增加，因此GARCH（1，1）模型效果最好。方差方程估计结果中 ε_{t-i}^2 与 h_{t-j} 前的系数和刻画了价格波动率序列波动冲击的衰减速度，两者之和越接近于1，表明衰减速度就越慢。根据模型的估计结果，该系数之和为0.6916（0.0453+0.6463），说明我国猪肉月度价格波动率具有有限方差，是一个弱平稳过程，尽管价格波动率的波动趋势最终会衰减，但是可能会持续一段时间。h_{t-j} 的系数0.6463说明波动率当期方差冲击的64.63%会延续到下一期。这也意味着每次较大的猪肉价格波动之后，往往需要一段时间才能走向平稳。因此，政府在出台相关政策时，要充分考虑到猪肉价格波动的特性，不能急功近利，以免给我国生猪市场带来更大的冲击。

三　生猪价格的影响因素实证分析

（一）猪肉价格的影响因素

根据经济学的基本原理，任何一种商品的价格都是由该商品的供给和需求共同决定，猪肉的价格也不例外。本节内容将从供给、需求两个方面探讨影响我国猪肉价格波动的主要因素。

1. 生产成本是影响猪肉价格波动的主要因素

生猪养殖的主要成本有仔猪进价、饲料、水电、兽药防疫等，根据历年的《全国农产品成本收益材料汇编》数据统计，我国近年来农户散养生猪的成本主要由直接生产费用、间接生产费用和用工费用三大部分构成，比例分别达到78%、1%和21%。在直接生产成本中，仔猪进价大约占直接生产费用的22.5%，饲料费用大约占50%，从中可以看出仔猪进价和饲料成本在养殖成本中所占的比例最大，故本书使用仔猪和饲料成本代表生产成本。在其他条件不变的情况下，当生猪养殖成本上升（下降）时，养殖户会减小（扩大）养殖规模，猪肉供给下降（增加），推动价格上升（下降），即养殖成本与猪肉价的变化方向是一致的。

2. 猪肉替代品价格

猪肉的替代品主要包括羊肉、牛肉、鸡肉、鸭肉和鸡蛋等，随着收入水平的提高和饮食结构的改变，人们对肉类食品的消费呈现出多样化趋势，尽管长期以来，我国大多数居民有吃猪肉的喜好，但对牛羊肉的消费也不断呈现增长态势。在其他条件不变的情况下，这些肉类产品对猪肉会产生一定的替代效应，导致猪肉需求的变化，从而引起猪肉价格的波动。从经济学理论角度分析，替代品价格升高会使猪肉需求曲线向右平移，猪肉需求量增加，猪肉价格上升。反之，当猪肉替代品价格下跌时，猪肉需求量减少，需求曲线向左移动，猪肉价格下跌，因此，猪肉需求的交叉价格弹性大于0。

3. 猪肉产量是影响价格波动的基本因素

一般而言，产品价格会随着产品产量的增加和减少发生相反方向的变化，当生产量增加时，市场供给增加，供给曲线向右移动，价格就会下降，反之则上涨。在目前我国的养殖结构中，规模养殖所占的比例仍旧比较小，大多数都是散户和小型养殖场，很容易出现价格下降—大范围减少养殖规模—猪肉供给减少—价格上升—大范围增加养殖规模—猪肉供给增加—价格下降的恶性循环，散户养殖占比大的结果就是非常不容易控制和协调，这是我国猪肉价格波动的一个基本原因。

4. 养殖户对未来猪肉价格的预期是影响价格的重要因素

生猪养殖者一般会根据上期猪肉价格和生产成本的变化决定本期的生产规模，由于价格惯性的存在，对价格的预期基本上都是与当前价格正相关，即未来生产规模是当前价格的函数，由于生猪养殖市场养殖户众多，不存在垄断势力，是一个近似完全竞争的市场，都是市场价格的接受者，当价格大幅度增加时，都会选择扩大养殖规模，由于生猪养殖生产周期的存在，生猪出栏和当前的市场需求具有一定的滞后性，市场上供给短缺的信号不能得到产量迅速扩大的反应，根据当前价格进行生产规模的确定，当生猪价格上涨时，养殖者对未来价格往往会产生乐观预期，扩大养殖规模，提高存栏水平，往往会导致下期生猪供给量的增大，市场价格的下跌。价格下跌导致生猪养殖者信心下降，开始缩小养殖规模，降低存栏水平，又导致下一期的供求失去平衡。如此反复，使得生猪的供给和价格总是处于不断的波动之中，供给曲线和需求曲线交织呈现如图 4.8 所示的“蛛网现象”。

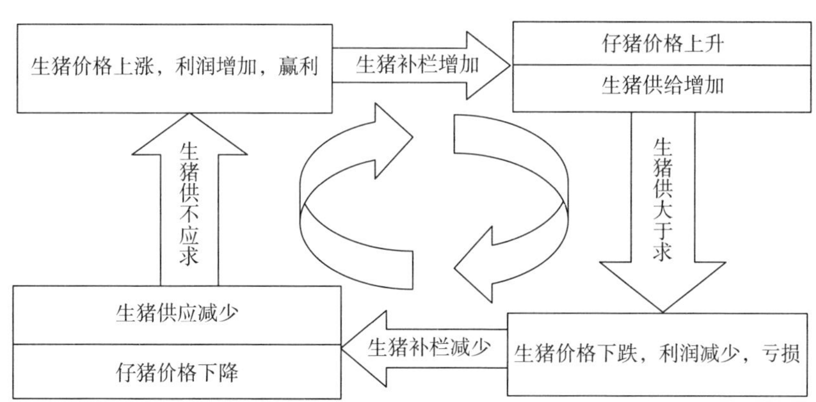

图 4.8　我国生猪价格波动情况：蛛网模型示意图

5. 流通环节混乱、流通成本过高

从生猪市场产业链可以看出，生猪生产到猪肉消费需要经过生猪养殖、收购、屠宰、猪肉批发、零售等多个环节，流通环节比较复杂。从市场的参与主体来看，在整个流通过程中，存在着生猪经纪人、运输商贩、屠宰厂、政府监管部门、批发商、零售商等不同规模、不同类型的主体。利益协调难度大，特别是在猪肉价格暴涨或者暴跌的时候，有的地方政府会直接干预市场的运行，另外，相对于散养户，大部分流通主体都具有一定的垄断势力，在市场价格波动的过程中，都会根据自己的利益，采取相应的行动，扭曲市场供求信号，给猪肉价格带来一定的冲击。从流通费用角度来看，流通环节费用过高，据有关部门公开的资料显示，主要包括中介费、上车费、检疫费、运输费、暂住费、屠宰费、各种税费、肉铺租金等一系列费用，导致“养猪的不如杀猪的，杀猪的不如卖肉的”现象的发生。

6. 居民收入

猪肉的商品属性随着人们的收入水平变化而变化，当居民收入水平较低的时候，猪肉作为一种正常品，居民收入增加会增加对猪肉的需求，因此猪肉的需求弹性大于0。随着人们收入水平的提高，对猪肉的需求也会增加，从而推动猪肉价格上涨。随着经济发展，当居民收入水平达到更高的层次，猪肉就会变成劣等品，这时收入水平的变化对猪肉价格的作用正好与猪肉是正常品的时候相反。近年来，我国居民收入水平不断提高，猪肉消费在一些高层次收入群体中已经出现了下降趋势，已经从单纯的消费数量开始向猪肉的质量和品牌升级，低收入者仍处在猪肉消费数量增长的阶段（乔娟等，2014）。

7. 疫情

从前面对我国猪肉价格波动规律的分析可以看出，疫情是影响我国猪肉价格波动的一个主要因素，猪病一般可分为细菌病、寄生虫病、病毒病和营养代谢病等。我国动物疫情监控的主要疫情有猪蓝耳病、猪口蹄疫、猪瘟、猪肺病、猪丹毒等疾病。在2000~2015年，总共发生三次比较大的疫情。2003年的“非典”，导致我国猪肉需求量急速下滑，同时生猪收购、流通和销售市场的封闭造成了严重的市场分割；2006年夏季到2007年初暴发的猪蓝耳病，传播速度快、死亡率高、发病率高，对我国生猪养殖造成了沉重打击，导致全国范围内生猪存栏量下降，在随后的几个月，猪肉价格大幅度上升；2010年的口蹄疫和蓝耳病，造成生猪部分死亡，母猪产仔率下降，导致生猪存栏和能繁母猪数量下降，直接导致2010年5月之后的

13 个月猪肉价格持续上涨，到 2011 年 8 月、9 月，超过 2008 年 17.16 元/公斤的历史最高价，达到 30 元/公斤左右。

8. 其他因素

从生产的角度来看，影响猪肉价格的其他因素还包括政策因素、制度因素、技术因素、自然因素和养殖模式等，在其他条件不变的情况下，这些政策如果能增加产量，猪肉价格就会下降，反之，则会上升。从需求的角度来看，影响猪肉价格的主要因素包括市场发育程度、人口分布结构、消费者偏好等。但是由于目前得不到这些指标的月度数据，因此很难量化，无法纳入模型之中。这些因素对猪肉价格的影响取决于是促进消费者需求还是降低消费者需求，如果这种变化能促进消费，那么猪肉价格就会上升，反之，则下降。

（二）数据与模型

1. 数据来源与处理

本部分数据来源于中国畜牧兽医信息网上各省份价格月报数据，猪肉价格为带骨猪肉价格，鸡肉价格选择西装鸡价格，羊肉价格为带骨肉价格，牛肉价格为去骨头牛肉价格。养殖者预期滞后 2 期的生猪价格；玉米和仔猪价格都为当期价格，收入数据为城镇居民平均可支配收入数据。由于加工流通成本为生猪价格和猪肉价格之间的差距，因此本书使用价格差或者价格比作为衡量流通成本的一个工具，为了提高该变量的显著性，本书选取猪肉与生猪价格比作为流通成本的衡量，考虑到疫情的影响，我们引入虚拟变量，$Dt=\begin{cases}1,（有疫情）\\0,（无疫情）\end{cases}$，从前面的分析可以看出，2000 ~ 2015 年，疫情期间分别为 2003 年 3 月、4 月、5 月，2005 年 6 月、7 月、8 月，2006 年 7 月 ~2007 年 7 月，2010 年 3 月 ~2011 年 3 月。

2. 模型的构建

综合考虑前面对猪肉价格影响的因素和已有的研究成果，本书利用回归法对猪肉价格的各影响因素及其影响程度进行分析。其中可以量化的收入、仔猪价格、牛肉价格、猪肉产量、流通成本、疫情、玉米价格和预期价格等直接纳入分析模型，其他没有办法度量或者数据不允许的变量则记为随机扰动项纳入模型之中。综上所述，猪肉价格影响因素的模型基本形式为：

$$Y_t = \alpha + \beta_1 Y_{t-1} + \beta_2 Y_{t-2} + \beta_3 pp + \beta_4 bp + \beta_5 pr + \beta_6 pc + \beta_7 D_t + \beta_8 cp + \beta_9 income + \mu$$

其中，Y为猪肉价格，pp表示仔猪价格，bp表示牛肉价格，pr表示猪肉产量，pc表示猪肉与仔猪价格比，cp为玉米价格，D_t为虚拟变量，$income$表示收入。

（三）实证结果与讨论

为了使变量的趋势更加平缓，本书对所有变量取对数。为了避免伪回归，需要对变量之间的协整关系进行检验，判断变量之间是否存在协整关系。通过单位根检验发现，取对数之后的变量都是非平稳时间序列，但是这些变量一阶差分之后的序列都为平稳时间序列。因此可以对这些变量进行协整检验，通过对以上 6 个变量进行协整检验可知，以上 6 个变量之间具有至少不少于两个的协整关系，因此可以用我们选取的解释变量进行回归分析。

利用 EVIEWS6.0 软件对我国猪肉价格影响因素的模型进行估计，得到如表 4.4 所示的结果。

表 4.4　影响因素回归模型估计结果

变量	系数	标准差	t 统计值	概率
C	-0.1472	0.0604	-1.7790	0.1000
lnYt-1	0.5412	0.0802	7.8493	0.0000
lnYt-2	-0.2776	0.0543	-5.4912	0.0000
lnpp	0.2572	0.0139	10.0421	0.0000
lnbp	0.2583	0.0276	2.1835	0.0823
lnpr	-0.0961	0.0491	-2.7765	0.0000
lnpc	0.0775	0.0655	6.9933	0.0000
lncp	0.1189	0.0144	8.4976	0.0001
lnincome	0.0519	0.0137	5.0011	0.0000
D	-0.2	00324	-4.3118	0.0000
R2 = 0.8033	F - statistic = 701.2286			DW = 1.76

因为解释变量中还有被解释变量，所以必须对回归方程的残差做序列相关的检验，通过采用LM统计量对回归残差序列相关性进行检验发现，残差之间并不存在显著的相关性，所有解释变量在10%的统计水平下都是显著的。因此，该模型估计结果从统计意义上来说相对有效。从模型估计的系数来看，各解释变量与被解释变量之间的关系与前面的理论分析一致。

模型结果表明，猪肉价格与其上一个月和上上一个月的价格显著相关，其中上一个月的价格会对当月价格产生正的影响，而上上个月的价格会产生负的影响，且近期影响程度比远期影响程度大。这就意味着如果前一时期猪肉价格保持在较低水平，当期的猪肉价格则很有可能仍保持较低的水平，甚至在惯性的作用下，有可能继续下降。如果前两期的猪肉价格处在较低的水平，当期的猪肉价格很有可能上涨。这一结果与我们前面对猪肉月度价格波动率的研究结果一致，即我国猪肉价格的月度波动率会发生连续偏高或偏低的聚集性。

养殖成本是推动猪肉价格变动的一个基本因素，从模型的估计结果来看，无论是仔猪价格还是玉米价格都与猪肉价格正相关，两者大约能解释猪肉价格变动的36%左右。居民收入对猪肉价格的影响已经不大，从模型的估计结果可看出，猪肉价格的收入弹性仅仅为0.0519，目前，我国城镇居民对猪肉的消费基本处于较为稳定的阶段，随着收入水平的上升，对猪肉的消费尽管仍旧呈现增长的趋势，但是增长速度却逐渐放缓。这主要是由于相对于猪肉而言，牛羊肉具有高蛋白质、低脂肪、低胆固醇的特点，所以收入提升带来的生活质量的改善直接体现在牛羊肉的消费量增长上。高收入家庭的牛羊肉消费量显著高于低收入家庭，且猪肉消费占比相对小，这也从侧面反映出收入的增加将带来牛羊肉消费的增多。

从模型估计结果还可以看出，加工流通成本对生猪价格波动产生正的影响，当猪肉和生猪收购价格的比值增大，猪肉价格会同步上升。此外，猪肉产量是影响猪肉价格波动的主要原因，2006年夏季到2007年初暴发的猪蓝耳病，由于具有传播速度快、死亡率高、发病率高等特点，对我国生猪养殖造成了沉重打击，2006年生猪存栏4.9亿头，比2005年下降2.6%，能繁母猪存栏4700头，下降3.6%。2007年6月生猪出栏同比下降24.1%，7月底生猪存栏同比下降6.5%，全年猪肉产量比2006年减少8%，在随后的几个月，猪肉价格大幅度上升；2010年的口蹄疫和蓝耳病，造成生猪部分死亡，能繁母猪大幅下降，母猪产仔率下降，直接导致未来一段时间生猪出栏量的减少，导致2011年猪肉价格多次创造历史纪录。从模型估计的结果和实际情况来看，可以肯定地说，生猪出栏量和全年猪肉供应量的减少，必定会造成市场供求关系的失衡，是导致猪肉价格升高的最直接原因。

四 本轮生猪价格波动原因再分析

2014年至今，我国猪肉价格整体上呈现上升趋势，尤其是2015年春节以来，我国猪肉价格并没有呈现往年3、4月份年度内下降调整的趋势，而是连续上涨18周，呈现持续攀升趋势，农业部在3月底公布的数据显示，3月猪肉价格比2014年同期高出49.4%，单月涨幅超过30%。3月第三周全国猪肉零售价为28.6元/公斤，同比上涨35.2%。活猪价格为18.82元/公斤，同比上涨54.8%。15公斤仔猪价格由900元/头直接上逼1000元/头，一举突破2006年以来历史最高价。用猪粮比来衡量的养殖利润和持续时间均破多项历史纪录。进入2016年以来，猪肉价格持续上涨，据商务部监测数据，3月31日猪肉批发价格为25.61元/公斤，到4月21日已经涨到26.18元/公斤，比3月末增长了2.2%，比2015年年底的22.7元/公斤增长了15.3%，就目前的猪肉价格趋势来看，总体上仍然保持着上涨势头。与2011年猪肉价格暴涨相比，本轮猪肉价格很有可能突破2011年的纪录，再创新高。造成本轮猪肉价格暴涨的原因主要有以下几点。

第一，本轮猪价累计涨幅较大，是生猪产能持续减少的结果。猪肉的需求目前相对稳定，猪肉价格的波动主要受到生猪供给的影响。最近几年猪价持续低迷，从2014年4月开始直到2015年5月，我国生猪养殖普遍处于亏损状态，严重打击了养殖户信心，导致一些养殖场由于资金紧张大幅度缩小了养殖规模，据国家发改委数据，在此时间段，我国猪粮比连续71周低于6∶1盈亏转折点。尤其是2015年3月第三周，甚至降到了5.05∶1，出现了严重亏损状态，养殖户每卖出一头猪就得亏损200~300元。据农业部监测数据，从2012年开始，我国生猪存栏量已经连续4年降低，且2014年和2015年下降幅度特别大，超过以往任何一年，2016年3月生猪存栏量为37001万头，比2月增加了330万头，仅为2012年高峰时的78%，研究表明，我国生猪市场均衡点的数量为6亿头左右，与市场均衡状态还有一定距离。从能繁母猪存栏量来看，2016 年 3 月能繁母猪的存栏量仅为 3760 万头，与 2 月持平，只有 2012 年 10 月高峰时的 74%，减少了 1321 万头，而研究表明，我国能繁母猪存栏量大约为 4100 万头时才能满足我国猪肉市场的均衡。

第二，养殖模式的变化，导致对猪肉价格反应速度慢。本轮猪周期与以前几轮周期的一个重要差别就是养殖模式的变化，由于劳动力成本的升高，现在农村劳动力去城市务工挣的工资要远远超过农民种地和养殖的收入，逐渐放弃了原来家庭养猪的模式，此外，前几年生猪价格的持续低迷，迫使众多散养户退出了养殖行列，最后，农村散养的成本比规模化养殖成本高，与规模化养殖相比不占优势，导致目前散养户在生猪养殖中的比例逐年缩小。尽管现在市场主体还是农民，但是已经由原来的农户主导逐渐变成了企业主导。这就导致补栏速度较慢的情况发生：由于企业主要以营利为目的，决策更程序化更规范，与农民相比，掌握的信息量更多，决策也更加理性，会对企业的发展和养殖模式总体上有一个长期规划。市场行情尽管是一个重要因素，但是不会看到上涨就大幅补栏，可能会采取缓步推进的办法来逐渐增加母猪补栏速度，这也就意味着商品猪的增长也是缓缓渐进的。

第三，环保标准提升，养殖门槛变高。2015 年新环保法实施，紧接着“水十条”“土十条”等政策法规相继颁布，防治畜禽养殖污染已经提升到国家层面。针对大中型规模化养殖场的环保要求愈加严格。“水十条”明确规定：“2017 年底前，依法关闭或搬迁禁养区内的畜禽养殖场（小区）和养殖专业户，京津冀、长三角、珠三角等区域提前一年完成。”随着山东、安徽等北部省份相继出台禁养区相关规定，规模浩大的养殖场拆迁已经从东南沿海等地陆续延伸到了北部和西部地区（见表 4.5），与生猪和能繁母猪存栏量迅速下降的大背景相叠加，直接导致人为的补栏障碍，使得去产能与猪周期上升阶段重叠，加速了猪价上涨。

表 4.5　2015 年全国各地去产能情况

省份	详情
上海	清理 2720 户养猪不规范户，造成养猪场骤减 50%，减少生猪 70 多万头
浙江	30% 的养殖户退出

续表

省份	详情
重庆	50%的养殖户由于猪场拆迁而被迫退出
福建	拆除养殖场2200多个，涉及生猪100多万头
山东	临沂市沂水县依法治理养殖场3102个，清理养殖户22942家
广西	2015年上半年，九州江流域禁养区拆除养殖场1084个
广东	惠州2015年上半年拆除养殖场547个，涉及生猪12万头
湖南	清理养猪场1114个，湘江两岸500米区域划为禁养区

资料来源：招商证券。

第四，养殖政策不确定性因素多，业外资本进入慢。与2007年猪周期相比，一个非常明显的现象就是，尽管这轮周期无论是涨幅还是持续时间都创下了新的纪录，但是并没有出现类似2007~2008年大量业外资本流入养殖业的现象，如当时轰动一时的丁磊养猪、武钢养猪、高盛收购猪场等。这是由于猪肉价格和CPI具有密切的关系，猪肉价格不仅仅是猪肉的问题，因此，国家和各级政府向来对猪肉价格的暴涨都非常敏感，总会在价格暴涨的情况下出台一些稳定市场、稳定价格的政策。2007年，为了应对猪肉价格的暴涨，国务院专门针对生猪生产出台了国家层面的“国十条”，鼓励新建养殖场和养殖户扩大养殖规模，并给予大额补贴。同时，对养殖场用地放宽了标准，养殖门槛的降低和猪肉市场价格的暴涨吸引了大量资本进入生猪养殖业。但是这种大规模的刺激之后紧接着就是猪肉价格大幅度下跌，养殖户亏损，因此国家在2010年又收紧养殖政策。新建养猪场用地审批收紧，因为猪肉价格是国家和当地政府比较重视的一个指标，在市场供求关系和政府突发政策的双重作用下，猪肉价格的运行机制就充满了相当大的不确定性因素，再加上生猪生长周期较长和国家进口猪肉力度的不断加大，例如海关数据显示，2016年4月中国进口118578吨猪肉，同比增长120.6%；2016年前十个月累计进口猪肉404667吨，同比增长98.3%。因此，依据上几次的经验，对于逐利的资本来说，生猪养殖产业看上去并没有那么美，须三思而后行。这就是这次价格持续暴涨，但是业外资本并没有大规模进入养猪行业的一个原因。

第五章　中国生猪市场空间整合情况分析

到目前为止，有关农产品和猪肉价格波动的研究大部分都是从纵向和历史的角度进行，主要分析引起农产品和猪肉价格波动的原因是什么，有关区域价格行为的研究则比较少见。本章以生猪作为研究对象，对生猪市场的收购价格和零售价格的区域差异进行研究。这将有利于有关部门了解我国生猪市场的整合情况，对我国一直倡导建立的大流通市场的现状有个基本认识，有利于有关部门对生猪流通市场相关政策的制定。

就目前对市场整合研究的文献来看，按照国务院发展研究中心区域经济和发展战略研究部李善同的分类（李善同、侯永志、刘云中、陈波，2004），主要有以下四种方法。第一种是通过考察各地区之间的贸易结构和贸易量来分析（B，1999；Sandra，2003）；第二种是通过对各地区的产业结构的趋同进行分析来考察市场整合的程度（白重恩、杜颖娟等，2004）；第三种是通过对各地区经济周期的联动情况进行考察，如果联动情况好，则说明市场一体化程度高；第四种是通过对空间价格关系的考察来判断市场整合的情况，如果商品价格的变异系数变小，则说明整合程度变好，如果商品价格变异系数变大则说明分割程度提高。或者通过判断价格之间是否存在协整关系，如果存在协整关系，则在空间存在整合现象，反之，则市场处于分割状态（喻闻、黄季焜，1998）。考虑到研究的对象和鉴于数据的可得性和完整性，本书主要采取第四种方法对我国生猪市场的空间整合情况进行研究。

一　样本选择

本书选取全国27个省份（27个省份包括河北、河南、北京、上海、甘肃、重庆、青海、海南、浙江、广西、云南、安徽、江苏、贵州、黑龙江、辽宁、山东、吉林、四川、山西、天津、福建、广东、内蒙古、湖北、湖南、江西。其他省份由于数据不全，没有计算在内）的猪肉零售价格作为研究对象，数据跨期为 2000 年 1 月到 2016 年 5 月。数据分析软件为 EVIEWS 6.0 和 MATLAB R2008a。之所以选择 2000 年以后这个时间区间作为研究区间，主要是由于以下几个原因：首先，本书主要研究我国各个省份市场之间的空间整合状态，属于现状分析，所以选择近年来数据而非历史数据作为我们研究的时间起点。其次，基于数据的可得性，2000 年以前仅能获得年份数据，因为本书多处用到单位根检验，更适合使用月度数据来分析，这样有利于提高检验结果的势。最后，也是最为关键的一点，我国国内市场整个趋势从 2000 年起表现最为稳定，因为本书大量使用数据分析的方法，价格变动的趋势稳定，可以大概率保证样本在此时间段没有发生明显的结构变化，从而使实证分析的结果更为可靠。

（一）猪肉数据初步分析

图 5.1 是我国 27 个省份猪肉零售价格的均值、变异系数（标准差/均值）、价差（27 个省份中的猪肉价格最大值减去猪肉价格最小值）和价格比（27 个省份中猪肉价格最大值与猪肉价格最小值的比值）趋势图，从图中均值我们可以看出，我国猪肉价格在最近几年大涨大跌的周期现象非常

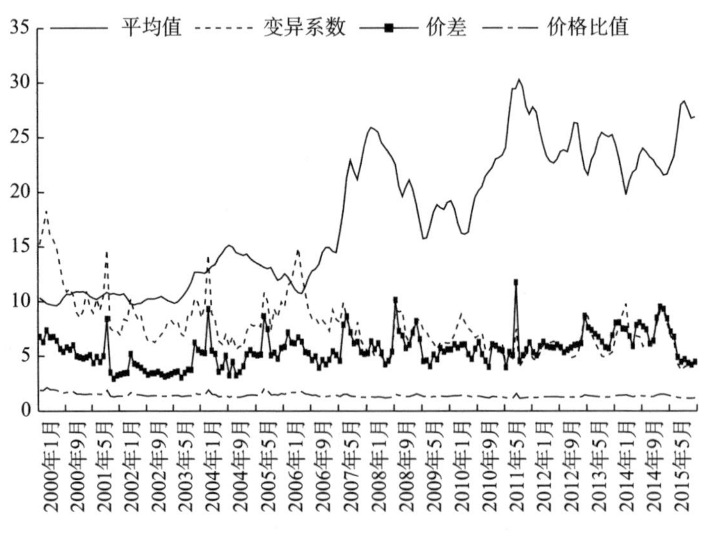

图 5.1　中国猪肉地区价格差异统计值趋势图

明显。尤其是在2007年5月中央陆续出台了一系列有关生猪的政策以后，波动的幅度比陆续出台政策之前有所增强。

从价格最大值和最小值的差距来看，2000年1月以来我国猪肉零售价格的地区差别基本上呈现水平趋势（此处没有考虑到通货膨胀的影响，故用价差这个标准来评价我国猪肉零售市场的整合情况可能会有所误差，因此下面我们用变异系数和价格比来分析），如果考虑到通货膨胀因素，地区价格差别可能会呈现减小的趋势。

由于各地通货膨胀率的数据比较难得，因此上面通过价差来判断我国猪肉市场整合情况就会有所误差，我们通过采用喻闻、黄季焜（1998）的方法，利用变异系数这个特征值来对我国猪肉零售市场的整合情况进行判断。从变异系数的趋势图可以看出，我国从2000年到2015年猪肉价格基本呈现下降的趋势，这在一定程度上说明了我国地区价格差别的减小，市场的整合情况有了改善。但是仔细观察趋势图，不难发现，在2000年到2015年期间变异系数的减小基本上是在2000年到2007年之间，这段时间地区价格的差异变化迅速下降主要是和当时中央制定的一系列整顿社会主义市场经济秩序的政策有关，还有就是当时市场分割十分严重，地方保护主义采取的保护手段非常明显，成本非常小。因此稍微采取一系列措施之后，地区价格差异和市场整合情况就有了迅速变化。而2007年之后一直到现在变异系数并没有发生太大的变化，因此，从变异系数来看，可以说2007年之后我国猪肉零售市场的整合情况变动不大。

从图5.2价格最大值与最小值的比值也可以得出和变异系数基本相同的结论，从2000年到2015年价格比基本上呈现下降的趋势，这说明我国猪肉零售价格的地区差异在不断地减小，市场整合程度在加强，但是这主要归功于2000年到2007年这段时间，从2007年之后，价格比基本上没有什么变化，也就是说我国猪肉零售价格的空间整合情况基本维持不变。

（二）生猪收购数据初步分析

图5.3是我国27个省份生猪收购价格的均值、变异系数（标准差/均值）、价差（27个省份中的生猪价格最大值减去生猪价格最小值）和价格比（27个省份中生猪收购价格最大值与生猪收购价格最小值的比值）趋势图，从图中均值我们可以看出，我国生猪收购价格和猪肉价格的变化趋势

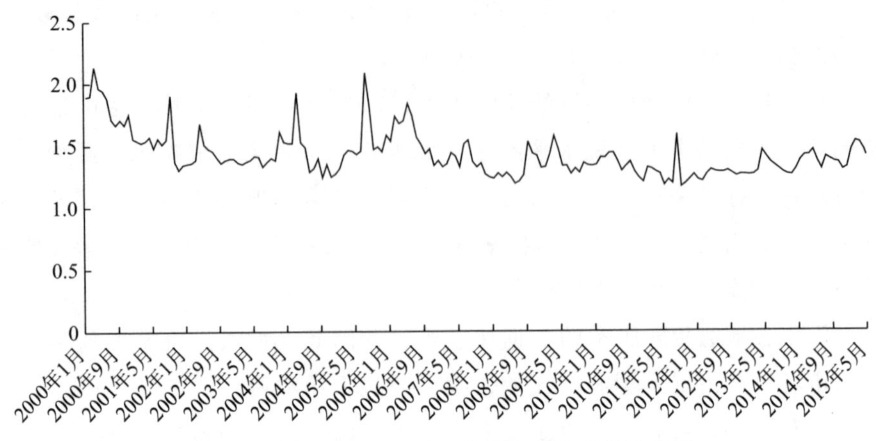

图 5.2　中国猪肉零售价格最大与最小比值趋势图

基本一致，在最近几年大涨大跌的周期现象也非常明显。和猪肉价格一样，在 2007 年 5 月中央陆续出台了一系列有关生猪的政策以后，波动的幅度比陆续出台政策之前有所增强。

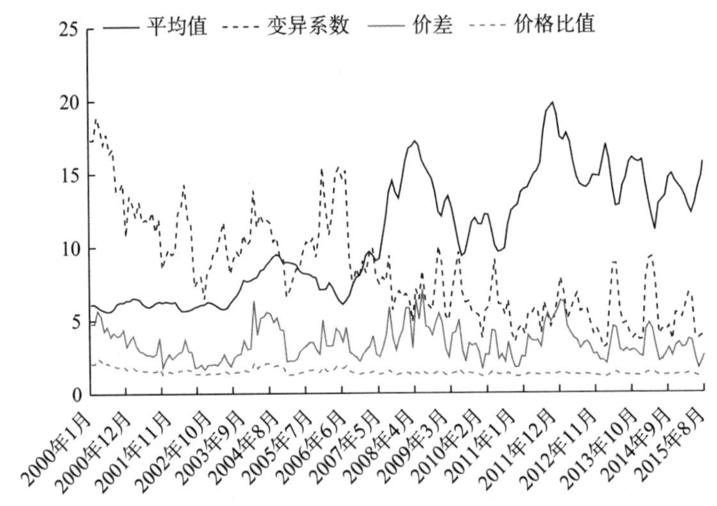

图 5.3　中国生猪收购市场地区价格差异特征值趋势图

从价格最大值和最小值的差距来看，2000 年 1 月以来我国生猪收购价格的地区差别总体上呈现水平趋势，但是在最近几年价差的波动幅度明显比前几年要大（此处没有考虑通货膨胀的影响，故用价差这个标准来评价我国猪肉零售市场的整合情况可能会有所误差，因此下面我们用变异系数和价格比来分析），如果考虑到通货膨胀因素，地区价格差别可能会呈现减小的趋势。

由于上面所说的地区价格差别的各地通货膨胀率的数据比较难得，因此和猪肉零售市场一样，通过价差来判断我国生猪市场整合的情况就会有所误差，对生猪收购市场和猪肉市场一样我们也采用喻闻、黄季焜（1998）的方法，利用变异系数这个特征值来对我国生猪收购市场的整合情况进行判断，从变异系数的趋势图可以看出，我国从 2000 年到 2015 年生猪价格基本呈现下降的趋势，这在一定程度上说明了我国地区价格差别的减小，市场的整合情况有了改善，但是仔细观察趋势图，我们发现，和猪肉市场一样，在 2000 年到 2007 年间变异系数迅速降低，这段时间地区价格的差异变化迅速下降主要是和当时中央制定的一系列整顿社会主义市场经济秩序的政策有关，还有就是当时市场分割十分严重，地方保护主义采取的保护手段非常明显，成本非常小。因此稍微采取一系列措施之后，地区价格差异和市场整合情况就有了迅速变化。从 2008 年到 2015 年变异系数虽然大体上保持了继续变小的趋势，但是速度有所放缓，至目前变异系数基本上处于稳定状态（在 4 ~6 之间来回波动）。其中在 2012 年后半年和 2013 年前半年以及 2013 年后半年和 2014 年前半年之间还出现了变异系数突然增大的现象。

从图 5.4 价格最大值与最小值的比值也可以得出和变异系数基本相同的结论，从 2000 年到 2015 年价格比基本上呈现下降的趋势，这说明我国生猪收购价格的地区差异在不断地减小，市场整合程度在加强，但是这主要归功于 2000 年到 2007 年这段时间，除了这段时间，价格比值基本上都维持在 1.5 和目前的 1 ~1.5。

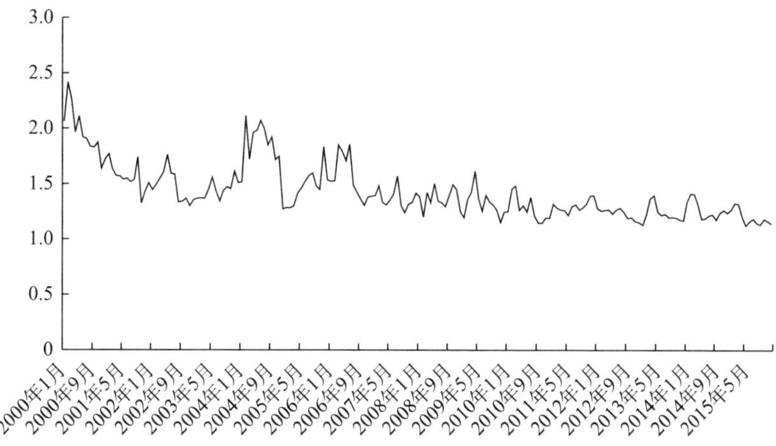

图 5.4　中国生猪收购价格最大与最小比值趋势图

为了更精确地衡量2000年以来我国生猪收购和猪肉零售市场的空间整合变化情况，下面我们借助现代计量手段——面板单位根检验对不同时间段的空间调整速度进行分析，以便对我国生猪收购市场和猪肉零售市场的空间整合情况有一个更精确的度量。

二 模型

（一）面板单位根检验

目前在实证研究中广泛使用单位根检验的方法对PPP在现实中成立与否进行检验，如果地区之间的相对价格是非平稳的，那么相对价格时间序列就是发散的，地区之间的价格就是两个相互独立的过程，也就是说，一个地区的价格不会影响另一个地区的价格，两个地区之间的价格差别将持续存在，两个市场是分割的。如果两个地区的相对价格序列是平稳的时间序列，不存在单位根，那么这两个地区的价格就有一个长期稳定的关系，亦即两个地区的价格是相互依赖的，一个地方价格的变动会影响到另一个地方价格的变动，长期以来相对价格时间序列会趋于一个稳态值。如果趋于稳态值的速度快，即收敛速度快，那么，我们就可以认为这两个市场的整合程度非常高。反之，则比较低。如果发散则分割。但是在对单个相对价格时间序列进行单位根检验的时候，往往不能拒绝还有单位根的假设。因此Levin和Lin（1992，1993）最先提出了使用面板单位根进行检验来克服对单个时间序列检验存在的拒绝能力低的缺点。

常用的面板单位根方法主要有LLC检验方法、Breitung检验方法、Hadri检验方法、Fisher－ADF检验方法和IPS检验方法等，其中LLC、Breitung和Hadri检验方法是对所有界面个体是否拥有共同的自回归系数进行检验，IPS和Fisher－ADF检验方法则允许界面个体的自回归系数存在不同，IPS检验方法对限定性趋势的设定极为敏感，而Breitung检验方法却可以很好地解决这一问题，为了避免因检验方法本身的局限而对检验结果产生负面影响，本书同时采用以上5种方法进行单位根检验。

1. LLC检验方法

对于如下ADF形式的回归方程：

$$\Delta q_{it} = \alpha_i + \beta_i q_{it-1} + \sum_{j=1}^{p_i} \gamma_{ij} \Delta q_{it-j} + \varepsilon_{it}$$

其中，q_{it}定义为其他地区与 i 一个基准地区 j 的相对价格水平的对数，$q_{it}=\ln(p_{it}/p_{jt})$。$\alpha_i$表示固定个体效应，用来刻画不同地区独立于时间变化之外的自身具有的特定效应，$\beta_i=\rho_i-1$，ρ_i为自回归系数，表示收敛速度，对 q_{it}冲击的半衰期可以通过下式进行计算：$-\ln(2)/\ln(\rho_i)$。ε_{it}对于不同的 i 和 t 满足独立同分布的假设条件。

LLC 方法假定对于面板所包含的所有序列是同根即所有序列的自回归系数是相同的，对于任意 i 都有 $\rho_i=\rho$，原假设和备选假设分别为：

$$H_0: \beta = 0$$

$$H_1: \beta < 0$$

在原假设下面板存在一个单位根，而在备选假设下，面板没有单位根是平稳的。LLC 方法通过寻找 Δq_{it}和 q_{it-1}的替代变量以消除自相关来估计 β。首先在给定一定的滞后长度下，分别将 Δq_{it}和 q_{it-1}对 Δq_{it-j}和外生变量 α_i回归，记回归得到的系数为（$\hat{\gamma}$，$\hat{\alpha}$）和（$\bar{\gamma}$，$\bar{\alpha}$）。然后利用得到的回归系数计算残差：$u_{it}=\Delta q_{it}-\hat{\alpha}_i-\sum_{j=1}^{p_i}\hat{\gamma}_{ij}\Delta q_{it-j}$，$v_{it-1}=q_{it-1}-\bar{\alpha}_i-\sum_{j=1}^{p_i}\bar{\gamma}_{ij}\Delta q_{it-j}$。为了消除可能存在的异方差，需要对 u_{it}和 v_{it-1}进行标准化处理。将 u_{it}对 v_{it-1}进行回归，记回归的标准误差为 s_i，再将 u_{it}和 v_{it-1}用 s_i分别相除：$\hat{u}=u_{it}/s_i$，$\bar{v}=v_{it-1}/s_i$，这样就找到了 Δq_{it}和 q_{it-1}的替代变量 $\hat{u}_{it}$和 $\bar{v}_{it-1}$。最后，我们可以通过利用混合回归估计下式得到 β。

$$\hat{u} = \beta \bar{v}_{it-1} + \tau_{it}$$

系数估计值 $\hat{\beta}$ 的统计量 t 可以按照下面的形式进行：

$$t_{\beta}^{*} = \frac{t_{\beta} - (N\hat{T}) S_N \hat{\sigma}^{-2} se(\hat{\beta}) \mu_T^{*}}{\sigma_T^{*}}$$

其中，t_β是标准的 t 统计 $\hat{T}=T-(\sum_i p_i/N)-1$，$T$ 是时间长度，N 是序列的个数，S_N 是长期标准偏差与短期标准偏差比值的平均值，又叫做平均标准偏差比，$\hat{\sigma}$ 是误差项 τ 的标准差的估计值，$se(\hat{\beta})$ 是 $\hat{\beta}$ 的标准差。LLC 证明在原假设下 t_β^* 服从渐进标准正态分布，可以用来进行检验，检验统计量称为 LLC 统计量。

2. Breitung 检验方法

Breitung（2000）认为检验的局部效果依赖于去势方法所导致偏差的渐近效应和极限分布的局部参数这两个不同的部分，基于偏差调整的方法会导致检验效果的损失。为避免以上情况的出现，他提出一个不需要偏差调整的单位根检验方法。ADF 设定与 LLC 的模型类似，如下所示：

$$\Delta y_{i,t} = \rho_i y_{i,t-1} + \sum_{j=i}^{p_i} \theta_{ij} \Delta y_{i,t-j} + \partial_i + \varepsilon_{i,t}$$

Breitung panel unit root test（2000）方法与 LLC 的不同主要是在两个方面：首先，构造标准统计量是只有部分自回归，并且不是外生变量。如下面所示：

$$\Delta \tilde{y}_{it} = (\Delta y_{it} - \sum_{j=1}^{p1} \theta_{ij}^{\wedge} \Delta y_{it-j})/s_i \quad \tilde{y}_{it-1} = (y_{it} - \sum_{j=1}^{p1} \theta_{ij} \Delta y_{it-j})/s_i$$

其次，代理量是变化并且是去势，如下面所示：

$$\Delta y_{it}^* = \sqrt{(T-1)/(T-t-1)}[\Delta \tilde{y}_{it} - (\Delta \tilde{y}_{it+1} + \cdots + \Delta \tilde{y}_{it+T})/(T-1)]$$

$$y_{it}^* = (\tilde{y}_{it} - C_{it})$$

式中，当 $C_{it}=0$，无截距和趋势项；$C_{it}=\tilde{y}_{i1}$，有截距和无趋势项；$C_{it}=\tilde{y}_{it}-[(t-1)/T]\ \tilde{y}_{iT}$，有截距和趋势项。参数 α 来自混合代理方程 $\Delta y_{it}^* = \alpha y_{it-1}^* + v_{it}$，在原假设成立的情况下，回归系数 α^* 是渐近于标准正态分布。

3. Hadri 检验方法

为了减少面板单位根检验中可能存在的“取伪”现象，Hadri（2000）将 KPSS 检验扩展到面板数据模型，提出了原假设不含单位根，备择假设为面板单位根过程的 LM 检验，假设面板数据生成过程为：

$$Y_{it} = r_{it} + \varepsilon_{it} i = 1,2,\cdots,N; t = 1,2,\cdots,T \tag{1}$$

或：

$$Y_{it} = r_{it} + \beta_{it} + \varepsilon_{it} i = 1,2,\cdots,N; t = 1,2,\cdots,T \tag{2}$$

其中，r_{it} 为随机游走过程：

$$r_{it} = r_{it-1} + u_{it} \tag{3}$$

模型（1）与模型（2）中，i 和 t 分别为截面个数与时间序列的长度，对于不同的横截面，r_{it} 不同，通过迭代，可以进一步将模型（1）和（2）改写成：

$$y_{it} = r_{i0} + \sum_{t=1}^{T} u_{it} + \varepsilon_{it} \tag{4}$$

$$y_{it} = r_{i0} + \beta_{it} + \sum_{t=1}^{T} u_{it} + \varepsilon_{it} \tag{5}$$

Hadri 的原假设为 H_0：$\lambda = 0$，备择假设为 H_1：$\lambda > 0$。若原假设成立，则模型为一平稳过程，否则为一单位根过程。Hadri（2000）根据 Kwiatkowski 等（1992）的单一时间序列 LM 检验，将其运用到面板数据，构建了如下的 LM 统计值：

$$\hat{LM} = \frac{\frac{1}{N}\sum_{i}^{N}\frac{1}{T^2}\sum_{t=1}^{T} s_{it}^2}{\hat{\sigma}_{it}^{2}}$$

其中 $S_{it} = \sum_{j=1}^{T}\hat{\varepsilon}_{ij}$，$\hat{\varepsilon}_{ij}$ 为对模型（1）和（2）中各横截面单元进行 OLS 计算所得到的残差值。$\hat{\sigma}_{it}^2 = \sum_{i=1}^{N}\left(T^{-1}\sum_{i=1}^{T}\varepsilon_{ij}^2 + 2T^{-1}\sum_{s=1}^{l} w(s, l) \sum_{i=s+1}^{T}\hat{\varepsilon}_{it}\hat{\varepsilon}_{i,t-s}\right)$，$w(s, l)$ 是对应不同谱窗的可变权数函数。

4. Fisher - ADF 检验方法

崔仁（2001）提出了两种组合 ρ_i 值检验统计量，两种检验方法都是从 Fisher 原理出发，首先对每个个体进行 ADF 检验，用 ADF 统计量所对应的概率 ρ_i 和构建 ADF - Fisher χ^2 和 ADF - Choi Z 统计量。原假设 H_0 存在单位根，在原假设成立条件下：

$$ADF - Fisher\chi^2 = -2\sum_{i=1}^{N}\log(p_i) \rightarrow \chi^2(2N)$$

$$ADF - ChoiZ = \frac{1}{N}\sum_{i=1}^{N}\varphi^{-1}(p_i) \rightarrow N(0,1)$$

其中 φ^{-1}（.）表示标准正态分布累计函数的倒数。如果上面两个值很小，那么以上两个统计量就会落在拒绝域，如果值很大，则落在接受域。

5. IPS 检验方法

IPS 检验克服了 LL 检验的缺陷，允许面板中不同序列的 ρ_i。IPS 的检验式如下：

$$\Delta y_{it} = p_i y_{it-1} + \sum_{i=1}^{k_i} \gamma_{ij} \Delta y_{it-j} + X_{it}'a + \varepsilon_{it}, i = 1,2,\cdots,N; t = 1,2,\cdots,T, \varepsilon_{it} \sim IID(0,6^2)$$

$$H_0: P_i = 0, \ i = 1,2,\cdots,N;(\text{存在单位根})$$

$$H1: \begin{cases} p_i = 0, i = 1,2,\cdots,n_1 \\ p_i < 0, i = n_1 + 1, n_1 + 2,\cdots,N \end{cases}$$

对 N 个个体估计的 N 个 p_i 及对应的 $t_{\hat{p}}$，计算平均值 $\bar{t}_{\hat{p}} = \frac{1}{N}\sum_{i=1}^{N} t_{(\hat{p})}$，再用 $\bar{t}_{\hat{p}}$ 构造面板 IPS 的检验用统计量 $Z_{\bar{t}} = \frac{[\bar{t}_{(\hat{p})} - E(\bar{t}_{(\hat{p}i)})]}{Var(\bar{t}_{(\hat{p}i)})/N}$，$Z_{\bar{t}}$服从 N（0，1）分布，IPS 检验左单端检验。

（二）向量误差修正模型

1. 协整检验

协整检验已经被证实为研究市场整合的一种非常有效的方法，协整指的是尽管两个时间序列每个都是非平稳的或者随机游走的，但是这两个时间序列的线性组合却可能是平稳的。协整的检验方法如下。

第一，时间序列的平稳性检验，只有两个时间序列是同阶平稳，才可以使用协整检验。单个时间序列单位根检验常用的方法是扩充的迪基—富勒（ADF）检验，该方法使用的模型是：

$\Delta y_i = a + \delta y_{t-1} + \lambda_t + \sum_{k=1}^{n} \beta \Delta y_{t-k} + \varepsilon_t$，其中 $\Delta y_t = y_t - y_{t-1}$，$\alpha$ 是常数项，λ、β 为系数，式中零假设 H_0：$\rho = 0$；备择假设 H_1：$\rho < 0$，通过对检验参数 t 的统计量，如果拒绝零假设，则说明序列没有单位根，序列是平稳的。

第二，检验时间序列之间是否存在协整关系。对方程 $\rho_{it} = a + \beta\rho_{jt} + \lambda_t + \varepsilon_t$进行回归，并利用第一步的方法对残差 ε_t进行 ADF 单位根检验，由于在协整检验回归中扰动项的期望为 0，并且已经剔除了时间趋势，所以在对残差序列 ε_t检验时不包含趋势和常数项，如果残差不存在单位根，则认为两个市场是整合的，反之，则相反。

2. 向量误差修正模型

如果两个时间序列之间存在协整关系，那么这两个时间序列之间一定存在某种长期稳定关系，但不能反映两个序列变量之间的短期关系，对变量短期关系的检验通常使用误差修正模型来实现。根据格兰杰定理，如果非平稳序列之间存在协整关系，就可以建立误差修正模型，误差修正模型的建立一般分两步完成，即分别建立区分数据长期特征和短期特征的计量模型。

第一步，估计协整回归方程：$y_i = a_0 + a_1 x_t + u_t$，得到一致估计值（$-\hat{a}_0$，$-\hat{a}_1$），得出均衡误差 u_t的估计值 e_t，$e_t = \hat{y}_t - \hat{a}_0 - \hat{a}_1 x_t$。

第二步，利用最小二乘法估计方程：$\Delta y_t = \alpha + \sum_{i=0}^{k}\beta_i \Delta x_{t-1} + \sum_{i=0}^{k}\gamma_i \Delta y_{t-i} + \lambda e_{t-1} + v_t$。建立误差修正模型方程，将对短期动态关系中各变量的滞后项，进行从一般到特殊的检验，逐步剔除不显著的滞后项，直到找到最佳形式。通常滞后项的取值一般在 $k=0$，1，2，3 中尝试。e_t是两个具有协整关系变量进行回归得到的残差，即所谓的误差修正项。误差修正项反映变量之间的长期均衡关系，系数向量 λ 是衡量具有协整关系的变量之间的均衡关系受到干扰偏离长期均衡状态时，将其调整到均衡状态的调整速度。解释变量的差分项的系数反映各个解释变量的短期波动对解释变量的短期变化的影响。

3. 格兰杰因果关系检验

如果两个同阶稳定的时间序列之间存在协整关系，那么这两个变量之间就存在格兰杰因果关系，对这个关系的检验通常使用格兰杰因果检验进行。

对于两个变量 Y 与 X，格兰杰因果关系检验要求估计：

$$Y_t = \varphi_1 + \sum_{i=1}^{k}\alpha_i Y_{t-i} + \sum_{i=1}^{k}\beta_i X_{t-i} + u_{1t} \quad (1)$$

$$X_t = \varphi_2 + \sum_{i=1}^{k}\lambda_i X_{t-i} + \sum_{i=1}^{k}\delta_i Y_{t-i} + u_{2t} \quad (2)$$

则可能存在四种检验结果：

（1）序列 X 对 Y 有单向影响，表现为（1）式中 X 各滞后项前的参数整体不为零，而 Y 各滞后项前的参数整体为零。

(2) 序列 Y 对 X 有单向影响，表现为（2）式中 Y 各滞后项前的参数整体不为零，而 X 各滞后项前的参数整体为零。

(3) 序列 Y 与 X 之间存在双向影响，表现为（1）和（2）式中 Y 与 X 各滞后项前的参数整体均不为零。

(4) 序列 Y 与 X 之间不存在影响，表现为（1）和（2）式中 Y 与 X 各滞后项前的参数整体均不为零。

格兰杰检验是通过受约束的 F 检验完成的，如：针对（1）中 X 滞后项前的参数整体为零的假设（即 X 不是 Y 的格兰杰原因），分别做包含与不包含 X 滞后项的回归，记前者与后者的残差平方和分别为 RSS_U、RSS_R，再计算 F 统计量：

$F=\frac{(RSS_R-RSS_U)/m}{RSS_U/(n-k)}$，其中 k 为无约束回归模型的待估参数个数。如果 $F>F_a(m, n-k)$，则拒绝原假设，认为 X 是 Y 的格兰杰原因。

三 实证分析

（一）单个序列单位根检验

在用面板单位根检验之前，我们首先对每个序列进行标准的 DF 或者 ADF 单位根检验，结果见表 5.1 和表 5.2，从表 5.1 和表 5.2 我们可以看出：每个时间序列都是非平稳时间序列，无法拒绝单位根存在的假设。

表 5.1 单个时间序列的单位根检验结果（猪肉）

地区	ADF 统计量	P 值	地区	ADF 统计量	P 值
河南	-0.6525	0.85	北京	-1.1552	0.69
上海	-1.0842	0.72	甘肃	-1.1657	0.68
重庆	-0.8958	0.78	青海	-1.3160	0.62
海南	-0.5337	0.87	浙江	-0.0473	0.95
云南	-1.1621	0.68	广西	-0.7714	0.82
安徽	-0.6474	0.85	江苏	-1.2073	0.67
贵州	-1.2868	0.63	黑龙江	-0.8994	0.78
辽宁	-0.9643	0.76	山东	-0.8155	0.81

续表

地区	ADF 统计量	P 值	地区	ADF 统计量	P 值
吉林	-0.8188	0.81	四川	-1.4708	0.54
山西	-0.7766	0.82	天津	-1.1126	0.70
福建	-1.1144	0.70	广东	-0.8600	0.79
内蒙古	-0.7599	0.82	湖北	-0.7809	0.82
湖南	-1.0041	0.75	江西	-0.8785	0.79
河北	-1.1620	0.68			

表 5.2 单个时间序列的单位根检验结果（生猪）

地区	ADF 统计量	P 值	地区	ADF 统计量	P 值
河南	-0.9719	0.76	北京	-1.3857	0.58
上海	-0.8148	0.81	甘肃	-0.9595	0.76
重庆	-1.1735	0.68	青海	-1.1355	0.70
海南	-0.5681	0.87	浙江	-0.9465	0.77
云南	-1.3654	0.70	广西	-1.5508	0.69
安徽	-1.0499	0.73	江苏	-0.9341	0.7747
贵州	-0.8117	0.81	黑龙江	-0.9276	0.7768
辽宁	-0.7942	0.81	山东	-0.7836	0.82
吉林	-0.8357	0.80	四川	-1.2923	0.63
山西	-1.0917	0.71	天津	-1.0030	0.75
福建	-1.0546	0.73	广东	-1.3454	0.60
内蒙古	-1.0050	0.75	湖北	-0.9129	0.78
湖南	-1.2508	0.65	江西	-0.8336	0.80
河北	-0.5702	0.87			

（二）面板单位根检验结果以及经济解释

由于单个时间序列的单位根检验无法拒绝有单位根的假设可能是由于单个时间序列检验的拒绝能力低，因此我们使用面板单位根检验的方法对所有时间序列进行检验，为了检验不同时期的收敛特性，本书将 2000 ~ 2015 年分成七个阶段并分别研究七个阶段的整合特征。

表 5.3 面板单位根检验结果（猪肉）

样本区间	样本数	t_{β}^{*}	P值	$\hat{\rho}$	半衰期（月）
2000～2002年	624	-8.02	0.00	0.5617	1.20
2002～2004年	624	-5.36	0.00	0.5964	1.34
2004～2006年	624	-1.18	0.11	—	—
2006～2008年	624	-7.95	0.00	0.5459	1.14
2008～2010年	624	-5.54	0.00	0.52	1.05
2010～2012年	624	-4.74	0.00	0.61	1.38
2012～2014年	624	-6.31	0.00	0.5326	1.11

从表5.3的结果可以看出，从2000年到2014年，我国猪肉空间价格的收敛速度（收敛速度快，整合程度高，反之则低）从2000年的1.2个月到2014年的1.11个月，并没有一直呈现下降的趋势，而是时高时低，甚至在2004～2006年出现了单位根，暂时出现了市场分割现象。为了更进一步验证是不是检验方法的错误导致没有拒绝单位根，本书又对2004～2006年的数据进行了Breitung t-stat、IPS、ADF-Fisher、Chi-square和PP-Fisher-Square面板单位根检验，结果见表5.4，发现除了Breitung t-stat检验方法外，其他几种方法都不能拒绝单位根的存在，由此可以看出，其他方法也表明在这个时间段我国猪肉空间市场确实是分割的。

从表5.5的结果可以看出，2000～2014年，我国生猪收购市场价格的收敛速度从2000年的1.03个月到2014年的0.93个月，其间有高有低，并不是呈现一直下降的趋势。

表 5.4 面板单位根检验结果（2004～2006）

Method	Statistic	Prob. **	Cross-sections	Obs
Null: Unit root (assumes common unit root process)				
Levin, Lin & Chu t*	2.82992	0.9977	26	623
Breitung t-stat	-1.56879	0.0583	26	597
Null: Unit root (assumes individual unit root process)				
Im, Pesaran and Shin W-stat	2.59084	0.9952	26	623
ADF-Fisher Chi-square	26.8660	0.9985	26	623
PP-Fisher Chi-square	32.0574	0.9866	26	624

表 5.5　面板单位根检验结果（生猪）

样本区间	样本数	t_β^*	P 值	$\hat{\rho}$	半衰期（月）
2000～2002 年	624	-8.71	0.00	0.5107	1.03
2002～2004 年	624	-3.99	0.00	0.5772	1.26
2004～2006 年	624	-3.49	0.00	0.6891	1.86
2006～2008 年	624	-6.64	0.00	0.4474	0.86
2008～2010 年	624	-1.67	0.05	0.6996	1.94
2010～2012 年	624	-7.45	0.00	0.6364	1.53
2012～2014 年	624	-5.63	0.00	0.5007	0.93

为了更进一步研究我国猪肉市场和生猪收购市场的空间整合，本书按照主产区和主销区的配对情况，把我国分成东部（包括河南、山东、江苏、浙江、湖北、福建、安徽、江西、上海）、南部（包括四川、云南、贵州、广西、广东、湖南）、西部（包括四川、青海、西藏、甘肃、陕西、内蒙古、宁夏、新疆、重庆）、北部（包括黑龙江、吉林、辽宁、北京、山东、天津、河北、河南）四个大板块，然后分别研究每个板块的市场整合情况，结果见表 5.6 和表 5.7。从空间维度上来说，无论是生猪市场还是猪肉市场，我国东部的整合程度都要高于西部和南部，其中生猪市场的收敛速度东部为 1.94 个月，而西部和南部分别需要 2.71 个和 3.16 个月，猪肉市场的收敛速度为 1.92 个月，西部和南部分别需要 2.28 个和 2.23 个月。无论是生猪市场还是猪肉市场，北部的整合情况都介于东部和西部、南部之间。

表 5.6　面板单位根检验结果（猪肉）

样本区间	样本数	t_β^*	P 值	$\hat{\rho}$	半衰期（月）
东部	1264	-11.40	0.00	0.6899	1.92
西部	720	-9.34	0.00	0.7379	2.28
南部	856	-8.57	0.00	0.7335	2.23
北部	992	-7.95	0.00	0.7002	1.95
全国	3576	-17.29	0.00	0.7359	2.26

表 5.7 面板单位根检验结果（生猪）

样本区间	样本数	t_{β}^{*}	P 值	$\hat{\rho}$	半衰期（月）
东部	1264	-12.06	0.00	0.7006	1.94
西部	720	-7.71	0.00	0.7747	2.71
南部	856	-5.70	0.00	0.8034	3.16
北部	992	-9.62	0.00	0.7508	2.41
全国	3576	-18.39	0.00	0.7446	2.35

从上面的分析可以看出，我国生猪市场整体上是趋于整合的，但是在某一阶段，也会出现市场分割现象，为了更好地研究我国生猪价格空间传导规律，本章拟对我国生猪主产区之间、主产区与主销区之间的价格传导机制进行进一步分析，从上面的分析可以得知，2004～2006 年，我国生猪市场出现了市场分割的现象，因此，在做价格空间传导的研究时，首先得把此段时间排除在外。

四 我国生猪主产区区域价格传导

我国生猪养殖大省主要是四川、河南、湖南、山东、河北，因此本书选取这 5 个省份作为我国生猪主产区的代表省份。采用的数据是以上 5 个省份从 2000 年 1 月至 2015 年 12 月的月度数据，其中剔除了 2004～2006 年的数据。从前面的分析可以看出，我国单个省份的猪肉价格时间序列均存在单位根，但是经过一阶差分后的序列均不含单位根，故可以认为所有变量服从一阶单整过程，可以进行协整检验，结果见表 5.8。

表 5.8 协整检验结果

原假设	最大特征根	5% 临界值	P 值	迹统计量	5% 临界值	P 值
没有协整关系	43.25	29.37	0	123.87	74.82	0
至多存在一个协整关系	33.96	23.98	0	65.33	42.31	0
至多存在两个协整关系	15.31	18.09	0.11	38.92	26.11	0.04
至多存在三个协整关系	9.87	11.59	0.10	10.28	12.45	0.12
至多存在四个协整关系	3.86	6.73	0.25	3.02	6.03	0.30

最大特征根统计量表明存在2个协整关系，迹统计量的结果显示5个生猪主产省份价格序列之间存在3个协整关系，这说明，我国生猪主产省份之间的市场整合程度较高，市场效率整体表现较好，生猪价格的联系也比较紧密。生猪主产省份之间的整体协整检验表明以上序列之间存在长期整合关系，进一步以湖南为中心对生猪主产省份进行配对检验，两两成对的时间序列检验表明（见表5.9），湖南与山东、河南和河北之间存在长期联系，表明中部几个省份的市场流通比较顺畅，价格变化更紧密，这主要是由以上几个省份之间交通发达，市场信息传递效率高所致。同时，表5.9的结果还表明，湖南与四川之间不存在协整关系，四川虽说是我国生猪养殖第一大省，但是由于运输距离较长，其价格与中部产区价格并没有表现出明显的同步特征。

表5.9　生猪主产省份湖南与其他主产省份之间的配对协整检验

	H_0/H_1	最大特征根统计量	迹统计量	H_0/H_1	最大特征根统计量	迹统计量
5%临界值	$r \leqslant 1/R=2$	4.03	4.03	$r=0/R=1$	16.43	15.27
湖南-河南	$r \leqslant 1/R=2$	3.86	3.86	$r=0/R=1$	42.43	43.27
湖南-山东	$r \leqslant 1/R=2$	2.53	2.53	$r=0/R=1$	24.35	30.76
湖南-河北	$r \leqslant 1/R=2$	1.59	1.59	$r=0/R=1$	31.78	32.03
湖南-四川	$r \leqslant 1/R=2$	0.96	0.96	$r=0/R=1$	12.75	13.29

由于以上几个变量之间存在协整关系，因此，我们可以使用格兰杰因果关系检验对生猪主产省份市场间的因果关系进行判断，模型结果见表5.10。

表5.10　生猪主产省份之间的格兰杰因果检验

	河南	河北	山东	湖南	四川
河南	—	↔	↔	→	→
河北	—	—	↔	←	→
山东	—	—	—	→	→
湖南	—	—	—	—	→
四川	—	—	—	—	—

从模型的结果来看，河南—河北、河南—山东和河北—山东生猪价格存在双向联系，其他几个省份配对均为单向。在以上几个生猪主产省份之间，河南、河北和山东三个省份的价格变动往往会引起湖南和四川两个主产省份生猪价格的变动，这表明，以上三省在生猪市场变化中处于更为重要的地位。四川省虽然是我国生猪养殖第一大省，但是其生猪价格的变动对其他省份的影响不太明显。

五　我国生猪产销区价格传导

按照本章上节的分类，将我国生猪主产区和主销区进行配对，分成东、西、南和北四个组（由于西部主产区和主销区特点不是太明显，本部分不再做分析），分别以上海、广东和北京为每组的重心，研究每组内省份的情况。采用的数据是 2000 年 1 月至 2015 年 12 月的月度数据，其中剔除了 2004 ~2006 年的数据。从前面的分析可以看出，我国单个省份的猪肉价格时间序列均存在单位根，但是经过一阶差分后的序列均不含单位根，故可以认为所有变量服从一阶单整过程，可以进行协整检验（结果见表 5.11、表 5.12、表 5.13）。

表 5.11　生猪主销省份上海与其他主产省份之间的配对协整检验

	H_0/H_1	最大特征根统计量	迹统计量	H_0/H_1	最大特征根统计量	迹统计量
5%临界值	$r=0/R=1$	5.89	5.89	$r\leqslant1/R=2$	10.27	8.46
上海—河南	$r=0/R=1$	4.73	4.73	$r\leqslant1/R=2$	25.86	23.21
上海—山东	$r=0/R=1$	5.05	5.05	$r\leqslant1/R=2$	30.90	28.65
上海—江苏	$r=0/R=1$	4.01	4.01	$r\leqslant1/R=2$	15.97	13.28
上海—浙江	$r=0/R=1$	3.78	3.78	$r\leqslant1/R=2$	18.94	17.63
上海—湖北	$r=0/R=1$	2.98	2.98	$r\leqslant1/R=2$	19.00	17.85
上海—福建	$r=0/R=1$	1.49	1.49	$r\leqslant1/R=2$	17.76	15.44
上海—安徽	$r=0/R=1$	3.71	3.71	$r\leqslant1/R=2$	18.79	16.53
上海—江西	$r=0/R=1$	4.96	4.96	$r\leqslant1/R=2$	13.26	11.98

表 5.12　生猪主销省份广东与其他主产省份之间的配对协整检验

	H_0/H_1	最大特征根统计量	迹统计量	H_0/H_1	最大特征根统计量	迹统计量
广东—四川	$r=0/R=1$	3.46	3.46	$r\leqslant1/R=2$	10.96	8.74
广东—云南	$r=0/R=1$	2.17	2.17	$r\leqslant1/R=2$	20.17	18.65
广东—贵州	$r=0/R=1$	3.10	3.10	$r\leqslant1/R=2$	19.67	18.23
广东—广西	$r=0/R=1$	2.89	2.89	$r\leqslant1/R=2$	14.90	13.81
广东—湖南	$r=0/R=1$	2.57	2.57	$r\leqslant1/R=2$	13.93	12.10

表 5.13　生猪主销省份北京与其他主产省份之间的配对协整检验

	H_0/H_1	最大特征根统计量	迹统计量	H_0/H_1	最大特征根统计量	迹统计量
5%临界值	$r=0/R=1$	4.75	4.75	$r\leqslant1/R=2$	13.26	11.43
北京—河南	$r=0/R=1$	3.71	3.71	$r\leqslant1/R=2$	28.81	24.22
北京—河北	$r=0/R=1$	3.05	3.05	$r\leqslant1/R=2$	29.91	29.62
北京—黑龙江	$r=0/R=1$	4.21	4.21	$r\leqslant1/R=2$	16.98	15.81
北京—吉林	$r=0/R=1$	3.74	3.74	$r\leqslant1/R=2$	16.25	15.44
北京—辽宁	$r=0/R=1$	2.76	2.76	$r\leqslant1/R=2$	18.02	16.65
北京—山东	$r=0/R=1$	2.49	2.49	$r\leqslant1/R=2$	27.73	25.47
北京—天津	$r=0/R=1$	3.52	3.52	$r\leqslant1/R=2$	28.11	26.32

从以上按照主产区和主销区分组的协整检验结果可以看出，在区域内，主产区和主销区都存在协整关系，这表明我国生猪市场在区域内生猪主产省份和主销省份之间的价格联系比较紧密，市场效率比较高。为了进一步研究以上省份生猪价格变动的因果关系，进一步进行格兰杰因果检验，结果见表 5.14。

表 5.14　各区域市场组合格兰杰因果关系检验结果

方向			方向			方向		
上海	←	河南	广东	→	四川	北京	←	河南
上海	←	山东	广东	→	云南	北京	↔	河北
上海	↔	江苏	广东	→	贵州	北京	—	黑龙江
上海	↔	浙江	广东	→	广西	北京	←	吉林

续表

方向			方向			方向		
上海	←	湖北	广东	↔	湖南	北京	←	辽宁
上海	—	福建				北京	←	山东
上海	←	安徽				北京	↔	天津
上海	←	江西						

格兰杰因果关系检验的结果表明在上述产销市场组合中，特别是以北京和上海为中心的组合表现得比较突出。这表明，这些生猪主产省份的价格信息传递路径是从生猪主产区传导到主销区，生猪价格的波动属于供给导向型。其中上海—江苏、上海—浙江、广东—广西、广东—湖南、北京—河北和北京—天津之间是互为格兰杰因果关系，市场价格联系更为紧密，这主要是由这些省份距离比较近，价格信息传递顺畅所致。结果同时表明，以广东为中心的南部市场组合区域信息传递路径是从主销区传递到主产区，生猪价格的波动属于消费导向型。这可能与养殖户构成存在很大关系，由云贵等地区散户和小规模养殖户占比比较大，对市场价格变化比较被动所致。

六 结果分析

本章通过简单的统计方法、现代计量方法面板单位根检验和协整检验，对我国的生猪和猪肉市场的整合情况进行了研究，主要得出了以下基本结论：

从时间维度上来说，无论是生猪市场还是猪肉市场，市场的整合情况总体上是整合程度逐步加强。但是在整个过程中，也出现了时而加强时而减弱的情况。无论是生猪市场还是猪肉市场，最近几年的整合进程都没有呈现应有的状况，因为按照我国最近几年的道路交通和信息基础建设的状况来看，最近几年的整合速度应该有所加强，但是生猪和猪肉市场最近几年的整合情况基本上保持不变，尤其是猪肉市场比较明显，无论是从变异系数还是从收敛速度上来看，从 2007 年到目前基本上变化不大，都没有呈现明显下降的趋势。初步判断这种情况的发生除了与我国东部地区比较发达，交通和信息基础建设比较完善，有利于市场信息的传导和货物的运输有关，另外还很有可能与我国的政策环境以及地方的贸易政策有关，至于阻碍我国生猪市场整合，造成我国生猪市场整合波动的原因是什么，下面的章节将会深入分析。

第六章　我国生猪市场非对称价格传导机制研究①

猪肉是我国城乡居民食物消费的一个重要组成部分。猪肉价格的变化对其他食品的价格、通货膨胀水平和居民生活具有很大的影响。从产业链的角度来说，垂直产业链上某一个环节的价格变化会通过价格机制传递到其他环节，从而引起其他环节价格的变化，导致整个产业链福利的再分配。因此，考察猪肉价格在出场价、批发价以及零售价之间的传导机制，探讨猪肉价格的变动机理有着非常重要的理论与现实意义。从近几年我国猪肉价格的历史来看，大致可以分为以下几个阶段。第一个阶段，持续上涨期：从 2003 年 5 月至 2004 年 9 月，国内猪肉价格平稳增长，由 2003 年 5 月的 9.76 元/公斤涨到 2004 年 9 月的 15.13 元/公斤。此轮猪肉价格的上涨，大大激发了养猪者的热情，各级政府在此期间也出台了不少鼓励养猪业发展的政策，有的地方政府还拿出财政资金补贴规模化猪场，造成生猪市场供过于求，从而使价格进入了一个下滑期。第二个阶段，持续下滑期：从 2004 年 9 月到 2006 年 6 月，由于前段时间养猪规模的持续扩大造成供大于求，导致本阶段猪肉价格从 2004 年 9 月的 15.13 元/公斤下滑到 2006 年 6 月的 10.58 元/公斤，下降了 30%。第三个阶段，持续上涨期：从 2006 年 6 月至 2008 年 2 月，国内猪肉价格平稳增长，由 2006 年 6 月的 10.58 元/公斤涨到 2008 年 2 月的 26.8 元/公斤。此轮猪肉价格的上涨，直接导火线是 2007 年猪蓝耳病的暴发和大面积蔓延，导致大量生猪死亡和母猪流产，使生猪生产受到极大打击；另外，2008 年 1 月前后的雪灾导致大量生猪死亡。第四个阶段，高位回落期：从 2008 年 2 月至 2009 年 6 月，国内猪肉价格大幅下滑，从 2008 年 2 月的 26.8 元/公斤回落至 2009 年 6 月的 15.46 元/公

---

① 本章内容发表于《商业研究》2013 年第 2 期。

斤，下跌了将近43%。本阶段下跌主要是国家为了控制猪肉价格的过快增长，对养猪户的补贴进行了大幅度的提高，造成生猪出栏量增加，供大于求是主要原因。第五个阶段，相对平稳期：从2009年5月至2010年6月，国内猪肉价格开始震荡上行，然后在2010年1月达到最大值19.31元/公斤，之后又持续回落到2009年5月的价格水平，此段价格的波动主要是由季节因素造成，春节对猪肉价格的需求增大拉升了本阶段价格的上升。第六个阶段，持续上升期：从2010年6月到现在，猪肉价格从16元/公斤持续增长到将近30元/公斤。猪肉价格的剧烈波动已经成为影响国民经济又好又快发展的突出矛盾之一。尽管政府出台了一系列措施和政策来稳定猪肉价格，但是在我国养猪业不断发展的背后依然隐藏着猪肉价格波动幅度大的风险。

据笔者所知，目前国内对我国猪肉价格波动的描述和原因分析都是从横向来进行的，很少有人从产业链这个纵向角度来对我国猪肉价格的波动进行分析（作者曾经用向量回归模型对该问题进行了研究），整个猪肉产业链可以大致分为生猪出场、屠宰批发以及零售这几个环节，生猪出场价格和批发价格以及零售价格之间会有什么样的长期和短期波动关系？对于媒体、学者和消费者普遍注意到的农产品及食品零售价格的上涨幅度远远高于农民所实际感受到的农产品收购价格上涨幅度，即国外农业经济学家所说的“价格非对称性传导效应”在我国是否真实存在？如果存在的话，是正的价格非对称性传导还是负的价格非对称性传导？本书的研究将尝试解决上面所说的几个问题。

一　理论

价格传递理论一直是农业经济学领域的一个研究热点，在新古典经济学中，价格的变化是资源有效配置的一个决定性因素。整个市场通过商品价格在空间和产业链上的传递融合在一起，因此研究市场效率的经济学家往往会对价格传递过程给予极大的关注。价格在垂直产业链上的非对称性传递与价格的对称性传递相比，其不仅会导致整个产业链的福利再分配，而且还有可能导致整个产业链上所有参与者的福利净损失。最近几年，欧盟和英国为了了解农业领域的一些政策改革能否由食品加工和零售者把降低后的食品价格传递到消费者手中，对农产品和食品领域的价格传递进行了大量研究。

通常可以根据三个不同的标准把价格传递分为三种不同的类型，第一种是价格传递的速度、幅度是不是对称的，从图 6.1 中我们可以看出两者的区别，在图中，我们假设 P^{out} 依赖于 P^{in}，图（a）表示的是幅度变化的非对称性，从图中我们可以看出输入价格的变化只导致输出价格变化的一个较小幅度的变化，输入价格的降低幅度和输出价格的降低幅度是非对称的。我们称其为幅度的非对称性传递。图（b）表示的是速度的非对称性，从图（b）我们可以看出输入价格在原始时间的变化过一段时间之后才传递到了输出价格，出现了价格时滞现象，我们称这种非对称性传递为速度的非对称性传递。很明显，把幅度和速度两种情况结合起来我们可以综合为幅度和速度的双不对称性传递。

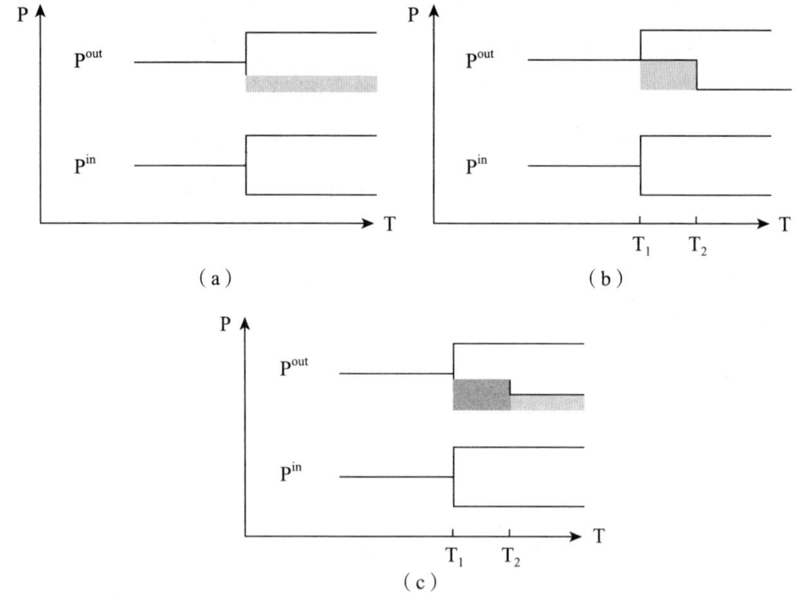

图 6.1　各种非对称传导示意图

国内学者对于猪肉价格的研究多集中在一般供求关系上，主要是对生猪生产成本、消费需求等因素进行分析。如谭向勇、辛贤（2001）对改革开放以来中国猪肉市场的价格变化进行研究，得出中国猪肉市场存在信息不畅通的问题，并一直为较大的价格波动所困扰。他们通过使用效用最大化模型建立需求方程，对中国猪肉的年度价格和月度价格的形成机制进行了实证分析，指出中国猪肉行业的价格波动主要源于各方信息的严重不对称，因此有必要加强猪肉行业的市场信息体系建设。孙志强（2007）用蛛网理论分析了 1996 ~ 2007 年的活猪市场价格，认为猪价先后出现了收敛型、封闭型和发散型的“蛛网现象”。张磊（2009）通过对北京市猪肉产业链各环节相关主体的调查，分析了北京市猪肉价格的形成过程及各环节经营主体的成本收益情况。研究发现，影响猪肉价格涨跌的主要因素来源于生猪养殖环节，与生猪和猪肉的流通环节关系不大。一头生猪从养殖到屠宰最后进入销售环节，利润在不同经营主体之间的分配从绝对量上来看是养殖 < 收购 < 批发 < 屠宰 < 零售。除养殖环节外，其他各环节单位产品的成本收益基本平稳。胡华平、李崇光（2010）对中国主要农产品市场（粮食、蔬菜、肉类食品和水产品）1984 ~ 2007 年度生产价格和零售价格指数的关系利用 APT - ECM 模型进行了研究，研究表明，松散型的农产品纵向联结方式要比产权一体化紧密型的纵向市场联结方式的非对称强度小。范润梅、庞晓鹏、王征南（2007）利用 houck 模型对北京市蔬菜市场 2000 年第 1 周到 2004 年第 53 周的 253 个周价格数据进行了研究，发现零售商对某些产品拥有一定的市场支配力，能够影响零售价格的决定，扩大价差。胡向东、王济民（2010）利用自回归门槛模型对猪肉价格指数单个时间序列的非线性变化进行了研究，发现我国猪肉价格指数存在显著的门槛效应，与之不同的是，本书是对两个价格之间的非对称性传导进行研究，而不是对单个价格时间序列进行分析。

Goodwin 和 Harper（2000）利用 Balke 和 Fomby（1997）所提出的门槛协整方法和美国猪肉市场 1987 年 1 月至 1999 年 1 月的周数据，对美国猪肉市场价格传导以及非对称调整关系进行了研究。结果表明，收购价格与零售价格之间具有长期协整关系，但只存在单向因果关系，且发现价格间存在非对称传导现象。Abdulai（2000）、Abdulai（2002）利用 Enders 和 Granger（1998）、Enders 和 Siklos（2001）所提出的门槛自我回归模型（TAR）以及动量门槛自我回归模型（M - TAR），对 1988 年 1 月至 1997 年 9 月瑞士猪肉市场生猪与猪肉零售价格之间的关系进行了研究，实证结果发现，生猪价格与猪肉零售价格均为一阶单整，但是无论在 1%、5% 及 10% 显著水平下，两种价格之间均没有长期协整关系，但是利用 TAR 及 M -

TAR 模型，则发现瑞士生猪与猪肉零售价格存在长期协整关系，且两种价格传导的过程中存在不对称调整现象，另外，作者还得出 M－TAR 模型与其他模型相比，更适合来检验两个价格之间的非对称传导关系，通过研究作者得出生猪价格上升传导到零售价格会比生猪价格下跌传导到零售价格来得快的结论。

国外对其他农产品市场非对称价格传递的研究文献也比较丰富，几乎涉及全部食品产业链，如蔬菜供应链（Hassan 和 Simioni，2002）、牛肉供应链（Bailey 和 Brorsen，1989；Goodwin 和 Holt，1999；Miller 和 Hayenga，2001）、大米供应链（Sanogo，2010）、奶制品供应链（Rezitis 和 Reziti，2011）、羊肉供应链（Ben－Kaabia 和 Gil，2007）等。对近几年价格非对称传递的一个比较好的文献综述，可参见 Jochen Meyer（2004）。

从以上文献综述可以得知，目前关于我国猪肉价格在生猪出场价、猪肉批发价以及猪肉零售价之间的非对称性价格传递规律研究相当匮乏。即使有少数论文探讨了生猪与猪肉零售价格之间的关系，但是也没有考虑到非线性调整即门槛现象。但国外文献已经开始利用门槛自回归（TAR）以及动量门槛自回归模型（M－TAR）对猪肉市场之间价格的非线性传导进行了探讨和研究。因此，本书拟利用门槛自回归与动量门槛自回归模型来对我国猪肉价格之间的传导关系进行研究，以期有更深入的探讨，为政策制定提供依据。

二 模型与方法

近年来，门槛方法在 APT（Asymmetric Price Transmission）领域得到了广泛应用。下面简要叙述一下该方法的原理和步骤。

第一步，我们必须先检验所要研究的价格时间序列是否是平稳的，本书先利用 Augmented Dickey－Fuller（ADF）检验价格时间序列是否平稳或者是不是同阶单整时间序列。在进行滞后项选择的确定时选择 Akaike's Information Criterion（AIC）为判断准则，以期能了解我国生猪与猪肉零售价格之间是否具有不对称传导关系。

第二步，对两个变量的回归残差进行下式的协整检验：

$$p_t^R = \alpha + \beta_1 p_t^F + u_t \tag{1}$$

$$\Delta u_t = I_t \rho_1 u_{t-1} + (1 - I_t)\rho_2 u_{t-1} + \sum_{i=1}^{T} \gamma_i \Delta u_{t-i} + \varepsilon_t \tag{2}$$

其中 $I_t = \begin{cases} 1 & if \quad u_{t-1} \geqslant \tau \\ 0 & if \quad u_{t-1} \leqslant \tau \end{cases}$ p_t^R为在时间 t 时候的零售价格，p_t^F为在时间 t 时候的生猪价格，I_t是一个指示函数，τ 是估计的门限值，ε_t是残差，并且服从下面的条件：

$E(\varepsilon_t) = 0$，$E(\varepsilon_t^2) = \sigma^2$，$E(\varepsilon_t \varepsilon_i) = 0$（$t \neq i$）另外，为保证残差 u 是平稳的，所估计出来的 ρ 对于任意 τ 必须满足 $\rho_1 < 0$，$\rho_2 < 0$，并且 $(1 + \rho_1)(1 + \rho_2) < 1$。通过 $\rho_1 = \rho_2 = 0$ 检验是否存在协整，如果原假设 $\rho_1 = \rho_2 = 0$ 被拒绝，那么说明两个时间序列之间存在协整，接下来利用 F 检验验证 $\rho_1 = \rho_2$，如果 $\rho_1 \neq \rho_2$，建立如下的门限误差修正模型进行短期价格传导的分析。

$$\Delta F_t = \theta_F + \delta_F^+ E_{t-1}^+ + \delta_F^- E_{t-1}^- + \sum_{j=1}^{J} \alpha_{Fj}^+ \Delta F_{t-j}^+ + \sum_{j=1}^{J} \alpha_{Fj}^- \Delta F_{t-j}^- + \sum_{j=1}^{J} \beta_{Fj}^+ \Delta R_{t-j}^+ + \sum_{j=1}^{J} \beta_{Fj}^- \Delta R_{t-j}^- + \nu_{Ft}$$

$$\Delta R_t = \theta_R + \delta_R^+ E_{t-1}^+ + \delta_R^- E_{t-1}^- + \sum_{j=1}^{J} \alpha_{Rj}^+ \Delta F_{t-j}^+ + \sum_{j=1}^{J} \alpha_{Rj}^- \Delta F_{t-j}^- + \sum_{j=1}^{J} \beta_{Rj}^+ \Delta R_{t-j}^+ + \sum_{j=1}^{J} \beta_{Rj}^- \Delta R_{t-j}^- + \nu_{Rt}$$

其中 ΔF 和 ΔR 分别表示生猪价格与猪肉零售价格的一阶差分，$\Delta F^+ = F_{t-1} - F_{t-2}$，仅当 $F_{t-1} > F_{t-2}$时，ΔF^+有意义，否则 $\Delta F^+ = 0$。仅当 $F_{t-1} < F_{t-2}$时，ΔF^+有意义，否则 $\Delta F^+ = 0$。$E_{t-1}^+ = I_t u_{t-1}$，$E_{t-1}^- = (1 - I_t) u_{t-1}$。$I_t$的定义与（2）式中的定义相同。另外，如果式中的 u_t换成 Δu_t，那么我们就称该 TAR（$\tau = 0$）为 M－TAR（$\tau = 0$）。对于 M－TAR 和 TAR 的判断以及假设检验相同。需要注意的是对于这两个假设检验我们需要使用 Enders 和 Siklos（2001）使用的方法，根据 φ 统计量进行检验。另外，我们还可以使用 Shi（1993）的方法对门槛 τ 进行估计，这个时候的模型我们称为 Consistent－TAR（简称 C－TAR）模型或者 Consistent－MTAR（简称 C－MTAR）模型。

最后，我们可以根据所估计的门槛误差修正模型的结果进行以下四类假设检验来对两个价格之间的动态调整关系进行分析（Frey，2007；Chia－Lin Chang，2010；Sun，2011）。

检验一：格兰杰因果检验。对于生猪价格是否是自身价格和猪肉零售价格的格兰杰原因，我们可以通过对 $\alpha_i^+ = \alpha_i^- = 0$（对所有的 i）进行检验，如果接受原假设，那我们就认为生猪价格不是其自身价格和猪肉零售价格的格兰杰原因，如果拒绝原假设，则说明生猪价格影响了自身价格和猪肉零售价格，是自身价格和猪肉零售价格的格兰杰原因。同样对于零售价格是否是自身价格和生猪价格的格兰杰因果原因，我们可以通过对 $\beta_i^+ = \beta_i^- = 0$（对所有 i）进行检验。

检验二：短期内单期滞后项的非对称检验。例如，对于滞后 i 期，生猪价格对于生猪价格和猪肉价格具有对称性影响的原假设是 $\alpha_i^+ = \alpha_i^-$，同样对于猪肉价格有 $\beta_i^+ = \beta_i^-$。

检验三：短期内滞后项总效果的非对称性检验。对于生猪价格有 $\sum_{i=1}^{J} a_i^+ = \sum_{i=1}^{J} \alpha_i^-$，对于猪肉价格有 $\sum_{i=1}^{J} \beta_i^+ = \sum_{i=1}^{J} \beta_i^-$。

检验四：长期非对称效果检验，即误差修正项系数的检验。原假设为 $\delta^+ = \delta^-$，如果两者相等，则说明从长期来说，两个价格之间的传导是对称的，反之，则是不对称的。

三　数据与实证分析

（一）样本

本书选取我国自 2006 年 7 月 1 日至 2011 年 9 月 30 日周度生猪与猪肉价格零售数据（见图 6.2），样本量为 251，数据来源于 Wind 数据库。本书全部实证由统计软件 R 和密西西比州立大学孙长友教授提供的 APT 软件包完成。

（二）实证分析

首先我们用 ADF 方法对生猪价格和猪肉零售价格进行平稳性检验，结果见表 6.1。通过对数据的平稳性检验可以看出，无论是生猪价格还是猪肉价格都不是平稳时间序列，但是一阶差分后两者都是平稳时间序列。

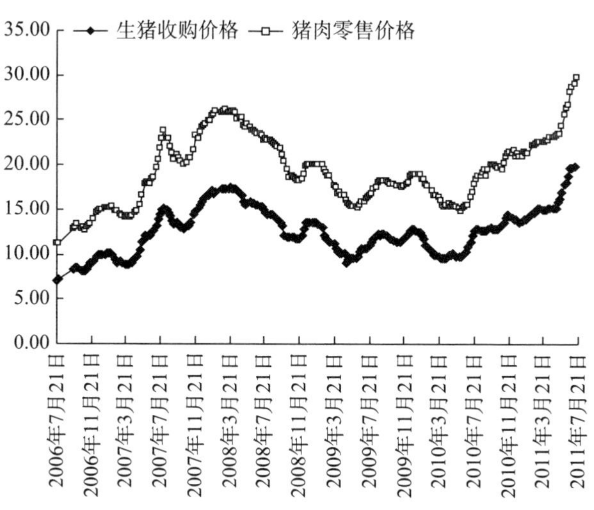

图 6.2　中国生猪与猪肉零售价格趋势图

表 6.1　生猪与猪肉零售价格基本统计量与单位根检验

	生猪价格		猪肉价格	
	F_t	ΔF_t	R_t	ΔR_t
平均值	13.02		19.88	
标准差	2.97		4.27	
最小值	6.96		11.14	
最大值	19.92		30.41	
样本总数	251		251	
ADF 检验（无截距，无趋势）	$t=0.6397$ $p=0.8538$	$t=-7.7224$ $p=0.0000$	$t=0.9606$ $p=0.9107$	$t=-8.0528$ $p=0.0000$
ADF 检验（截距）	$t=-1.7369$ $p=0.4114$	$t=-7.7746$ $p=0.0000$	$t=-0.8987$ $p=0.7876$	$t=-8.1722$ $p=0.0000$
ADF 检验（截距，趋势）	$t=-1.8705$ $p=0.6668$	$t=-7.7760$ $p=0.0000$	$t=-1.2016$ $p=0.9074$	$t=-8.1721$ $p=0.0000$

其次，从图 6.2 来看，两个价格时间序列表现有相同的变动趋势，很有可能存在长期协整关系，我们分别使用传统的 E－G 两步法和本书所使用的 TAR 以及 C－TAR、MTAR 和 C－MTAR 模型对两个价格时间序列进行协整检验。结果见表 6.2。

表 6.2 门槛协整检验结果

	TAR	C – TAR	MTAR	C – MTAR
估计值				
门限值	0	–0.507	0	–0.239
ρ_1	–0.179 *** (–3.548)	–0.160 *** (–3.402)	–0.180 *** (–3.604)	–0.140 *** (–3.382)
ρ_2	–0.172 *** (–3.194)	–0.200 *** (–3.393)	–0.172 *** (–3.159)	–0.302 *** (–3.904)
诊断				
AIC	186.096	185.827	184.467	181.07
BIC	196.66	196.391	195.02	191.623
Q_{LB}（4）	0.368	0.376	0.359	0.466
Q_{LB}（8）	0.622	0.625	0.624	0.669
Q_{LB}（12）	0.456	0.456	0.426	0.456
假设检验				
Φ（H_0：$\rho_1=\rho_2=0$）	11.398 ***	11.543 ***	11.484 ***	13.339 ***
CV（1%）	8.24	9.27	8.78	9.14
CV（5%）	5.98	6.95	6.51	6.78
F（H_0：$\rho_1=\rho_2$）	0.010	0.277	0.011	3.404 *

注：其中 ρ_1 和 ρ_2 通过式（2）估计，TAR 指门槛自回归模型，C – TAR 指一致门槛自回归模型，MTAR 指动量门槛自回归模型，C – MTAR 指一致动量门槛自回归模型。门限值 –0.507 和 –0.239 由 chan（1993）方法估计而得到。Φ 值参照 Enders&Siklos（2001），*** 表示在 1% 水平上显著，** 表示在 5% 水平上显著，* 表示在 10% 水平上显著。

从协整检验可以看出，残差不存在序列相关性，TAR、C – TAR、MTAR 以及 C – MTAR 都不能拒绝协整关系，因此我们可以判断两个时间序列存在长期的协整关系，并且 MTAR 和 C – MTAR 模型都拒绝对称性的存在，从 AIC 和 BIC 标准来看，C – MTAR 模型是我们的最好选择，且以该模型判断存在非对称性（即 $\rho_1 \neq \rho_2$ 显著），因此我们以 C – MTAR 模型为基础建立门槛误差修正模型。

通过 AIC 准则判断，模型的最大滞后长度为 2，因此我们建立滞后期为 2 的门槛误差修正模型并进行四类假设检验，模型的估计和假设检验结果如表 6.3 所示。

表 6.3　门槛误差修正模型估计结果

参数	生猪价格		猪肉价格	
	估计值	t 值	估计值	t 值
θ	0.023	0.798	-0.055	-1.549
α_1^+	0.770	5.96***	0.894	5.614***
α_2^+	0.066	0.48	-0.164	-0.972
α_1^-	0.323	2.404**	0.307	1.857*
α_2^-	0.096	0.697	0.254	1.494
β_1^+	-0.138	-1.567	-0.074	-0.678
β_2^+	-0.010	-0.13	0.145	1.56
β_1^-	0.163	1.795*	-0.242	-2.157**
β_2^-	0.042	0.449	-0.17	-1.475
δ^+	-0.003	-0.08	-0.273	-5.411*
δ^-	0.053	0.751	-0.367	-4.222***
R^2	0.381	—	0.536	—
F 值	14.598	—	27.43	—
AIC	30.482	—	134.239	—
BIC	72.643	—	176.400	—
Q_{LB} (4)	0.49		0.689	
Q_{LB} (8)	0.813		0.13	
Q_{LB} (12)	0.748		0.454	
$H_{01}: \alpha_i^+ = \alpha_i^- = 0$	11.995***	[0.000]	10.098***	[0.000]
$H_{02}: \beta_i^+ = \beta_i^- = 0$	2.374**	[0.021]	3.27***	[0.002]
$H_{03}: \alpha_1^+ = \alpha_1^-$	4.946**	[0.027]	5.600**	[0.019]
$H_{04}: \alpha_2^+ = \alpha_2^-$	0.023	[0.880]	2.869*	[0.092]
$H_{05}: \beta_1^+ = \beta_1^-$	4.654**	[0.032]	0.948	[0.331]
$H_{06}: \beta_2^+ = \beta_2^-$	0.148	[0.701]	3.614**	[0.059]
$H_{07}: \sum_{i=1}^{J} \alpha_i^+ = \sum_{i=1}^{J} \alpha_i^-$	2.894*	[0.09]	3.14*	[0.08]
$H_{08}: \sum_{i=1}^{J} \beta_i^+ = \sum_{i=1}^{J} \beta_i^-$	3.58*	[0.06]	4.406**	[0.037]
$H_{09}: \delta^+ = \delta^-$	0.616	[0.433]	12.014***	[0.001]

注：*** 表示在1%水平上显著，** 表示在5%水平上显著，* 表示在10%水平上显著，. 表示在15%水平上显著。

（三）结果讨论

从以上估计的门限误差修正模型结果来看：

第一，通过拒绝假设 H_{01} 和 H_{02}，我们可以判断我国生猪价格和猪肉价格互相存在格兰杰因果关系，即生猪价格的变动会带动猪肉价格的变动，猪肉价格的变动也会带动生猪价格的变动，并且生猪价格和猪肉价格对自身的价格存在格兰杰因果关系。

第二，从不能拒绝 H_{03}、H_{04}、H_{05}、H_{06}，我们可以判断出，短期内生猪价格的升降对猪肉价格和生猪价格本身的冲击存在非对称现象，短期内猪肉价格对生猪价格和猪肉价格本身的冲击也存在非对称现象。

第三，从在10%的置信水平上拒绝 H_{07} 和 H_{08} 来看，在短期内，我国生猪收购价格和猪肉零售价格对前两期的正负冲击累计之和也存在非对称现象，即正的冲击和负的冲击前两期累计效果对生猪价格和猪肉价格的冲击存在对称现象。

第四，从对正负冲击的系数来看，猪肉价格对正的冲击反应较为迅速，为 -0.273，对负的冲击反应为 -0.367，也就是说猪肉价格与生猪价格的价差稍微一拉大，就会立即得到向均衡方向的调整，而对负的冲击，比如生猪价格上升造成的两者之间的价差的减小的调整比较缓慢，即存在负的价格非对称性传导，该结果与大多数对市场经济体制比较完善的国家的研究结果相反，但是与李佳珍、黄柏农（2008）对台湾毛猪市场的研究结果基本相同。

第七章　市场分割的经济条件分析

众所周知，地区之间的价格差异是反映一个国家内部商品是否能够自由流通和全国大市场是否建成的一个重要标志，它不仅仅能反映市场机制在空间层次上的效率情况，还能反映一个国家的物流效率和运输效率。通过上面一章的分析，我们可以看出目前我国生猪市场与2000年相比，整合情况确实有了很大改善，但是通过对空间价格一些特征指标的初步分析和现代计量方法的分析，我们也可以看到，我国生猪市场的整合情况并不是一直呈现加强趋势，而是一个部分分割和波动相互交替、相互斗争的过程。另外，我们还可以发现，我国生猪市场整合程度的增强主要在2000~2007年，从2008年到目前整合程度没有太大的变化，对于猪肉市场，2007年以后整合程度就基本上保持不变。如果按照正常的推理，一般造成市场分割的因素无外乎自然因素和制度因素，那么在基础通信设施和基础交通运输等自然条件改善的情况下，商品空间套利的区间将会变得非常小，各地区之间的价差也会逐渐变小，地区之间的整合情况在不存在人为障碍的情况下会呈现逐步下降的趋势。那么影响我国市场整合的因素到底是什么呢？

由于生猪在全国都可以养殖，猪肉在全国都可以生产，并且产品的差异化程度不高，因此，生猪市场基本上可以看成一个完全竞争市场。对于一个完整有效的全国性市场来说，各个地方的价格差别应基本上等同于两地之间的运输费用，而运输费用又和运输距离具有非常大的相关性，因此在运输费用数据不太容易获得的情况下，我们可以用运输距离代替运输费用，即两地之间的价格应该与两地之间的距离具有很强的正相关关系，也即两地距离能解释两地价格差异的大部分。

基于以上所述，本章利用我国各地区之间的价格差数据，用各个省份之间的距离替代运输成本，并考虑到各地收入水平的不同会对物价水平造成一定的影响这个因素，因此再把各个地方的人均 GDP 差别作为影响价差的一个因素纳入回归模型之中进行回归分析。另外，考虑到天气环境和疾病问题都会对我国生猪流通市场造成障碍，导致各地生猪产品流通的不通畅，因此，在选取时间点的时候我们要依据以下几个标准：

1. 该月不能有大范围猪流感、蓝耳病、瘦肉精等情况的出现，因为这些情况的出现，会造成我国猪肉流通的不顺畅，因此我们必须把这个因素剔除在外，即在选取时间点的时候不能选择有病情的月份。

2. 该月不能有特大的灾害天气，比如 2008 年初的大雪和洪水等，因为恶劣天气的出现不仅会造成通信基础设施的破坏，从而影响市场信号的传递，还会造成交通道路的破坏和运输能力的紧缩，这些因素势必会影响到生猪市场的流通。因此我们在选取时间点的时候也不能选择有恶劣天气的月份。

3. 要选取接近变异系数平均值的月份作为我们分析的时间点，不能特意选取价格变异系数比较大的特殊情况来分析。

考虑到选取时间点的三个标准，我们再以两地价差作为因变量，距离和收入水平差作为自变量进行回归，如果发现以上两种因素对我国毛猪市场价差的影响非常有限，那么我们就可以近似地认为有人为的原因造成了价格差别过高，就存在除自然因素外的制度因素也造成了我国生猪市场的分割。

一 交通、通信、冷链物流建设

跨地区的猪肉流通离不开交通、通信和冷链物流等体系的建立和完善。完善的基础设施可以大大降低猪肉产品的交易成本，交易成本的降低也有利于促进猪肉市场的空间整合，这些基础设施的完善对我国商品市场的发展与完善、市场经济体系的建设以及市场机制在资源调配方面功能的发挥起着至关重要的作用。下面我们从交通基础设施、通信基础设施和冷链物流三个方面分别简单介绍一下目前我国的现状。

（一）交通设施建设

对于生猪产品的运输，公路交通是我国最重要的交通形式，近十多年来，我国公路交通得到了飞速的发展。自2000年“十五”计划以来，我国建成高速公路24000多公里。2002年突破2万公里，2004年突破3万公里，2005年突破4万公里，2007年突破5万公里，2008年突破6万公里，2010年突破7万公里，至2015年年末，全国共有高速公路12.35万公里（见图7.2），居世界第二位，高速公路的发展举世瞩目。2015年底，全国公路总里程突破457.73万公里（见图7.1）①，比2014年末增加11.34万公里，“十二五”期间新增57.30万公里。全国公路密度为47.68公里/百平方公里，比2010年末提高5.93公里/百平方公里，比“十五”末提高8.43公里/百平方公里。农村交通条件进一步改善，“十二五”农村公路建设目标全部实现。全国农村公路（含县道、乡道、村道）里程达398.06万公里，比2010年末增加47.4万公里，其中县道、乡道、村道比上年末分别增加3.46万公里、3.53万公里和6.77万公里，五年新增农村公路59.13万公里。全国通公路的乡（镇）占全国乡（镇）总数的99.99%，通公路的建制村占全国建制村总数的99.87%，比2010年末分别提高0.02个和0.44个百分点，比“十一五”末分别提高6.33个和22.30个百分点。通硬化路面的乡（镇）占全国乡（镇）总数的96.64%，通硬化路面的建制村占全国建制村总数的94.45%，比2010年末分别提高4.18个和10.10个百分点，比“十一五”末分别提高16.24个和28.81个百分点②。据调查，我国活猪运输90%以上是由公路来完成。我国公路业的发展促进了生猪产品在各个市场之间的快速流动，加快了我国生猪产品的市场化进程，推动了我国生猪市场整合程度的提高。

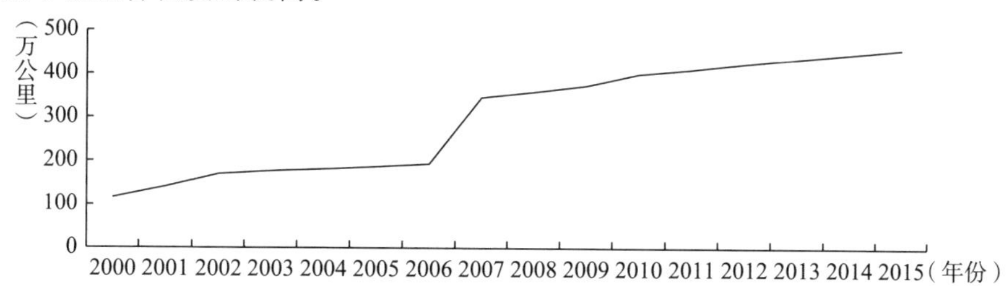

图7.1　中国公路2000～2015年里程

---

① 数据来源于人民网《中国公路建设60年主要成就》，http://finance.people.com.cn/GB/9874901.html，2015年公路水路交通运输行业发展统计公报。

② 来源于2015年公路水路交通运输行业发展统计公报。

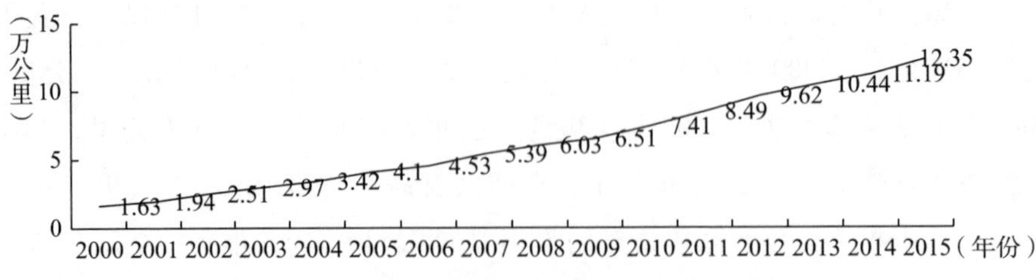

图 7.2　中国高速公路 2000～2015 年里程

（二）通信设施建设

到 2015 年末，我国光缆线路长度达到 2487 万公里（见图 7.3），2015 年 1～9 月，全国新建光缆线路 308.9 万公里，同比增长 48.9%，5 年内新增 1360 万公里，年均增长 11.55%。近几年来，由于固定运营商开始实施转型战略，调整投资方向和投资重点，PSIN 交换网和无线市话网的投资大幅下降，形成移动电话网持续扩容、固定电话网容量不断减小的状况。2015 年末，移动电话交换机容量达到 21.1 亿户，比 2010 年增长 0.3 倍，年均增长 5.68%；2015 年末全国电话用户总数达到 153673 万户，其中移动电话用户 130574 万户。移动电话普及率上升至 95.5 部/百人（见图 7.4），年均增长 13.65%。固定互联网宽带接入用户 21337 万户，其中 8Mbps 及以上用户占比 69.9%，比 2014 年增加 1289 万户；移动宽带用户 78533 万户，比 2014 年增加 20279 万户。移动互联网接入流量 41.9 亿 G，比 2014 年增长 103%。互联网上网人数 6.88 亿人，比 2014 年增加 3951 万人，其中手机上网人数 6.20 亿人，增加 6303 万人。智能手机出货量达到 4.57 亿部，同比增长 17.7%，物联网终端用户达 7928 万户，同比增长 82.8%，互联网普及率达到 50.3%（见图 7.5）。中国移动已经建成了全球规模最大的 4G 网络，目前 4G 基站建设超过 50 万个，2015 年 10 月中国移动单月 4G 用户增长了 1350 万户。中国联通 2014 年移动宽带基站数为 56.5 万个，2015 年计划新建约 35.9 万个，2015 年底移动宽带基站数将会达到约 92.4 万个[①]。

通信业的发展为我国从事生猪产品的相关人员提供了了解和发布供求

① 数据来源于 2015 年国民经济和社会发展统计公报、2015 年通信运营业统计公报。

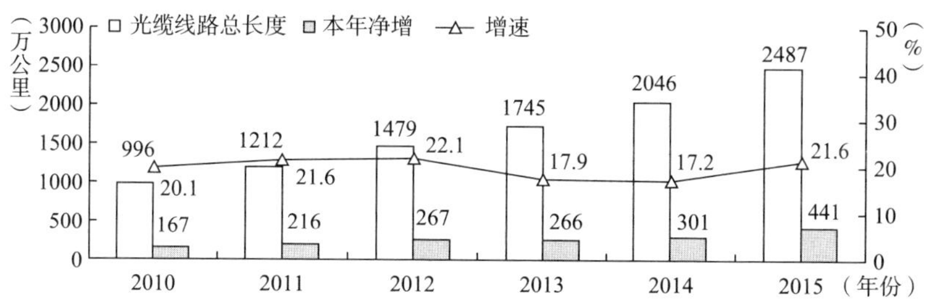

图 7.3　2010～2015 年光缆线路总长度发展情况

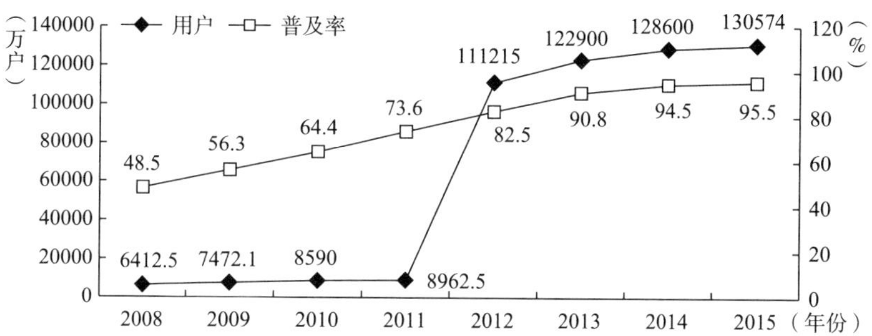

图 7.4　2008～2015 年中国移动电话用户规模及增长率

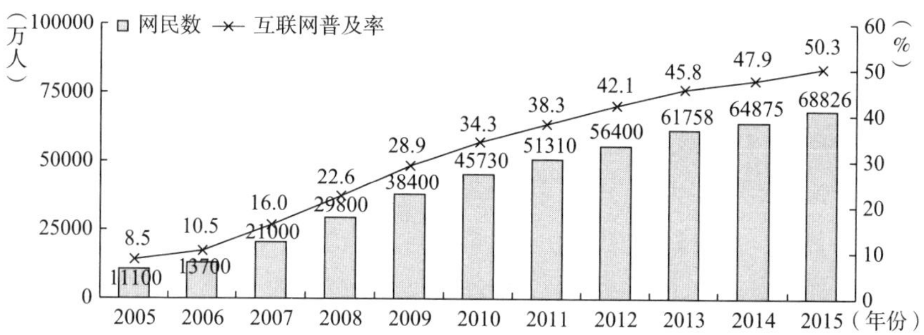

图 7.5　2005～2015 年中国网民、宽带用户规模和互联网普及率

数据来源：CNNI 中国互联网络发展状况统计调查。

信息的便利，一方面可以通过现代化的通信工具迅速了解市场行情，使价格信号能够及时在各个地方传播，缩短了生猪产品交易的时间差。另一方面节约了交通、住宿和饮食差旅费用。

（三）冷链物流发展

我国农副产品冷链物流产业发展迅速，在 2000 年到 2008 年期间，市场规模平均以26%的速度增长，截至2008年，市场规模已经达到1.35万亿元，根据仲量联行测算，2008年我国人均大约消费3.47公斤冷冻食品，比2002年提高70%。2008年中国有保温车、冷藏车和保鲜车3万辆①，2009年有冷库接近3万座，总容量接近1500万吨，冷藏企业超2万家，冷藏运输车辆接近5万辆②。据科尔尼预测，未来10年中国冷藏车与冷库平均增长量分别为28%和30%。

2009年初，我国首次构建的长达2.7万公里全国范围的低成本鲜活农产品流通网络"五纵二横绿色通道"全部建成开通，该网络连通了全国29个省会城市、71个地级城市，全面实现了我国各个省份之间的互通，基本上覆盖了我国具备一定规模的重要鲜活农产品生产基地和销售市场。该网络的构建和开通为我国鲜活农产品跨区域长途运输提供了快速便捷的主通道，促进了我国冷链物流的快速发展。

二 数据样本与模型

（一）数据样本

要分析造成我国生猪市场分割的原因，需要按照上面所述的三个标准，对2000～2015年的数据进行详细甄别并找出最有代表性的时间点，通过甄别之后，本书选取2010年4月的数据作为分析样本，两个省份之间的距离采用和曹庆林、范爱军（2008）相同的方法选取两个省份省会之间的公路距离作为两个省份之间的距离（包括的省份有北京、天津、河北、山西、内蒙古、辽宁、吉林、黑龙江、上海、江苏、浙江、安徽、福建、江西、山东、河南、湖北、湖南、广东、广西、重庆、四川、贵州、云南、陕西、甘肃、青海、宁夏和新疆，其他省份由于价格数据或者公路数据缺失，没有包括在内）。由于距离的数量级远大于价格差，因此本书对价格差乘以500。

---

① 《中国汽车工业年鉴（2009）》。

② 《中国冷链年鉴（2009）》。

（二）数据初步分析

首先，我们先从总体上看我国任意两地猪肉价差的绝对值与两地之间的距离是否呈现正相关关系（见图7.6）。

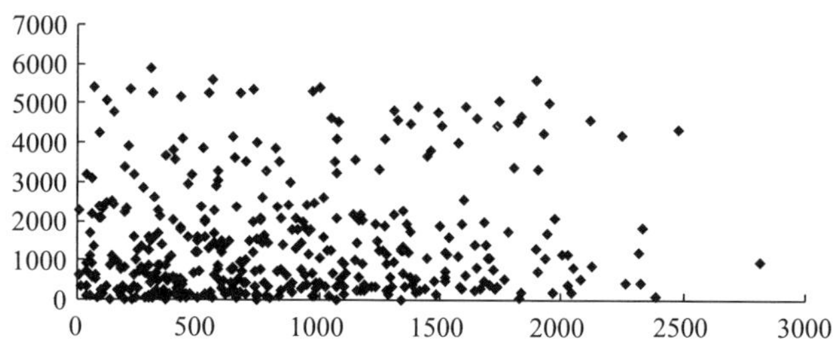

图7.6　中国两城猪肉价格之差与两地距离散点图

从两地价差与两地距离的散点图来看，我国猪肉两地价差与两地距离之间并不存在明显的正相关关系，两个变量之间的关系并不紧密。考虑到两地收入水平同样会影响同种商品价差的情况，下面我们把人均收入GDP这个变量纳入散点图中，做两地价差绝对值，两地距离和两地人均GDP之差绝对值的三维散点图，见图7.7。

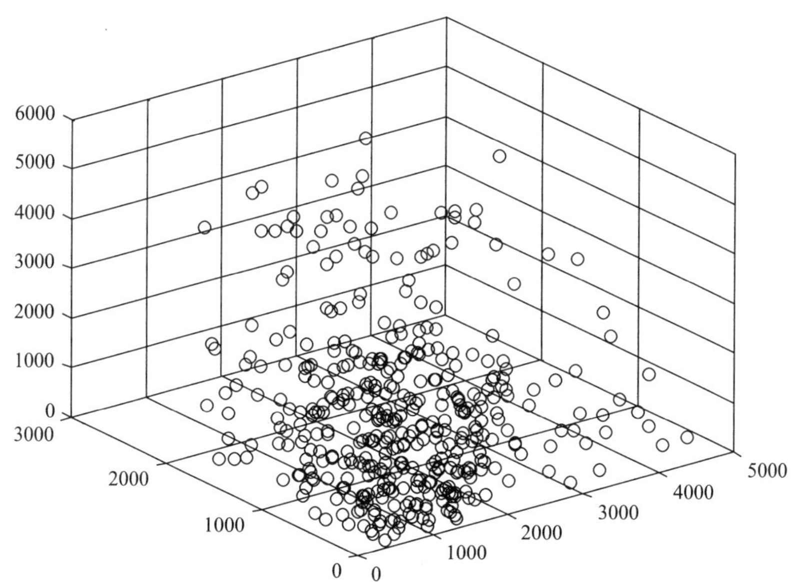

图7.7　两地价差与两地距离和两地人均GDP之差三维散点图

从两地价差与两地距离和两地人均 GDP 之差的三维散点图来看，两地价差（Z 轴）与两地之间的距离和两地之间的人均 GDP 之差也不存在明显的相关关系。

为了更进一步研究我国猪肉价差与距离和收入的关系，本书按照主产区和主销区的配对情况，把我国分成东部（包括河南、山东、江苏、浙江、湖北、福建、安徽、江西、上海）、南部（包括四川、云南、贵州、广西、广东、湖南）、西部（包括四川、青海、西藏、甘肃、陕西、内蒙古、宁夏、新疆、重庆）、北部（包括黑龙江、吉林、辽宁、北京、山东、天津、河北、河南）四个大板块，然后分别研究每个板块的市场整合情况，分别见图 7.8 - 图 7.11。

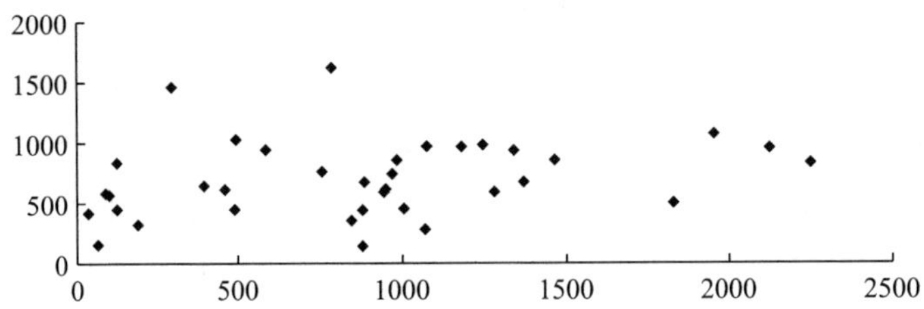

图 7.8a　中国东部地区两城猪肉价格之差与两地距离散点图

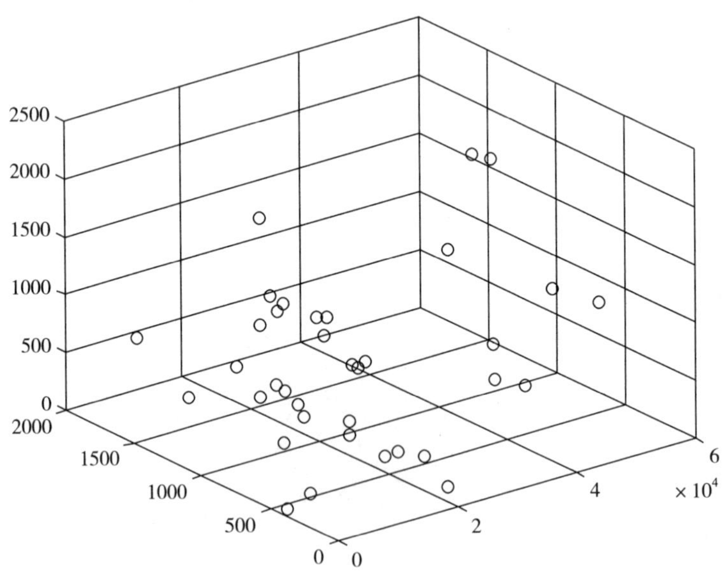

图 7.8b　东部猪肉价差与两地距离和人均 GDP 之差三维散点图

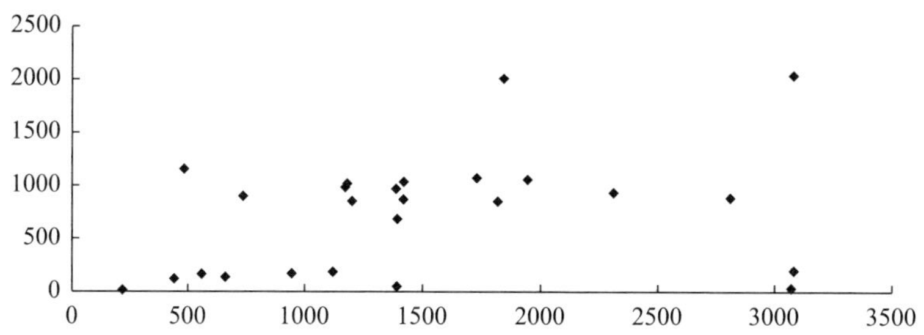

图 7.9a　中国西部地区两城猪肉价格之差与两地距离散点图

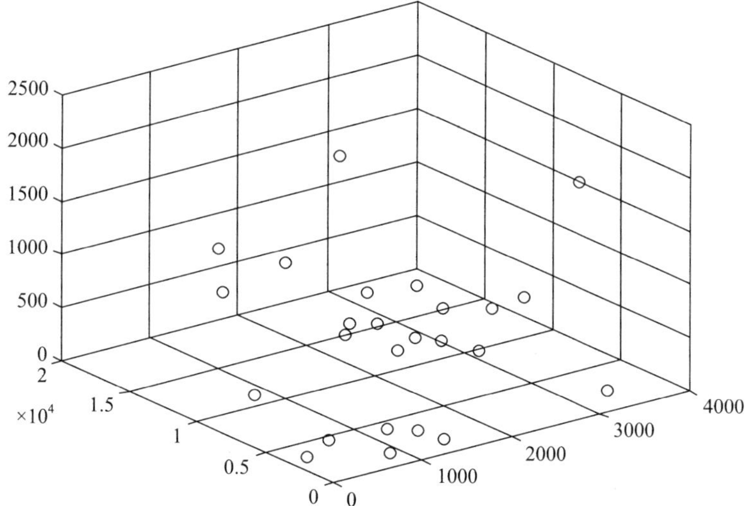

图 7.9b　西部猪肉价差与两地距离和人均 GDP 之差三维散点图

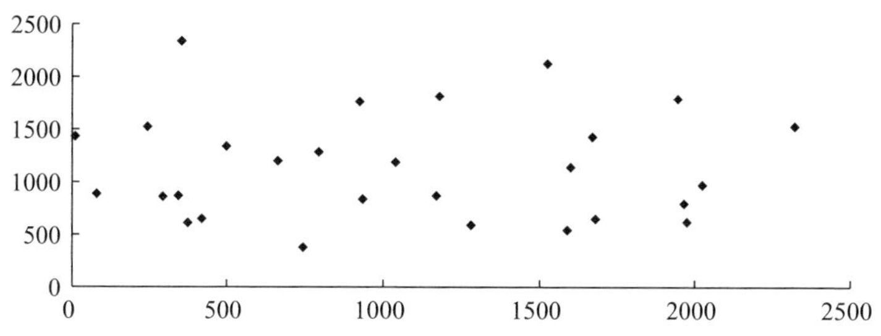

图 7.10a　中国南部地区两城猪肉价格之差与两地距离散点图

从图 7.8 ~ 7.11 可以看出，无论从全国还是分区域对我国猪肉两地价差和距离以及两地人均 GDP 之间的散点图的关系来看，我国猪肉两地之间价差的绝对值与两地之间的距离和两地之间的人均 GDP 之差均

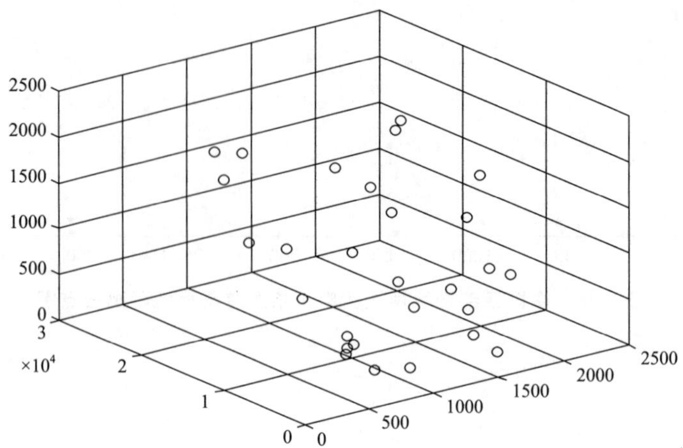

图 7.10b　南部猪肉价差与两地距离和人均 GDP 之差三维散点图

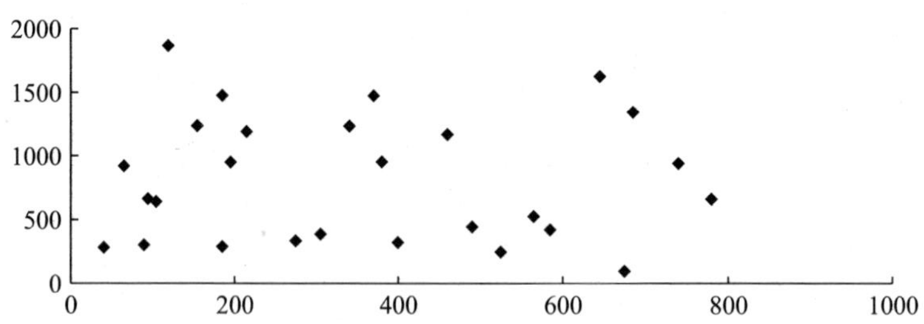

图 7.11a　中国北部猪肉价差与两地距离和人均 GDP 之差散点图

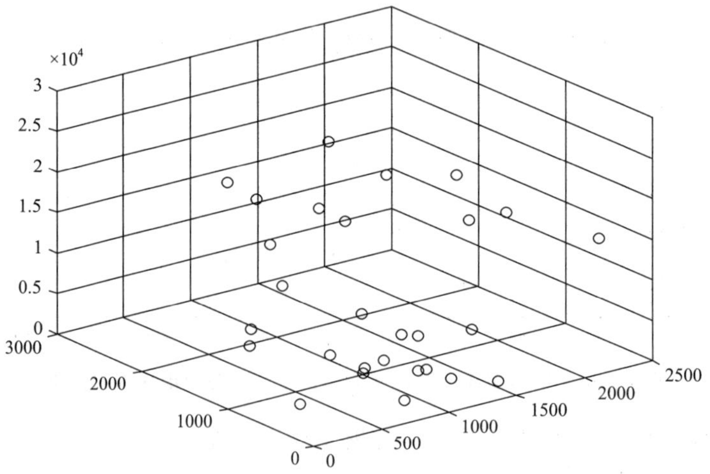

图 7.11b　北部猪肉价差与两地距离和人均 GDP 之差三维散点图

不呈现明显的正相关关系，与发达国家呈现较强正相关关系的情况显示出了明显的差异，与本章前面所做的理论分析也出现了明显差异。为了更进一步分析上述三个变量之间的关系，我们借助计量经济学手段，对三个变量之间的关系进行更进一步的定量研究，以便对三者之间的关系有个更为清晰的认识。

（三）模型分析

以两地价差的绝对值为因变量，两地之间距离之差和人均 GDP 之差的绝对值为自变量，利用最小二乘法进行回归，为了分别考虑单个因素的影响，我们先研究价差与距离之差之间的关系，即先以价差作为因变量，以距离之差作为自变量做回归，然后再研究三者之间的关系，即价差为因变量，距离和两地之间的人均 GDP 之差作为自变量。回归结果见表 7.1。

表 7.1 中国猪肉价差与距离和人均 GDP 之差的回归结果

自变量	1（距离）	2（距离和人均 GDP 之差）
常数项	745.5755（12.21）	677.5844（10.01）
距离	0.0622（1.90）	0.06（1.94）
收入	—	0.04（2.27）
样本数	406	406
R^2	0.0064	0.0165
DW 值	1.74	1.74
F 统计值	3.61	4.41

从表 7.1 的结果可以看出，我国猪肉两地价差与距离和两地人均 GDP 之差之间的关系并不紧密，单距离一个变量对两地猪肉价差的解释力仅为 0.0064，距离和两地人均 GDP 之差两个变量对两地猪肉价格价差的解释力为 0.0165，比距离单个变量的解释力有所提高，但是总体上来说，两个变量对价差只能解释价差的很小的一部分，只能解释将近 2% 的原因，对价差的影响力比较小。

表 7.2　东部猪肉价差与距离和人均 GDP 之差的回归结果

自变量	1（距离）	2（距离和人均 GDP 之差）
常数项	559.2661（2.395）	429.6022（1.62）
距离	0.45（1.49）	0.46（1.53）
收入	—	0.006（1.04）
样本数	36	36
R^2	0.00611	0.09
DW 值	1.90	1.91
F 统计值	0.14	0.20

从表 7.2 的结果可以看出，我国东部猪肉两地价差与距离和两地人均 GDP 之差之间的关系也不紧密，单距离一个变量对两地猪肉价差的解释力仅为 0.00611，距离和两地人均 GDP 之差两个变量对两地猪肉价格价差的解释力为 0.09，比距离单个变量的解释力有所提高，但是总体上来说，两个变量对价差只能解释价差的很小的一部分，只能解释 9% 左右的原因，尽管高于全国 2% 的解释力度，但是对价差的影响力仍旧比较小。

表 7.3　西部猪肉价差与距离和人均 GDP 之差的回归结果

自变量	1（距离）	2（距离和人均 GDP 之差）
常数项	424.0181（1.879）	202.7196（0.789）
距离	0.21（1.58）	0.21（1.68）
收入	—	0.04（1.63）
样本数	25	25
R^2	0.007	0.019
DW 值	2.4	2.4
F 统计值	0.12	0.09

从表 7.3 的结果可以看出，我国西部猪肉两地价差与距离和两地人均 GDP 之差之间的关系也不紧密，单距离一个变量对两地猪肉价差的解释力仅为 0.007，距离和两地人均 GDP 之差两个变量对两地猪肉价格价差的解释力为 0.019，比距离单个变量的解释力有了显著提高，但是总体上来说，两个变量对价差只能解释价差的很小的一部分，对价差的影响力也比较小，只能解释将近 1.9% 的原因。

表 7.4 南部猪肉价差与距离和人均 GDP 之差的回归结果

自变量	1（距离）	2（距离和人均 GDP 之差）
常数项	1067.533（3.27）	922.69（2.79）
距离	-0.01（-0.03）	-0.08（-0.32）
收入	—	0.03（1.59）
样本数	28	28
R^2	0	0.09
DW 值	2.22	2.31
F 统计值	0.97	0.29

从表 7.4 的结果可以看出，我国南部猪肉两地价差与距离和两地人均 GDP 之差之间的关系也不紧密，单距离一个变量对两地猪肉价差的解释力仅为 0，距离和两地人均 GDP 之差两个变量对两地猪肉价格价差的解释力为 0.09，比距离单个变量的解释力有了提高，但是总体上来说，两个变量对价差只能解释价差的很小的一部分，对价差的影响力也比较小，只能解释将近 9% 的原因。

表 7.5 北部猪肉价差与距离和人均 GDP 之差的回归结果

自变量	1（距离）	2（距离和人均 GDP 之差）
常数项	373.80（4.25）	361.05（3.13）
距离	-0.019（-0.21）	-0.015（-0.16）
收入	—	0.0006（0.17）
样本数	27	27
R^2	0.001	0.003
DW 值	2.17	2.16
F 统计值	0.83	0.96

从表 7.5 的结果可以看出，我国北部猪肉两地价差与距离和两地人均 GDP 之差之间的关系也不紧密，单距离一个变量对两地猪肉价差的解释力仅为 0.001，距离和两地人均 GDP 之差两个变量对两地猪肉价格价差的解释力为 0.003，比距离单个变量的解释力有了提高，但是总体上来说，两个变量对价差只能解释价差的很小的一部分，对价差的影响力也比较小，只能解释将近 0.3% 的原因。

（四）结果分析

从上面的统计分析和计量分析来看，在排除了疾病和天气灾害等自然灾害的影响后，无论是从全国范围还是从几个主销区和主产区来看，我国两地猪肉价差与两地距离和两地人均 GDP 都不呈现明显的正相关关系，并且计量模型的结果也表明两地距离和人均 GDP 对两地猪肉价差的解释力非常有限。在一定程度上可以说两地价差与两地距离和两地收入水平之间不存在关系。

第八章　市场分割的制度因素分析

在我国市场分割的原因是多方面的，大致可以分为经济条件比如交通、通信和冷链物流等因素造成的市场分割与制度因素造成的市场分割。所谓经济条件形成的市场分割主要是指由交通和风俗习惯等非人为因素形成的市场分割。例如，由于交通设施不完善，有些地方的商品运输成本太高或者不适合长距离运输，因此一般都是局限于某个特定的市场区域。或者是信息基础设施不完善，市场上信息的传递效率比较低下，造成价格机制功能的发挥受限等。这些自然形成的市场分割随着我国经济发展和基础设施的不断完善会逐渐减小，但是通过上一章我们对这些因素在市场分割中所起作用的研究发现，尽管这些因素是导致市场分割的一个基础条件，但是这些因素对我国生猪市场分割的影响程度并不是很显著。除以上因素外，制度因素也是影响我国生猪市场分割的重要原因。本章主要分析由制度因素造成的市场分割，主要包括两个方面，一是制度因素和由制度因素所导致的地方保护主义，所谓地方保护主义，指的是地方政府或所辖部门为了保护当地的政治利益或者经济利益，利用行政权力对市场进行干涉和操纵以及设置市场进入障碍；违背国家的法律法规，破坏市场机制，限制本地企业或者外地企业商品或者服务参与公平竞争的行为。地方保护主义本质是地方政府部门只顾本地利益而不顾国家和集体利益的一种体现。它是阻碍和干扰建立社会主义市场经济体制的重要制度障碍。二是我国的一些行业政策因素。主要包括我国的生猪奖励和支持政策、地方长官价格负责制和生猪屠宰流通制度等。

根据我们对我国生猪市场各种地方保护和市场分割所表现的形式分析以及上一章所分析的结果，可以把我国市场分割概括为一种政府行为，即地方政府综合运用各种手段维护和获得其辖区内经济参与主体的利益（包括政府、辖区内企业等）所导致的市场非整合状态的过程。一般来说，地方政府是地方保护的主要发动者，政府所属的一些相关部门是地方保护的具体执行者。地方政府在地方保护中的主体地位并不意味着排除了地方保护的其他参与者，从现实来看，出于保护自身利益的目的，许多当地的企业尤其是国有企业往往会通过以游说政府甚至向政府施加压力的方式去维护自身的利益，它们也是地方保护的积极参与者。因此，地方保护和市场分割并不是一个简单的政府行为问题，而是一个多种地方保护制度的复杂综合体。

一 市场分割的方式与类型

人为市场分割的主要形式有数量控制（直接控制外地产品进入本地的数量或者本地产品流出外地的数量）、价格控制（价格歧视性补贴）、技术壁垒（使用与本地产品在技术和质量上不同的检验标准或者使用和本地产品不同的审批程序，提高外地产品进入的门槛和进入成本）和无形限制（限制外地产品进入或者本地产品流出的非官方非正式的隐性形式）、行政限制（以行政命令或下发文件的方式，使用强制手段来限制本地消费者只能消费本地企业生产的产品或者提供的服务）等。在我国不同地区和不同时间段采取的地方分割和地区封锁手段不尽相同，一般来说，在早期主要以行政命令、野蛮执法强制本地商品流出或者外地商品流入，以达到地方保护的目的，但是随着国家对地方保护主义打击力度的加大，近年来则主要通过技术壁垒和一些隐性保护方式为主。从地区方面来说，发达地区主要采用隐性方式的地方保护主义，而在一些经济相对落后的地区则主要采取直接的地区封锁和市场分割的地方保护形式。

2001 年 4 月 21 日《国务院关于禁止在市场经济活动中实行地区封锁的规定》列举了以下几种地区封锁行为：

（1）以任何方式限定、变相限定单位或者个人只能经营、购买、使用本地生产的产品或者只能接受本地企业、指定企业、其他经济组织或者个人提供的服务；

（2）在道路、车站、港口、航空港或者本行政区域边界设置关卡，阻碍外地产品进入或者本地产品运出；

（3）对外地产品或者服务设定歧视性收费项目、规定歧视性价格，或者实行歧视性收费标准；对外地商品或者服务的进入收取一定的额外费用，从而达到削弱外地产品或者服务在本地的竞争力的效果，使用这种办法比较普遍的是在我国的轿车市场领域，例如有些地方为了保护本地的汽车工业对外地产的汽车进入本地市场实行不同标准的入籍费；

（4）对外地产品或者服务采取与本地同类产品或者服务不同的技术要求、检验标准，或者对外地产品和服务采取重复检验、重复认证等歧视性技术措施，设置外地商品进入本地市场的障碍，增加外地商品进入本地市场的成本，从而限制外地产品或者服务进入本地市场；

（5）采取专门针对外地产品或者服务的专营、专卖、审批、许可等手段，实行歧视性待遇，限制外地产品或者服务进入本地市场；

（6）通过设定歧视性资质要求、评审标准或者不依法发布信息等方式限制或者排斥外地企业、其他经济组织或者个人参加本地的招投标活动；

（7）以采取同本地企业、其他经济组织或者个人不平等的待遇等方式，限制或者排斥外地企业、其他经济组织或者个人在本地投资或者设立分支机构，或者对外地企业、其他经济组织或者个人在本地的投资或者设立的分支机构实行歧视性待遇，侵害其合法权益；

（8）实行地区封锁的其他行为。

2015 年，国务院发布《关于积极发挥新消费引领作用、加快培育形成新供给新动力的指导意见》指出，“加快建设全国统一大市场。健全公平开放透明的市场规则，建立公平竞争审查制度，实现商品和要素自由流动、各类市场主体公平有序竞争。系统清理地方保护和部门分割政策，消除跨部门、跨行业、跨地区销售商品、提供服务、发展产业的制度障碍，严禁对外地企业、产品和服务设定歧视性准入条件。消除各种显性和隐性行政性垄断，加强反垄断执法，制定保障各类市场主体依法平等进入自然垄断、特许经营领域的具体办法，规范网络型自然垄断领域的产品和服务”。该意见明确指出了目前地方政府采取的一系列隐性地方保护形式。

下面本书针对猪肉市场，列出一些地区封锁和地方保护主义的典型案例。

案例一：政策歧视，检验标准不一

上海五丰上食食品有限公司是上海市第一家大型现代化肉类加工企业，

于2005年底投入生产，股东方为香港华润集团属下五丰行有限公司和光明食品（集团）有限公司所属上海益民食品一厂（集团）有限公司。公司具备屠宰生猪300万头的加工能力，能满足1/3的上海猪肉市场需求。公司为了确保安全，对外来收购的已经有了检验检疫证明的生猪，在进公司屠宰前，重新进行抽样尿检，检测是否注射瘦肉精，其中本地猪抽检率为3%，外地猪为5%[①]。

案例二：限制外地生猪产品流入

双汇集团是以肉类加工为主的大型食品集团，总资产达100多亿元，员工65000人，是中国最大的肉类加工基地。在2010年中国企业500强排序中列第160位，在2010年中国最有价值品牌评价中，双汇品牌价值达196.52亿元。双汇冷鲜肉与“封杀”二字极有“缘分”。2003年，双汇在全国多个城市遭遇封杀，甚至遭遇暴力事件。至当年8月底，仅公开没收、堵截双汇冷鲜肉的事件就达50多起。国务院发展研究中心当时组成了一个调查组，他们分析认为，各地出台的文件五花八门，主要包括：设置政策壁垒；设定技术壁垒；限制销售品种、渠道、数量等；重复检疫、收费。用河南双汇投资发展股份有限公司董事长张俊杰的话来说，“双汇的市场都是打出来的”。尽管经过各方面的努力，双汇冷鲜肉逐渐从“封杀”中走出。但是2009年3月，双汇在东城和桥头两个镇遇阻，被警告并阻止卖双汇冷鲜肉。双汇鲜冻品事业部东莞分公司经理阿录朝称，“现在嘉荣、沃尔玛、大润发的双汇都不让卖了。在南城沃尔玛只卖了2天就被封掉了，东莞沃尔玛其他店也是只卖了几天。在大朗嘉荣超市的专柜开业当天就被查了”。东莞部分镇街为何封杀双汇冷鲜肉？阿录朝直斥这是地方保护主义：“镇街的食品公司一人分饰两角，又是一个经营肉品的企业，又参与联合执法，酷似一个执法部门。”[②] 2016年4月双汇猪肉在河北迁安再次“遭剿”，原因就是它属于外埠猪肉。这场起于双汇和迁安相关管理部门的风波，至今仍然没有一个明确的结果。

案例三：阻止生猪产品流出

福州市有关部门从2007年6月中旬起就已经频频强调对本地猪源进行

---

① 《上海：让每头猪都拥有自己的“身份证”》，新华社2011年6月8日。

② 《地方保护？双汇冷鲜肉在东莞遭封杀》，http://news.winshang.com/news-57134.html。

控制，要求本地养殖户优先供应本地市场，同时建议低于90公斤的生猪不进入市场[①]。另外还有地方加强生猪供给，积极组织生猪货源，减少生猪外调量，优先保障本地市场供应[②]。海南省政府第65次常务会议也强调要继续加大力度扶持生猪生产，在下半年生猪产量将逐渐增加的情况下，要研究适当提高出岛门槛，保证岛内猪肉供应价稳量足。目前省农业厅正在研究制定方案，提高生猪出岛门槛，保证岛内生产的生猪优先供应岛内市场，确保海南本地猪肉供应价格平稳[③]。

案例四：外地猪限量销售

2010年5月30日，南阳一家“雨润”专卖店老板向《河南法制报》记者反映，南阳市生猪定点屠宰办每天只让他们销售9头生猪（她的专卖店生意好时一天能销售30多头），超过9头定点屠宰办的执法车将会把配送生猪肉的冷藏车堵死不让给品牌店配货，使商户无法正常营业。定点屠宰办的说法是超过9头就冲击了南阳的市场。从以上所述我们可以很清楚地看出南阳定点屠宰办的这种做法完全是一种恶意垄断和地方保护主义行为，市场经济下，商户完全有权利根据市场需求来调整自己每天的商品供给量，而南阳市定点屠宰办对“雨润”专卖店各种检验检疫公章、各种生产和运输手续齐全的猪肉的限额销售，完全违背了市场经济的运行规律[④]。

二　市场分割的制度供给者——地方政府

市场分割最根本的原因是有些地方政府领导或者主管部门领导大局观念淡薄，只顾局部利益，不顾大体，只顾眼前，不顾长远，有的甚至为了保护地方局部利益，公开违背国家的法律法规。对于市场分割产生的原因，主要有以下几种理论。

---

① 《榕生猪采购价昨再创新高　涨到710元/百斤》，《东南快报》2007年7月5日。

② 2011年上半年襄阳市猪肉市场运行分析及后期预测。

③ 海南省农业厅网站，http://www.hainan.gov.cn/data/news/2011/06/129858/，2011-6-1。

④ 本案例改编自王海峰《南阳屠宰办要求外地猪限量销售　否则堵门扣车》，《河南法制报》2010年5月30日。

（1）公共选择理论。地方政府在一定程度上来说也是“经济人”，一方面要通过政府管理来为本地区居民和公共利益服务，同时，另一方面也要在服务的过程中实现自身的利益。根据“公共选择理论”，政府承担着一定的经济职能，它是为达到特定的经济目的而建立的。政府的行为可以对其他经济主体的活动产生影响，在与其他市场主体进行交易时带有强制性和垄断性。诺斯认为，“政府是一种在某个特定地区内对合法使用强制性手段具有垄断权的制度安排”。政策是由政府的官员制定和执行的，官员和普通大众一样，有其自身的利益集团和利益倾向。尽管目前我国没有像西方一样实行直接选举制度，但是在互联网时代，辖区内民众除了通过传统的社会舆论、信访和游行抗议等方式对地方政府决策产生重大影响，还可以通过网络在短时间内大范围地传播一些反映公共利益的需求，从而对政府行为产生影响。这就决定了地方政府的目标必须反映当地民众的利益需求，使本地区社会福利最大化，迫使地方政府在既定的资本、人力、技术等社会条件下对本地区的经济活动进行干预，以便实现“就业最大化”和“财税收入最大化”。因为只有财政收入多了，地方政府才有财力去建设和升级本地的基础设施和公共服务设施，才能吸引更多的企业来本地投资建厂。因此往往会出现地方政府为了本地区的经济利益而采取地方保护主义措施分割市场。

（2）政府竞争理论。这一理论最初是由布莱顿针对美国和加拿大等联邦制国家的研究提出的“竞争性政府”这个概念转化而来，后来由 Carsten Herrmann – Pillath 把时间和空间两个维度纳入分析框架进行了扩展，主要分析了包括我国在内的处于经济转型期的国家，Carsten Herrmann – Pillath 认为，对于像中国和俄罗斯这样地域比较广阔、空间差异比较大的国家来说，全国统一的政策将会导致各地政府政治经济不同的反应，这种不同将会导致各地逐渐形成不同的转型路径；同时在转型过程中各地不同的制度安排将会导致结构变迁趋异，反过来又会使地方利益逐渐形成并日益加强。各个地方政府总体上来说是竞争关系。地方政府在努力实现公共目标的同时也在尽最大努力使自身的利益最大化，因此各个地方政府为了本地的利益，往往会对本地的企业和资源采取保护措施。

此外，其他关于导致地方保护和市场分割的原因的说法还有：

（1）法律法规不健全说。一部法律重要的不是它是如何制定的，而是它是如何被执行的。尽管我国早在 1993 年就制定了《反不正当竞争法》并且在第 7 条明确规定："政府及其所属部门不得滥用权力，限制外地商品进入本地市场，或者本地商品流入外地市场。"后来又经过多年的立法进程，于 2007 年颁布了《中华人民共和国反垄断法》，并且在 2008 年 8 月 1 日开始生效，但是中国反垄断法的真正有效实施还面临一系列问题（唐要家，2009）。艾格农业分析师陈会勇也曾表示"现在地方保护仍旧非常严重"[①]。梅新育在 2009 年 6 月 6 日《中国经济导报》发文《〈反垄断法〉最该反什么——写在该法正式实施十个月之际》，指出反垄断法甚至还会导致地方企业和政府假借"反垄断"之名，行地方保护主义之实。中国国内市场分割程度相当高，根据某些指标衡量，我国国内省际贸易壁垒甚至一度高于国际贸易壁垒。地方政府支持地方保护主义有着深刻的财政利益动机，20 世纪 90 年代中期以来，有些地方的地方保护主义和行政垄断行为背后又越来越多地受到官商勾结的腐败动机驱使。且不提治理腐败的难度有目共睹，单就消除上述财政利益动机从而最大限度根治地方保护主义行为而言，就需要全面改造我国现行税制，从高度依赖企业所得税、增值税转向依赖消费税，但消费税的征收成本远远高于企业所得税和增值税，因此，在可预见的未来，我们还不可能推行从企业所得税、增值税转向消费税的全面税制改革，这也就意味着我们还必须长期面对严重的地方保护主义。在这种情况下，必然会有企业和地方政府利用《反垄断法》达成自己的地方保护主义目的。

（2）财税政策缺陷说。在我国，科层制的权力结构造成下级对上级的绝对服从，下级和上级之间几乎不存在竞争关系，具有不同直接上下级关系的同级地方政府间的竞争非常激烈。一些学者和研究人员认为中央政府分权是造成我国市场分割的主要原因，因为财政分权强化了地方政府的经济职能和经济主体地位。我国的财政制度改革大致可以分成三个阶段，在 1978 年改革开放之前搞"一灶吃饭"，实行财政集中制。之后中央政府开始逐步放权。1980 年开始实行的"划分收支，分级包干"和 1985 年实行的

---

① 《第一财经日报》2011 年 3 月 31 日，http://finance.21cn.com/news/cjyw/2011/03/31/8209415.shtml。

“划分税种、核定收支、分级包干”制度，规定地方政府可以保留一部分共享收入，从这时起，地方政府利益开始和该地的经济发展直接挂钩。1994年推行的以划分税种为基础的分税制财政体制，将来自第三产业和农业的税种划分给地方，极大地调动了各地政府发展农业和第三产业的积极性，对于我国中央与地方的财税关系起到了积极的作用。但是由于财政包干和各种地方税设置后，使地方政府逐渐成为一个相对比较独立的利益主体和“理性经济人”，财政收入的好坏直接关系到本地的经济利益和发展，这主要表现在各地对较高财政收入和较快经济发展速度的重视上。而这些目标的实现又依赖于各个地方企业上交的利税。企业发展得好经济效益就好，不仅能获得高的财政收入，而且还可以使当地居民的就业问题得到很好的解决。因此为了提高当地企业的竞争力，政府要么采取行政垄断方式来保护本地企业以免受到外地企业的冲击，要么采取刺激措施鼓励当地企业提高技术水平，在市场竞争中生存下来。两种方式相比第一种方式在短期内更为有效，因此地方政府往往会在任期内选择第一种方法。这就造成地方政府与企业不可避免地在相当多的方面形成了利益共同体，从而导致保护主义和市场分割的产生。

（一）地方利益分析

只要有行政区域划分，地方利益就是一种客观存在。在计划经济时代，地方政府只是中央政府部门职能的延伸，行政区域之间要素和商品的分配，生产力的布局以及整个生产、分配和流通等过程都是由中央通过行政手段进行决定和配置，地方政府对自身利益的追求表现得不是很明显。十一届三中全会以来，我国在各方面都实行了一系列的改革，主要是重视市场的作用，逐步建立市场调配资源的市场经济体制和中央政府下放权力给地方，前者主要是进行国有企业改革，中央把对企业的管辖权下放到省（区、市）一级，政企分离，把企业的经营权下放给企业和大力发展私有经济体，经过多次下放和1998年的机构改革，大部分国有企业都下放到了地方政府，地方管辖使地方政府对企业拥有了实际的所有权。后者主要是实行各种各样的财权改革，下放财权和税收权，实行财政包干和扩大地方财权。基本原则就是包死基数，递增收入分成，地方多收多支。这就使得地方政府与当地的经济发展和经济主体的关系变得非常紧密，使原本就客观存在的地方利益得到进一步强化，地方的独立性增强，这就导致追求和维护自身利益最大化成为政府行为决策的重要影响因素。地方政府的收入除了预算资金，还有很大一部分来自非土地开发和企业的收益。因此通过分割市场阻碍外地产品进入本地市场来维护本地企业的利益就很好理解了。

地方政府具有双重身份，一方面，作为我国整个政府体系的一部分，要执行中央的相关政策，投资建设各种基础设施和为当地的发展提供公共品，解决社会保障、教育等问题，实现所管辖区域内居民的福利最大化。另一方面，政府作为经济和社会发展的一个重要参与主体，也有自己本身的经济利益，在一定程度上也是一个“理性经济人”，和其他组织一样，也具有强烈的为自身谋利的动机，也会根据利益最大化做出趋利避害的各种经济政策，从而获取中央的政策倾斜或者追求本地财政收入最大化和利益最大化。在我国当前的制度下，地方政府是实现地区利益的主体和地区利益的代言人。

人们长期以来把地方政府和地方官员作为本地区公共利益的代理人，作为理性的经济人，没有理由认为在经济领域对利益最大化的追求会在政治领域变得无私。有学者认为，官员和普通人一样也有对金钱、地位和权力甚至特权的追求，具体来说不外乎工资、职务、人事权、影响力和较小的工作负荷等。我国官员的自身利益主要表现在经济、政治利益上，经济利益主要是指以金钱体现出来的各种物质方面的利益，政治利益主要是指名望、升迁和社会的影响力等。

中国国际经济交流中心咨询研究部副部长王军对《瞭望新闻周刊》记者表示，地方政府之间“你追我赶”的竞争态势，在快速推动我国经济发展和改善国民物质生活需求的同时，客观上也造成了市场割裂、地区封锁和利益藩篱，降低了经济增长质量，制约了市场公平竞争甚至形成较为严重的寻租腐败空间。在相对考核标准的情况下，地方政府官员为了获得升迁和其他政治或者经济利益，往往会在大力发展本地经济的同时，也有对其他地区的发展和利益采取损害措施的激励。因此从这个角度来分析市场的垄断和分割就变得容易理解了。下面我们主要从地方政府和官员的角度出发来分析我国市场分割产生的人为原因。

（二）模型设定与分析

为了简单起见，我们假设地方实行市场分割的动机是取得较多的财税收入。假设市场上存在两个地区，分别是地区 A 和地区 B，两个地区分别存在生产同一种商品的企业 1 和企业 2，并且这两个企业的生产成本相同（都设定为 C），两个企业之间不存在合谋和勾结。两个企业分别在对方的区域销售的时候不存在运输成本，在单个市场上的销售量分别是 $x/2$ 和 $y/2$，两个企业的总产量和总销量都是 x 和 y。两个企业所在的地方政府对两个企业以相同的从量税税率 t 征收从量税。假设市场需求函数为 $P=\alpha-\beta Q$。下面我们分四种情况讨论政府的税收情况。

1. 两个地方都不采取市场保护手段

当两个地区都不采取市场保护手段的时候，两个企业在一个地区的利润函数分别是：

$$\prod_1 = [\alpha - \beta(x+y)/2]x/2 - cx/2 - tx/2$$

$$\prod_2 = [\alpha - \beta(x+y)/2]y/2 - cy/2 - ty/2$$

分别对上面的两个式子求解一阶导数可得：

$$\left.\begin{aligned}\frac{\partial \prod_1}{\partial x} &= a - \beta x - \beta y/2 - c - t\\ \frac{\partial \prod_2}{\partial y} &= \alpha - \beta y - \beta x/2 - c - t\end{aligned}\right. \Rightarrow x = y = \frac{2(\alpha - c - t)}{3\beta}$$

两个企业的产量分别为：

$$x = y = \frac{4(\alpha - c - t)}{3\beta},$$

政府的税收为：

$$T_1 = T_2 = \frac{4(a - c - t)t}{3\beta},$$

最优税率为：

$$t = \frac{a - c}{2},$$

因此我们可以得到这个时候两个地方政府的最大税收分别为：

$$T_1^* = T_2^* = \frac{(a-c)^2}{3\beta}。$$

2. 地区 A 采取保护措施，地区 B 不采取

那么，企业 1 和企业 2 在地区 A 的利润函数分别为：

$$\prod_1 = (a - \beta x/2)x/2 - cx/2 - tx/2$$

$$\prod_2 = 0$$

此时企业 1 的产量为：

$$x = \frac{\alpha - c - t}{\beta}$$

企业 1 和企业 2 在地区 B 的利润函数分别为：

$$\prod_1 = [\alpha - \beta(x+y)/2]x/2 - cx/2 - tx/2$$

$$\prod_2 = [\alpha - \beta(x+y)/2]y/2 - cy/2 - ty/2$$

此时企业 1 和企业 2 的最优产量分别为：

$$x = y = \frac{2(\alpha - c - t)}{3\beta}$$

则企业 1 的总产量为：

$$X_1^* = \frac{\alpha - c - t}{\beta} + \frac{2(\alpha - c - t)}{3\beta} = \frac{5(\alpha - c - t)}{3\beta}$$

企业 2 的总产量为：

$$Y^* = \frac{2(\alpha - c - t)}{3\beta}$$

政府的税收函数分别为：

$$\left.\begin{aligned} T_1 &= \frac{5(\alpha - c - t)}{3\beta}t \\ T_2 &= \frac{2(\alpha - c - t)}{3\beta} \end{aligned}\right\} \Rightarrow$$

最后税率为：$t_1^* = t_2^* = \dfrac{\alpha - c}{2}$

此时两地政府的最优税收分别为，

$$T_1^* = \frac{5(\alpha - c)^2}{12\beta}$$

$$T_2^* = \frac{(\alpha - c)^2}{6\beta}$$

3. 地区 A 不采取保护措施，地区 B 采取保护措施

这种情况和上面的一种情况类似，此时两个企业的最优产量分别是：

$$X^* = \frac{2(\alpha - c - t)}{3\beta}$$

$$Y^* = \frac{5(\alpha - c - t)}{3\beta}$$

两地政府的最优税收分别是：

$$T_1^* = \frac{(\alpha - c)^2}{6\beta}$$

$$T_2^* = \frac{5(\alpha - c)^2}{12\beta}$$

4. 地区 A 和地区 B 都采取地方保护措施

这种情况下，两个企业都只有本地市场，因此最优产量为：

$$X^* = Y^* = \frac{(\alpha - c - t)}{\beta}$$

两地政府的最优税率为：

$$t_1^* = t_2^* = \frac{\alpha - c}{2},$$

最优税收为：

$$T_1^* = T_2^* = \frac{(\alpha - c)^2}{4\beta}$$

对于上面的四种情况可以形成一个博弈，见表 8.1，其中左面为地区 A 的选择，右面为地区 B 的选择。从表 8.1 中我们可以看出，两个地方都实行市场分割（$\frac{(\alpha - c)^2}{4\beta}$，$\frac{(\alpha - c)^2}{4\beta}$）是该博弈的纳什均衡。因此在没有任何干涉的情况下，最终两个地方政策的选取只能是两地都采取地方保护手段，但是

在两地都采取地方保护手段的情况下并没有给两地带来最大的福利。相反两地都不实行市场分割（$\frac{(\alpha-c)^2}{3\beta}$，$\frac{(\alpha-c)^2}{3\beta}$）可以使两地的财税收入实现最大化，但是双方都不会选择这个策略组合。

表 8.1　博弈结果矩阵

策略	实行市场分割	不实行市场分割
实行市场分割	$\frac{(\alpha-c)^2}{4\beta}$，$\frac{(\alpha-c)^2}{4\beta}$	$\frac{5(\alpha-c)^2}{12\beta}$，$\frac{(\alpha-c)^2}{6\beta}$
不实行市场分割	$\frac{(\alpha-c)^2}{6\beta}$，$\frac{5(\alpha-c)^2}{12\beta}$	$\frac{(\alpha-c)^2}{3\beta}$，$\frac{(\alpha-c)^2}{3\beta}$

地方政府实施地方保护会导致社会经济效率的损失，对区域经济的发展产生负面影响，因此采取必要的措施来制止地方保护是非常必要的。措施的实施一可以依靠跨区域的中央政府来实施，二可以通过跨区域的协调机构进行协调与实施。尽管实施的方法和措施有多种，但是本章重点阐述一下经济手段。如果中央政府对实施自由贸易政策和实施地方保护政策的政府分别给予的奖励和惩罚为 E。此时的博弈策略变化如表 8.2。

表 8.2　采取措施后的博弈结果矩阵

策略	实行市场分割	不实行市场分割
实行市场分割	$\frac{(\alpha-c)^2}{4\beta}-E$，$\frac{(\alpha-c)^2}{4\beta}-E$	$\frac{5(\alpha-c)^2}{12\beta}-E$，$\frac{(\alpha-c)^2}{6\beta}+E$
不实行市场分割	$\frac{(\alpha-c)^2}{6\beta}+E$，$\frac{5(\alpha-c)^2}{12\beta}-E$	$\frac{(\alpha-c)^2}{3\beta}+E$，$\frac{(\alpha-c)^2}{3\beta}+E$

为了使“不实行市场分割”成为此博弈的纳什均衡解，我们只需使 $\frac{(\alpha-c)^2}{4\beta}-E\leqslant\frac{(\alpha-c)^2}{6\beta}+E$，即：$E\geqslant\frac{(\alpha-c)^2}{24\beta}$。只要 E 满足 $E\geqslant\frac{(\alpha-c)^2}{24\beta}$，这个时候两个地区都会选择自由贸易政策。

三　市场分割的需求者——企业

（一）竞争力不强的国企积极寻求地方政府的保护

中华人民共和国建立之初，基于当时被资本主义国家全面封锁的国际环境和国内经济的落后局面，我国提出了优先发展重工业的发展战略，希望在苏联的帮助下在短时期内建立起完善的国民工业体系，并且赶超英美等发达资本主义国家，以“大炼钢铁”为例，一时间全国各地上马大小钢铁冶炼炉上千万座。作为党和政府的附属物，当时的国有企业只是执行政府机关的一个机构，生产什么、生产多少、如何分配、怎样生产等都是由政府机关指令决定。企业连最基本的从事什么生产和使用什么技术生产等问题都不能自主决定，在这种大赶超战略背景下，企业资源配置效率严重低下，一些企业竞争力几乎没有，甚至都威胁到了生存能力。可以说，这个时候企业投资决策就是为了实现政府的战略意图，而不是企业自主决策的结果，给企业带来了战略性政策负担。改革开放后，除了战略性政策负担，企业还承担了一系列新的社会性政策负担。改革开放后，养冗员和退休老工人等传统体制遗留下来的问题逐渐转移到企业身上，但是这些负担并不是由企业自主决策造成的。战略性政策负担和社会性政策负担都是政府强加在企业之上的政策性负担，政府对企业的政策性负担具有不可推卸的责任，为了弥补给企业带来的损失，政府在政策上给予企业各种优惠和补贴。在中央把企业下放到地方之后，更拉近了企业与所属地方政府之间的关系，企业必然要求地方政府采取各种保护措施维持企业的生存。

经济新常态下，由于地方政府迫于各种指标压力，在招商引资和经济建设等多个领域开展恶性竞争，造成我国钢铁、水泥、多晶硅、风电设备等多个产业出现了严重的产能过剩，尤其是为了抵御2008年的国际金融危机，2009年国家出台十大产业振兴计划，地方政府更是不顾地方实际，积极出台政策鼓励和支持，造成全国各地产业重复投资现象严重，企业产品大多同质性严重、技术含量偏低，竞争力不强，加上产品出口形势不佳，在出口受阻、内需不足的情况下，企业为了销售自身的产品和生存，势必会利用自身在当地的影响，游说地方政府优先采购自己的产品或者是对企业采取保护措施。随着经济增速的放缓，我国一些产业的产能过剩问题日益突出，据有关部门数据统计，2013年第一季度我国工业企业产能利用率仅为78.2%，是2009年第四季度以来的最低点。部分行业的产能利用率甚至下降到了75%以下，其中煤炭采选业、铁路传播等运输设备制造业和建材业产能利用率分别为74.9%、73.6%和72.5%，有色金属的产能利用率已经由2007年的90%下降到2013年的65%左右。统计数据还显示，2012

年我国钢铁产业产能过剩达到21%，水泥产能过剩达到28%，电解铝行业产能过剩高达35%；不光是传统行业面临产能过剩的问题，一些新兴战略产业也出现了严重产能过剩，以太阳能光伏电池为例，目前我国产能利用率低于60%，光伏电池的产能过剩达到90%。产能过剩的压力使地方政府采取地方保护措施的驱动力越来越强。

（二）追求垄断利润的企业积极寻求地方政府的保护

随着ICT技术在多个产业广泛和深入应用，新产品开发周期越来越短，市场竞争越来越激烈。在激烈的竞争环境中，企业要谋求生存和发展，必须维持一定的盈利水平，维护自身的垄断利润，除了不断更新技术，改善企业的经营管理水平，提高效率和降低成本，生产市场需要的新产品，使企业快速占领市场，另一条途径就是寻求地方政府的保护，将竞争对手排挤在外。相对于第一种途径，第二种途径不需要企业承担什么风险，在短时期内就能迅速占领本地市场，是一种成本低、收效高的最经济的方式。

四　市场分割产生机制分析

（一）重复建设与地方保护

所谓重复建设，就是指相同的产品、产业在不同区域进行的过度投资，在现代市场经济条件下，重复建设本质上是企业逐利行为的结果，也是市场竞争的表现。造成重复建设的原因大致可以分为市场机制和政府干预两种模式，所谓市场机制模式就是指企业受利益驱使主动参与市场竞争而导致的过度投资和产能过剩，这种模式主要是由市场信息传播不及时和信息不对称等问题造成。政府干预模式是指地方政府为了追求辖区经济增长、就业和晋升，动用财政资金，或在政府主导下通过其控制的国有企业，进行不负最终责任的重复性投资活动，近年来，通过政府补贴或者为企业提供优惠的财税政策直接诱导企业进行投资的情形也比较常见，本质上是一种政府行为。与市场机制模式导致的重复性建设不同，在政府干预模式导致的重复建设中，投资主体承担部分风险和最终责任甚至不承担风险和最终责任，风险承担者往往是国家财政。

从 1978 年开始，中央政府开始重新考虑央地之间的关系，进行了放权让利改革，主要包括三个方面的内容：（1）下放税收权和财权，实行财政包干体制，针对计划经济时代财权的过分集中，从 1980 年开始，中央对大部分省份实施按照行政隶属关系划分中央和地方的收支范围的“划分收支，分级包干”体制。1985 年，在上述财政体制和“利改税”的基础上，实施“划分税种，核定收支，分级包干”的财政体制，即按照税种和企业隶属关系，确定中央和地方各自的收入和支出。从 1988 年开始，实行“财政大包干”，具体做法是在财政收入分配方面，中央直属企业和事业单位的收入以及税收归属中央财政，其余的收入作为地方财政收入归属地方政府；在财政支出方面，和收入分配类似，中央直属企业和事业单位的支出由中央财政支付，其余的财政支出由地方财政支付。然后确定为期五年的上解数额或补助数额，在执行过程中，地方财政收入增加或财政支出结余，全部归地方所有。1994 年，由于具有过渡性质的“财政包干”制与“条块分割”地按照行政隶属关系控制企业的旧体制相结合所造成的各种弊端和中央财政的难以为继，我国开始了“分税制”改革，这次改革是对中央和地方财力分配的重新调整，初步理顺了中央和地方的财力分配关系。（2）下放投融资权限，主要是简化基础项目建设审批手续，扩大地方、部门和企业的投融资权利。（3）下放企业管理权限。中央把对企业的管辖权下放到省、自治区和直辖市一级，使地方政府拥有剩余索取权和剩余控制权。财税体制改革、投融资权限和企业管理权下放使原本就存在的地方利益得到进一步加强，地方的经济独立性得到增强，地方政府和地方经济发展紧密地联系到了一起，追求本地利益最大化成为地方政府首要考虑的决策变量（梁艳，2006）。

在中国的政治体制下，干部考核制度过多地强调干部考核与其所在地方经济发展业绩挂钩，而业绩考核的主要指标就是 GDP 增长率、项目数和财政收入等，地方政府表现出一种擢升与当地经济发展有紧密关系的倾向，为在短期内创造出政绩，最简单的方法就是利用行政手段，提供更多的优惠条件去扩张项目和规模，至于投资效率和由此形成的债务风险，则由银行和继任者承接。于是，地方政府便将本地的资源禀赋和比较优势，纷纷投向投资少、见效快和利润高的项目，导致重复建设。匈牙利经济学家科尔奈指出，正是层层决策者对扩大投资的饥渴难当，导致国民经济资源被不合比例地用于项目建设，最终导致大面积无效率和浪费（科尔奈，1986）。此外，在“分灶吃饭”的财政和投融资体制下，地方政府的经济独立性不断得到加强，地方政府为了追求财政收入，不得不保证辖区内企业的利润最大化。地方保护主义大多是从本地利益出发进行产业结构调整和产业体系构建，具有比较大的局部性和盲目性，现实中，虽然某些行业生产能力已经严重过剩，但一些地方政府为了追求短期利益，不顾国家宏观经济背景和产业政策，一是继续上马一些生产能力过剩的项目，二是利用手中掌控的经济权力和政策资源，保护本地企业和市场，防止外地企业和商品在辖区内流通，有些甚至挽留阻止严重亏损的企业退出，结果导致各地大规模的重复建设和产业结构的雷同，从地方保护主义实行以来，八九十年代，一些科技含量低的加工企业充斥全国各地，这个时期尤其以电视机、电冰箱和 VCD、洗衣机等产业为最。90 年代末期，各地又开始了大办开发区进程，争相引进汽车、DVD 和程控交换机等企业，每个地区都想创立自己的品牌，打造大而全的产业体系。魏后凯在其主编的《从重复建设走向有序竞争》一书中，认为从改革开放到 90 年代中期的重复建设大致可以分为三次浪潮。第一次重复建设出现在改革开放初期的 1980 年，由于中华人民共和国成立后我国实行以重工业发展为主的产业发展政策，轻工业发展被忽视，生活资料严重匮乏，每个地区都上马了一批自行车、手表、缝纫机和轻纺产品等产业，但是都不成规模。第二次重复建设发生在 1985 ~ 1988 年，各地区纷纷上马电视机、冰箱和洗衣机新三大件产业，据资料显示，1988 年，我国 30 个省（区、市）中，27 个省（区、市）生产彩电，产量最高的广东年生产 203 万台，最低的河南、山西不超过 5 万台；有 25 个省（区、市）生产家用洗衣机，年生产量最低的仅有三四百台；有 23 个省（区、市）生产电冰箱，最高的广东年生产 136 万台，最低的河北仅有 1.4 万台。第三次重复建设开始于 1992 年，各地不顾自身资源禀赋和比较优势，竞相上马重化工业和机械电子产业，纷纷将电子、机械、石化和汽车等产业列为当地的支柱产业①。地区之间产业结构的相似性，势必会让地方政府采取地方保护措施来保护辖区企业利益，如 1999 年引起全国轰动的“桑塔纳”

① 魏后凯：《从重复建设走向有序竞争》，人民出版社，2001。

和“富康”事件，上海市为了促进本地汽车企业的销售，规定必须向来自湖北的“富康”汽车征收8万元的牌照费，导致1999年前十个月上海仅销售“富康”汽车143辆。湖北省随机采取反击措施，从1999年10月开始，对在湖北销售的上海“桑塔纳”汽车征收7万元的“特困企业解困基金”，使“桑塔纳”汽车在湖北的销售量由原来每月的500多辆直接下降到每月10辆[①]，而且这10辆还基本上都是由免交“特困企业解困基金”的政府有关部门购买的。

从上述重复建设和地方保护的关系来看，地方政府的利益驱动是造成重复建设和地方保护的一个非常重要的原因，一方面，政府对自身利益的追求导致重复建设，重复建设又导致买方经济下的地方保护，另一方面，地方保护也会反过来加强重复建设。

（二）地方保护与市场分割

地方保护是指地方政府为了保护本地的经济或政治利益，利用行政工具来干预市场，设置市场障碍，破坏市场的运行机制，在不同程度上限制商品（包括服务）或生产要素在本辖区和其他辖区之间流通的行为。作为一种政府行为，在政府掌握大量资源的我国，地方保护仍然是一个比较普遍甚至比较突出的问题。

从历史的维度来看，在计划经济时代，生产什么、如何生产、如何分配、流通方式和如何消费等问题都是由中央政府通盘考虑，其次，由于中央没有向地方放权，地方政府只是中央政府的延伸，区域之间的资源和要素调配，产业体系的布局都是由中央通过计划手段决定，地方政府的经济主体地位非常弱，地方政府对自身利益的追求表现得不是那么明显。

自“中央向地方让利放权”改革以来，地方保护就一直伴随着我国经济和社会的发展，大致可以分为两个阶段，以1994年“分税制”改革为分界线，从改革开始到1994年为第一阶段，这一阶段的经济特征是由于长期实行计划经济，生产力的发展遭到严重束缚，资源配置严重失衡，产品供给严重短缺，我国处于短缺经济时代。在以“包干”为主的财政体制下，

① 《湖北买桑塔纳加7万　上海买富康加8万》，《广州日报》1999年11月11日。

这个时期地方保护的主要做法就是限制原材料和商品外流，优先满足本地需求，如 80 年代，化肥等农资产品比较匮乏，拥有化肥生产企业的地区为了保证本地农业生产所需，就禁止向辖区外供应。著名的羊毛大战、蚕茧大战、棉花和烟叶大战等都是在这一时期发生的。1994 年至今，随着买方市场的逐步出现，我国进入了产品相对过剩的经济时代，分税制改革后，地方政府存在经济增长、促进就业的压力，地方保护主义在这一时期主要表现为限制外地产品和服务进入本地市场，保护当地企业同类产品在市场上的份额，这一时期地方保护的内容发生了明显变化，由短缺经济时代的保护原材料流失转变为以保护本地市场为主，保护范围由原来的以产品市场为主扩大到了资本市场、技术市场和劳动力市场。这一时期保护的形式也呈现一个由低级向高级、由野蛮到“文明”、由显性到隐性的过程（手段升级主要是由于中央针对地方保护和垄断等行为陆续出台了一系列整治法规和措施）。其中主要的保护手段和方式有：（1）市场封锁。一是提高外地产品进入本地的条件和标准，主要是通过各种技术壁垒和行政性收费来进行，如工商或者技术监督部门对外地的食品和化工原料进行各种苛刻的检验，严重的甚至直接以“莫须有”罪名拒之门外。二是明目张胆完全限制外地产品进入本地市场，主要是通过行政命令阻碍本地消费者购买外地产品，对外地产品增设额外税费，甚至设卡禁运。（2）资源和生产服务垄断。主要是对地方的各种基础设施和商业等服务不进行招标，或者仅仅走走招标形式，暗箱操作，把生产经营权承包给本地企业。

从上述我国地方保护的产生历史和发展历程来看，地方政府独立利益主体地位的确立和由此带来的经济和政治上的竞争，形成了我国的“诸侯经济”。地方政府一方面为了保护地方工业和促进本地的经济发展，促进辖区内的就业，另一方面是为在政治上取得优势地位。正如周黎安（2004）指出的那样，地方政府官员在晋升激励下为了达到晋升的目的没有动力与其他同等级的官员进行合作，而更加倾向于分割市场。无论是经济原因还是政治原因，所采取的一方面禁止本地资源外流，另一方面禁止外地商品流入的措施，都会造成扭曲的市场和价格体系并直接导致和加剧市场分割。

（三）市场分割与重复建设

市场分割弱化了市场机制对重复建设的抑制功能。在比较成熟的市场经济中，产权明晰，投资主体有产权的约束，而且市场机制无形的手也会指引企业不断调整自己的投资方向，当某一产品出现严重产能过剩的时候，价格机制促使厂商及时缩减自己的生产和投资规模，当产品供不应求，价格上升时，厂商会根据价格信号及时增加自己的投资和生产规模，价格机制的作用使市场经济中供求关系得到平衡，促使企业不断加大研发投入力度，努力开发新产品和采用新工艺，升级自己的产品以满足客户不断提升的消费需求，获取可持续竞争优势，从而实现产品升级和产业结构的升级以及产业局部的空间优化。

从我国的情况来看，尽管我国早在十四大上就提出建立社会主义市场经济体制，经过多年的发展完善，市场经济体制的框架也已基本建立，资源配置中市场机制所起的调节性作用越来越显著，但是，不可否认，无论是市场主体还是市场体系目前都带有比较浓的行政性味道。为保护本地企业的利益，保护本地企业免受外地企业的竞争，地方政府往往会动用行政、技术壁垒、经济等手段对市场微观行为进行直接干预，如某省在 1999 年曾经规定："凡购买我省各种型牌汽车的省内用户，免收各种购置附加费、通行费、教育附加费、新购汽车验证费和优先办理行车执照手续。"① 目前，仍有许多地方的政府部门制定相关文件，进行政府项目投标的企业必须有当地行政部门颁发的相关资质证书或者当地部门授予的相关荣誉证书，通过这种隐性地方保护模式，很容易就把外地企业排除在外，扭曲市场机制在资源配置中的调配作用，根本不考虑地区比较优势和资源配置效率，纷纷从本地利益出发谋划各自的产业体系，许多技术水平不高、效益低下、达不到规模经济水平的中小企业，在地方政府的保护下仍然僵而不死，劣而不汰。2016 年 1 月，在北京钓鱼台国宾馆举行的中国电动汽车百人会论坛上，理事长陈清泰就表示我国政府在促进新兴产业的发展中，就会遇到地方与中央目标并不完全一致的问题，尽管大家对新能源汽车都很欢迎，但是一些城市并不情愿拿本地财政去补贴外地企业，不太愿意向外地企业开放本地市场，有的地方设定补贴目录，有的甚至要求在本市销售必须在本地建厂等，地方保护不仅抑制了市场的激励、筛选机制发挥作用，还诱

① 阎铁毅：《行政性强制经营行为与地区封锁行为的弊端与对策》，《当代法学》2002 年第 4 期。

导企业最终走向对政府和政策的依赖，削弱了创新动力①。同时，还造成一些外地具有优势的企业由于不能进行规模扩张，也达不到规模经济的水平。区际贸易中存在的各种贸易壁垒和行政垄断，以及由此造成的地方市场分割，直接导致市场经济中市场本身所固有的消除重复建设的机制失效，从而直接保护了各地的重复建设和产业同构。

（四）市场分割产生机理概念模型

从上面重复建设与地方保护和地方保护与市场分割的关系来看，重复建设、地方保护和市场分割在某种程度上都是地方政府追求本地利益的一种反映，地方政府是造成上述三个方面现象的重要原因，地方政府在经济发展和考核压力下，往往会利用手中的资源和权力扭曲资源配置，造成项目的过度建设。产能过剩给企业生存带来巨大的危机，由于大型企业往往会和当地政府形成一种捆绑关系，在产能过剩的时候，政府极易采取行政手段来保护本地的市场不受外地产品的侵入，同样，其他地方政府也会仿效，造成市场分割和恶性循环。反过来，地方保护也会导致地方政府追求大而全的产业体系，重复建设一些产能本已过剩的产业。从历史上看，从早期的冰箱、彩电、洗衣机到后期的钢铁、煤炭、有色金属、玻璃等传统产业和光伏、汽车等新兴产业，几乎都是在这种模式下形成的。结合上述分析，我们提出市场分割的产生机理如图 8.1 所示：

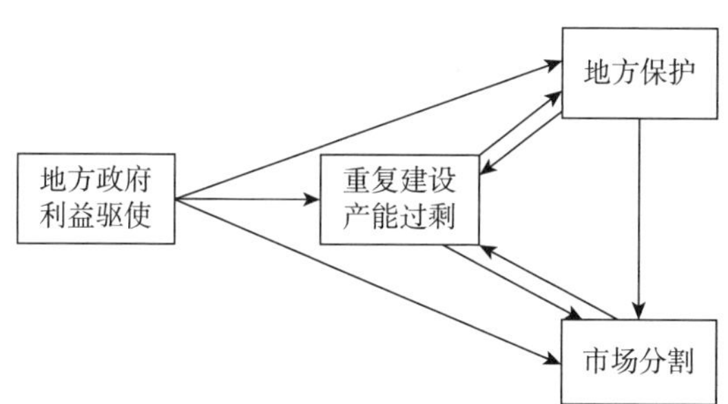

图 8.1　市场分割产生的机理概念图

① 陈清泰：《打破地方保护和壁垒　创造良好竞争环境》，http://auto.sohu.com/20160123/n435620473.shtml。

五　生猪市场分割产生的典型制度分析

（一）菜篮子制度

猪肉市场的分割除了制度因素，还有政策因素，其中最主要的一个就是菜篮子问题，即市长对价格的负责制度。由于猪肉是关乎民生的一个很重要的问题，并且最近几年过山车式的猪肉价格给各个地方都带来不小的物价上涨压力。因此这种情况往往会导致本地提高本地猪肉的自给率以便达到最便利价格控制，最终造成市场的分割。

菜篮子工程是我国政府为解决农副产品供应偏紧的问题，农业部于1988年提出的，自从实施菜篮子工程以来，我国“菜篮子”商品持续增长，从根本上解决了我国农副产品长期偏紧的问题。主要成果有：第一，蔬菜、奶类、肉类蛋类、水果和水产品等几大农产品的产量，以年均7%~13%的速度增长，质量不断提高，品种越来越丰富，我国城镇农副产品供应偏紧的局面已经结束。第二，“菜篮子”产品专业化、规模化生产，使得“菜篮子”逐步成为郊区农业发展的重要产业和农民增加收入的一个主要来源。第三，“菜篮子”工程的实施使我国“菜篮子”农产品价格涨幅明显得到了控制，有效地缓解了我国经济运行中的通货膨胀压力。第四，“菜篮子”工程是人民群众感受最直接、比较满意的一项工程。

但是，由于猪肉在“菜篮子”里面占据很重要的地位，并且猪肉和其他“菜篮子”里面的产品不同，猪肉的产业链比较长，涉及众多产业，蛋类、蔬菜、水产品等菜篮子产品对相关部门没有多少实际利益，只有生猪定点屠宰制度对利益相关者好处多多。所以相关部门对生猪产业的干预相对于其他“菜篮子”产品比较积极。尤其是最近几年，猪肉价格几次大幅度的上涨，已经严重影响到了人们的生活水平，为了更好地对猪肉价格进行控制管理，解决猪肉供给短缺的问题，各地各级政府陆续出台了一系列支持生猪养殖的政策，普遍以提高本地猪肉自给率为目标。例如，《福建省“菜篮子”工程建设“十二五”规划》明确指出通过实施新一轮“菜篮子”工程建设，到“十二五”末期，城区猪肉自给率达到50%以上，重点抓好全省11家企业承储4.2万头中央生猪活体储备、省级7家企业承储2万头生猪活体储备制度。市、县两级按城区消费人口7天消费量，建立生猪活体储备基地或冻肉储备库等。广东省是我国生猪生产和消费大省，自身生猪自给率大约为60%，每年大约需要从外省调入生猪2500万头。为了减少对外地生猪的依赖，提高本身生猪自给率，从2008年起，大力推动了重点生猪养殖场建设[①]。江西省政府也出台了《关于印发促进生猪生产和价格稳定工作方案的通知》，提出要提高本省的猪肉自给率的目标，并给出了一些促进生猪生产的奖励政策。另外，吉林省出台了《吉林省畜牧业加快发展三年攻坚战实施方案》、黑龙江省出台了《黑龙江五千万头生猪规模化养殖战略工程规划（2008－2012）》，旨在通过贷款贴息等措施鼓励产业向标准化、规模化方向发展，计划用5年时间扩建和新建生猪养殖场7177个。同时，国务院在《国务院办公厅关于促进生猪生产平稳健康持续发展防止市场供应和价格大幅波动的通知》（国办发明电〔2011〕26号）中也明确要求各级地方政府保障必要的生猪养殖用地，各城市要在郊区县建立大型生猪养殖场，保持必要的生猪养殖规模和猪肉自给率。正如上面所列举的情况那样，我国各地政府基本上都存在一个本地生猪猪肉供给自给率的动机。据不完全统计，如果按照目前各地的生猪养殖规划计算，2015年我国生猪出栏量将达到88154万头，比目前的生猪供给量高出了30%左右，而我国目前的生猪消费每年大约在6亿头，即使考虑到猪肉消费的增长因素，届时也势必会造成我国未来几年生猪供给的大量过剩，从而导致价格再次过山车式地波动。

（二）定点屠宰制度

我国生猪屠宰管理体制开始于1955年，之后将近30年的时间内，生猪屠宰管理都是由商业部门领导。1985年我国实行统购统销制度，放开了生猪经营权，打破了国有食品公司对肉类商品的垄断局面，出现了“双轨制”经营模式。之后屠宰环节也进行了逐步放开，屠宰行业出现了“一把刀，一口锅，一条板凳”的杂乱无章、规模较小、安全设施条件低下的私人屠宰企业，导致一些问题肉和病死猪肉在市场上进行销售，对我国猪肉质量安全和人们生命造成了极大的隐患和威胁。针对屠宰行业混乱、猪肉质量

---

① 《广东的猪肉自给率目标》，《中国经济时报》2011年8月2日。

问题严重等各种弊端和缺陷，1995 年国务院发布文件要求执行“定点屠宰，集中检疫，统一纳税，分散经营”的生猪屠宰管理办法，并在 1997 年 12 月 9 日颁布中华人民共和国国务院令（第 238 号）《生猪屠宰管理条例》，于 1998 年开始实施。之后在全国范围内进行了对私自屠宰的清理和整顿以及定点屠宰的推行工作，对生猪屠宰和交易进行了严格控制。从此定点屠宰制度开始在全国范围内实行。

尽管定点屠宰制度对我国当时屠宰行业的治理起了很好的作用，但是有利必有弊，曾经被寄予厚望的生猪定点屠宰制度也没能例外，生猪定点屠宰制度导致一些新的问题产生，比如生猪收购权被垄断、生猪收购价被压低等。这主要是由于各地的屠宰权一般由政府集中起来再拍卖给企业。为保障食品安全，私宰的猪肉无法在市场上流通。控制了屠宰权的企业就等于控制了收购权，进而也就有了定价权。按照 2008 年 8 月 1 日开始施行的《生猪屠宰管理条例》修订版，“地方人民政府及其有关部门不得限制外地生猪定点屠宰厂（场）经检疫和肉品品质检验合格的生猪产品进入本地市场”。但据行业专家反映，“在生猪收购环节现在地方保护非常严重，通常收购还是当地完成”。同样在猪肉批发销售环节也存在类似的问题，2011 年 7 月 5 日黄岩诚远食品公司的 19 头生猪猪肉被温岭市的四辆汽车围堵检查，最后全部猪肉腐败变质。此前的 7 月 2 日和 6 月 27 日也发生过同样的情况，黄岩诚远食品公司的猪肉两次被围堵。三次检查和围堵下来，共有 70 头生猪猪肉变质，只能作报废处理①。类似这样的情况在我国各个地方基本都有发生。通过定点屠宰制度，对非本地屠宰企业屠宰的猪肉利用各种借口阻碍流入本地市场，这个“潜规则”已经成为业内人士公认的猪肉大流通市场建立的一个主要阻碍。

六　生猪市场分割作用机理

由于各地政府对 GDP 和价格负责制的重视，出于自身利益的考虑，各地通过陆续使用一些生猪养殖奖励措施补贴养猪大户、奖励工厂化养猪、奖励养猪大县等来刺激本地生猪生产，大大提高自己本地生猪自给率。提

① 台州电视台台州在线节目：“温岭：三次围堵检查 30 万元合格猪肉变质报废”。

高本地生猪自给率的举措，尽管在市场供给偏少、猪肉价格较高的时候能收到明显的效果，但是在各种奖励措施下，生猪养殖规模的扩大往往会给下一轮猪肉价格的大幅度下跌带来潜在的推动力。当各地猪肉价格下跌的时候，政府又必须为养殖户因为价格下跌所带来的利益损失作出弥补，比如限制外地生猪产品流入本地。

另外，当生猪市场由于疾病或者其他突发事件冲击市场供给过多、价格低迷的时候，政府往往会利用生猪定点屠宰制度，通过使用查证、扣押、强制下货架等手段，相关部门往往通过责令本地屠宰场优先收购本地猪以及采取本地生猪产品和外地生猪产品检验标准不统一等手段，阻碍外地生猪产品流入本地市场，从而保护本地生猪养殖者的利益。当市场供给偏少，市场需求旺盛价格较高时，政府为了控制物价，往往会采取限制本地生猪流出外地、本地猪优先供给本地等政策和措施来保证本地猪肉市场的供给以稳定市场价格。如宁波鄞州区市级菜篮子基地生猪产销对接协议就规定当市场生猪供大于求时，屠宰场优先销售基地牧场生猪；当供小于求时，基地牧场生猪优先供应屠宰场。宁波有食品公司负责人就曾表示在当前生猪供过于求的状况下，屠宰场适当减少外地生猪调入，就能帮助本地牧场扩大销售渠道。反过来，在突发事件来临市场猪源非常紧张时，本地牧场在同等条件下把生猪优先供应给屠宰场，确保了市场供应的稳定①。

通过观察生猪市场行情的变化制定间歇性的相关政策来决定生猪相关产品的流入和流出，从而造成生猪产品市场的分割，已经成为我国目前生猪产品地方保护的一个重要特点，具体的作用机制原理见图 8.2。

从机理模型图可以看出，生猪市场分割产生的原因可以用本章我们提出的一般市场分割产生机理概念图解释，猪肉市场分割的产生机理本质上是一般概念模型的具体化，首先是地方政府在经济利益和政治利益的驱动下，以加强食品安全提高猪肉自给率为由在辖区内扩大养殖规模，在市场行情发生突变的情况下，采用保护手段保护本地居民和企业利益，结果导致市场分割现象的发生。

---

① http://www.nbyz.gov.cn/art/2009/5/8/art_5217_177375.html.

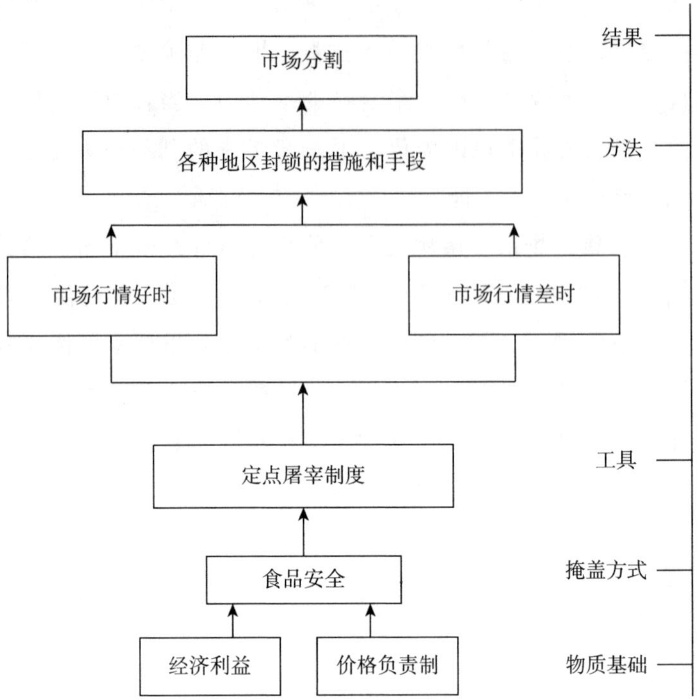

图 8.2　猪肉市场分割的产生机理

七　案例分析

悦洋市场事件（“最牛执法队”事件）

悦洋市场位于江门市新会区，距离江门市肉联厂不到 5 公里的路程，距离新会区肉联厂路程大约为 11 公里，江门下辖的蓬江、江海、新会三区面积并不大，交通贸易条件也非常便利，但新会市场上的猪肉价格却普遍比蓬江、江海区贵 2～4 元，这一状况已持续 11 年之久。2011 年 3 月 23 日，肉贩们与执法人员就猪肉检查方式发生分歧，肉贩认为他们从江门市肉联厂批发的猪肉各种证件齐全，按照 2008 年 8 月 1 日开始施行的《生猪屠宰管理条例》修订版，“地方人民政府及其有关部门不得限制外地生猪定点屠宰厂（场）经检疫和肉品品质检验合格的生猪产品进入本地市场”和 2001 年 4 月 21 日《国务院关于禁止在市场经济活动中实行地区封锁的规定》中的情形 3“不得对外地产品或者服务采取与本地同类产品或者服务不同的技术要求、检验标准，或者对外地产品或者服务采取重复检验、重复认证等歧视性技术措施，设置外地商品进入本地市场的障碍，增加外地商品进入本地市场的成本，从而限制外地产品或者服务进入本地市场”。因此应该对他们从江门市肉联厂批发的猪肉采取抽检方式进行检验，但是执法人员坚持认为为了保证新会人都吃上放心肉，根据新府〔1999〕10号文件《关于进一步加强生猪生产经营管理工作的通知》和新府〔2000〕29号文件《新会市人民政府关于进一步加强生猪生产经营管理工作的补充通知》。10号文是根据国务院《生猪屠宰管理条例》和省政府《广东省生猪屠宰管理规定》的精神依法制定，29号文则明确提出“查处跨区域销售生猪鲜肉品”，“市外生猪鲜肉品一律不得进入本市任何区域内销售。如有违反，按10号文规定给予没收处理”。所以所有从新会区以外屠宰场进来的猪肉，都必须全部送到新会区动物检验检疫所进行检验。因此应该采取留检即全部检验的方式对肉贩从江门市肉联厂批发的猪肉进行检验。新会区动物检疫所所长梁日勤在接受南都记者采访的时候表示，送检猪肉最早也要到当天下午才能完成检验。也就是说从外地屠宰场进入新会区的猪肉即使凌晨5点送到检验所，经过各种流程，检验过程需要6~7个小时，整个过程大约需要一天时间。这对于肉贩来说，复检程序显然造成了直接经营损失。食品安全与市场效率之间的矛盾，导致肉贩与政府部门多年来冲突不断。并最终爆发了本次生猪屠宰管理稽查队与肉贩对抗事件，将这一冲突推到激化边缘，双方对抗17个小时后暂时平息。

双汇河北迁安“遭剿”事件

2016年4月24日迁安市市场监督管理局对本地一家双汇鲜肉经销商下发的《迁安市市场监督管理局责令改正通知书》显示，“经查，你（单位）未与批发市场开办者签订《食用农产品质量安全协议》销售生鲜猪肉，上述行为违反了《食用农产品市场销售质量安全监督管理办法》第十八条的规定，现责令你单位立即停止销售生鲜猪肉行为”。为此，针对《迁安市市场监督管理局责令改正通知书》的有关情况，双汇鲜肉经销商迁安市吉润食用农产品经销处已向迁安市人民法院提送了《行政起诉状》，诉讼请求为依法判决被告立即停止行政侵权行为，撤销被告对原告作出的“立即停止销售生鲜猪肉行为”的责令改正决定（实为责令停产停业行政处罚），并赔偿原告损失。双汇集团法律事务中心法律顾问、工商管理经济师唐全成表示，《食用农产品市场销售质量安全监督管理办法》第十八条、第二十一条、第四十八条规定对应的行政执法及处罚对象是“批发市场开办者”，并非厂商或者入场销售者，执法主体是食品药品监督管理部门，并非市场监督管理部门，且对零售市场开办者是“鼓励”并非“应当”与销售者签订《食用农产品质量安全协议》，迁安市市场监督管理局强迫双汇公司及客户与市场开办者签订《食用农产品质量安全协议》实属对象错误、本末倒置，严重曲解法律。同时，迁安市市场监督管理局存在制造内外有别的双重标准及选择性执法问题，明显违背《生猪屠宰管理条例》第十九条，《反垄断法》第八条、第三十三条，《反不正当竞争法》第七条，《中共中央关于全面推进依法治国若干重大问题的决定》第三条第一项等规定，涉嫌滥用行政职权，法外设定权力，没有法律法规依据减损公民、法人和其他组织合法权益或者增加其义务，干扰经营者的正常经营，限制公平竞争，搞地方垄断保护。针对上述问题，双汇公司已于 4 月 28 日向国家食品药品监督管理总局紧急投诉，投诉材料已被接受。

（本案例来源于《中国食品报》：《双汇生鲜肉河北迁安“遭剿”：属于外埠猪肉》，http://www. cnfood. cn/n/2016/0503/85270. html）

分析：悦洋市场事件和双汇生鲜肉河北迁安“遭剿”事件都起因于肉贩们销售所谓“异地猪肉”，背后的根源还是经济利益，在新会区只有一个生猪屠宰公司，其他公司不能屠宰。并且在本地区销售的猪肉只能从该公司进货，如果从其他处进货，则遭遇变相没收。而河北迁安则是由于本地有 5 家国有屠宰企业。执法人员打着保障食品安全的旗号，对外地进入的生猪产品进行歧视性检验和重复检验等，变相阻碍外地生猪产品的流入，造成市场分割。

结论：从以上的分析可以看出，尽管我国对于生猪产品市场陆续出台了一系列针对地方封锁和地方保护的措施，但是随着我国经济发展水平和市场发育水平的提高，随着我国立法的完善和执法环境的变化，地方保护主义的形式也在发生变化，并且造成该现象的体制性根源仍旧根深蒂固。新制度经济学认为，“对于一个市场不发达且长期集权的国家来说，供给主导型的制度变迁将起主要作用”。政府主导型发展的我国只有通过政府进行市场化的制度革新，才能打破传统体制的制度均衡，从而推动市场的整合和一体化进程。

第九章　市场分割的福利和影响分析

市场整合反映的是对于存在贸易的两个市场之间价格变动的联系程度，从市场分割和整合的程度上来说，美国著名经济学家巴拉萨把市场整合的进程分为以下四个阶段：（1）贸易一体化，即取消对商品流动的限制；（2）要素一体化，即实行生产要素的自由流动；（3）政策一体化，即在集团内达到经济政策的协调一致；（4）完全一体化，即所有政策的全面统一。从对研究对象的分类来说，一般可以分为货物、服务、人员和资本的区际自由流通。一般来说，市场整合程度越高，市场机制就发挥得越完善，资源的流动就越充分，市场对资源的配置作用就越明显，这些都是通过一个整合的市场对价格波动的抑制作用来实现的。比如当一个地区受到某种天气灾害或者病情侵袭的时候，该地区商品的供需关系就会发生变化，如果市场是分割的，那么该地区供需关系的变化丝毫不会影响其他地区供需关系的变化，价格波动带给该地区生产者或消费者巨大的损失。而如果市场是整合的，那么根据大数定律，在大范围内多个地区受到外来的冲击则可以近似认为服从正态分布。一个地区供需关系的变化将会影响到另一个地区供需关系的变化，最终整个市场趋于稳定，价格波动的幅度就会大大减小（Sophie Mitra，2008）。市场整合的意义不仅仅是通过贸易使相关地区的总福利提高或者社会福利损失最小（直接影响），市场整合与否还会影响到市场结构从而影响到市场行为与市场绩效（间接影响）。银温泉、才婉茹（2001）认为，我国的市场分割是我国建设和完善市场机制以及建立全国统一大市场的严重阻碍，社会主义市场经济体制的核心就是建立全国统一公平竞争和规范有序的市场体系，充分发挥市场在资源配置中的基础性作用。但是由于各种自然和人为的因素严重影响了市场机制的发挥，阻碍了我国有序的统一市场的形成。刘培林（2005）认为，我国市场分割确实带来了效率损失，市场分割不仅仅带来了静态经济损失，也会带来动态经济损失，由于市场信号不能指引生产要素在地区之间的充分流动，从而就不能配置到边际产出最高的产业链环节。对于受限制不能流出并且该资源比较充裕的地区，生产要素报酬不能最大化。对于我国这样一个发展中国家来说，这就意味着人均收入向均衡收入水平的收敛速度变缓和不能达到潜在的最高水平，从而影响社会的长期福利水平。周业安、冯兴元、赵坚毅（2004）认为市场分割在长时期内会扭曲价格信号，资源最优化配置无法实现。地方分割和保护虽然在短时间内会给本地经济带来促进作用，但不能在长期内对本地经济增长做出贡献。

一 区域福利影响分析

为了更好地理解市场整合和市场分割带来的不同后果，本章我们利用国际贸易和微观经济学的相关理论，对市场整合的福利情况进行进一步的剖析。

在完全竞争的情况下，两个地区之间的贸易和市场整合情况可以用图 9.1 说明。图 9.1 是一个猪肉输出（输入）地区的供需和福利分析示意图，其中，粗虚线表示的是该地区与外界进行贸易后两个地区供给和需求都平衡的价格。细虚线表示的是该地区在不存在与外界贸易的情况下的价格。从图 9.1 中我们可以看出，对于输出地区来说，在不存在与外界贸易的情况下该地区的消费者剩余为 A + B，生产者剩余为 C，总剩余为 A + B + C。贸易后该地区消费者剩余为 A，生产者剩余为 B + C + D，总剩余为 A + B + C + D。虽然消费者剩余由于贸易而有所减少，但是总剩余却增加了 D。因此总的来说，贸易增加了总福利和减少了福利损失。

对于输入地区来说，在交易前，消费者剩余是 A，生产者剩余是 B + C，总剩余是 A + B + C。交易后，消费者剩余是 A + B + D，生产者剩余是 C，总剩余是 A + B + C + D。虽然生产者剩余在交易后比交易前减少了 B，但是消费者剩余却比交易前增加了 B + D，总剩余增加了 D，因此对于一个输入地区来说，贸易也可以增加净福利和减少福利损失。

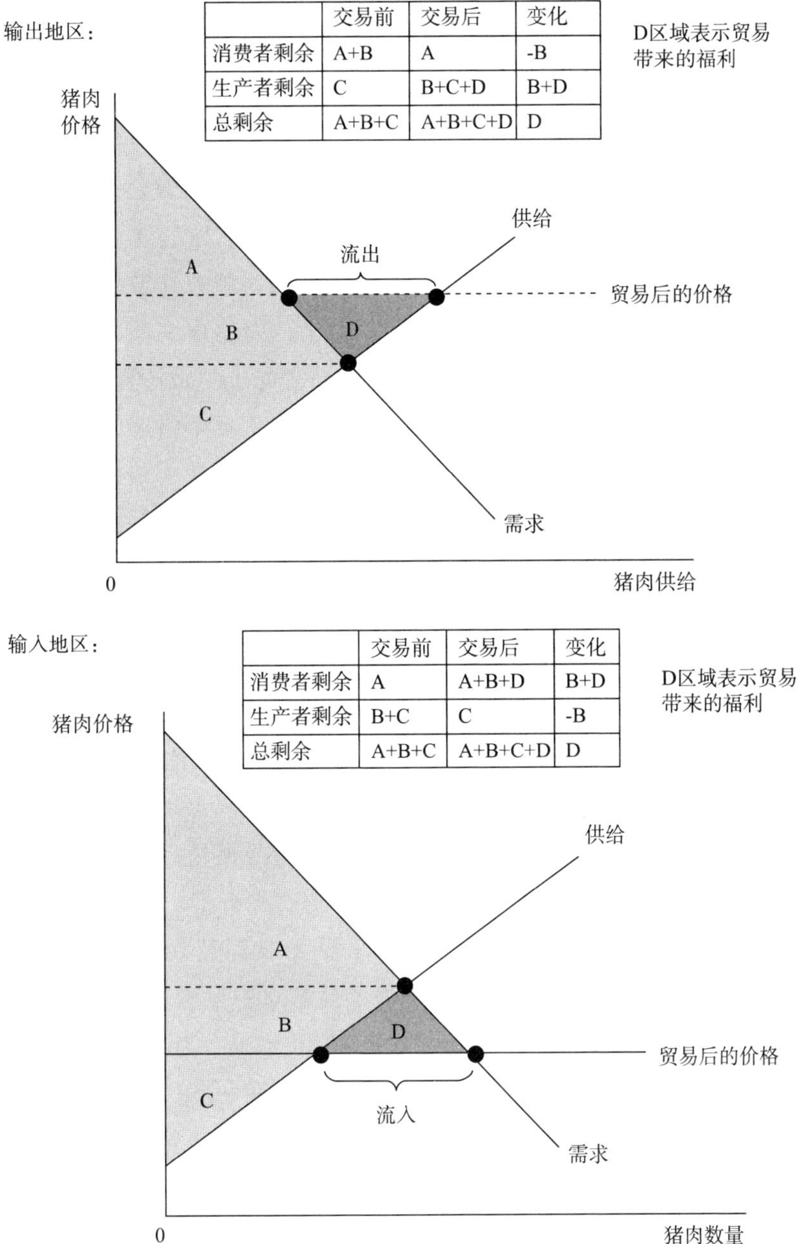

输出地区：

	交易前	交易后	变化
消费者剩余	A+B	A	-B
生产者剩余	C	B+C+D	B+D
总剩余	A+B+C	A+B+C+D	D

输入地区：

	交易前	交易后	变化
消费者剩余	A	A+B+D	B+D
生产者剩余	B+C	C	-B
总剩余	A+B+C	A+B+C+D	D

图 9.1　输出（输入）地区的供需和福利分析图

二 生产者和消费者福利分析

市场分割导致区域屠宰和销售厂商很方便地进行双重垄断，从而造成该地区生产者和消费者福利的双重损失。由于我国养猪散户众多，猪肉产业链涉及种猪、饲料、卫生防疫、收购、屠宰加工、配送等多个环节和多个领域，收购环节主要由贩猪者从农户手中收取，零售环节主要在农贸市场进行。因此对猪肉质量的监管难度就非常大，对猪肉来源的全程追踪也比较困难，为了保证猪肉质量的安全，让消费者吃上“放心肉”，国务院在1997年12月19日签发了第238号令，正式推出了《生猪屠宰管理条例》。该条例明确规定生猪在屠宰环节要实行“定点屠宰、集中检疫”模式，即一个地区或者地方的猪肉只能在指定的屠宰场进行屠宰，并且只有在指定的屠宰场屠宰的猪肉才能在社会上流通。对于私自屠宰的猪肉不能在市场上进行流通。以上规定为屠宰和销售的地方垄断提供了基础，地方政府和屠宰厂商为了控制本地区的价格，获取高额利润，往往会采取各种手段来阻碍外地猪肉的流入。在早期主要是强行阻止，例如在交通要道上设置关卡等，河南双汇在2003年就发生50多起冷鲜肉被堵截的事件。在全国20多个省份77个地市调查中发现，有28个地市明确规定禁止双汇生鲜肉进入，占36%；44个地市只准部分产品进入或部分场所销售，占57%；只有5个完全开放，仅仅占6%①。2003年8月29日，商务部、公安部、农业部、卫生部、国家工商总局、国家质检总局和国家食品药品监管总局发出的《关于加强生猪屠宰管理确保肉品安全的紧急通知》明确指出，“坚决防止一些地方借市场准入之名，搞地方保护”。但是依据公开信息，近几年来，全国至少20个省份的猪肉行业都曾出现过垄断现象，其中，17个省份存在暴力垄断事件，8个省份的十几起暴力垄断事件的施暴人被法院判决（最轻劳教，最重死刑），7个省份的十余起暴力垄断团伙“涉黑”。为了杜绝“猪霸”，有3个省份的市、县政协委员与人大代表曾痛斥当地的猪肉垄断现象，并向该市、县提交了“打破猪肉垄断”的议案②。

① 《中国商报》2004年10月15日报道。

② 《看20个省市的“猪霸”如何左右肉价》，《东方今报》2009年12月9日。

针对强势的地方保护主义，国家陆续出台了《生猪屠宰管理条例实施方法》《生猪屠宰管理条例》等法律法规，这些法规都明确规定对于外地检验合格手续齐全的猪肉不得再采取重复检验或者检验标准不同等歧视性政策。然而随着国家法律法规的逐步完善，地方保护主义的手段也呈现隐蔽性、随机性等特点。在我国大部分地区甚至在一个地区之内的县与县之间猪肉的流通都存在很大问题。例如，在2011年5月30日海南省召开的省政府第65次常务会议上，强调要继续加大力度扶持生猪生产，在下半年生猪产量将逐渐增加的情况下，要研究适当提高出岛门槛，保证岛内猪肉供应价稳量足。此外，农业厅也正在研究制定方案，提高生猪出岛门槛，保证岛内生产的生猪优先供应岛内市场，确保海南本地猪肉供应价格平稳①。湖北襄阳市针对2011年以来逐步上升的猪肉价格也作出了加强生猪供给，积极组织生猪货源，减少生猪外调量，优先保障本地市场供应的决定②。此外还有柳州、常熟、广州、佛山、福州等地都做出了类似规定。

地区之间市场的分割不仅会导致上节我们分析的两个地区的总体福利的损失，还会使得一个地区内部的定点屠宰企业实行双重垄断，给该地区的生产者和消费者带来福利损失。各地的定点屠宰企业数量有限制，并非所有符合条件的都可以开办屠宰场，这使“定点屠宰场”成了稀缺资源。同时又由于市场上所有流通的猪肉都必须经过政府规定的当地的几家屠宰场提供，这样一来，实际上就逐渐形成了屠宰场在生猪供应端面向生猪养殖者的垄断，因为养殖者的生猪必须经过定点屠宰场屠宰才能实现产品的价值。同样，定点屠宰场面向批发零售者也是垄断，因为当地市场上销售的猪肉只能从当地的屠宰场进货。于是就形成了屠宰场的双重垄断地位。为了更好地理解地区内屠宰商的双重垄断给该地区生产者和消费者带来的福利损失，下面我们利用微观经济学的相关理论对该问题进行分析。

（一）销售领域的垄断

由于猪肉是生活必需品，因此在生活水平和收入不断提高的今天，它

---

① 海南省农业厅网站，http://www.hainan.gov.cn/data/news/2011/06/129858/。

② 襄阳市商务局网站，http://www.xfsw.gov.cn/publish/cbnews/201108/09/cb3220_1.shtml。

的价格弹性不是太大，我们假设需求如图 9.2 所示，是一个向下倾斜的直线。数量为 Y，价格为 P，生猪屠宰销售企业的边际成本为 $MC\ (y)$，平均成本为 $AC\ (y)$，总成本为 $C\ (y)$，边际收益为 $MR\ (y)$。借用微观经济学中完全垄断的分析模型（这个假设在我国一些县城或者地区屠宰企业只有一家的情况下是存在的），假设生猪屠宰销售企业的利润函数为：

$$\pi(y) = p.y - C(y) = TR - C(y)$$,其中 TR 为总收益。

在完全垄断的情况下，从生猪屠宰企业追求利润最大化出发，根据利润最大化的一阶条件：$\frac{d\pi\ (y)}{dp}=0$，可以得到：

$$MR = \frac{d(TR)}{dy} = C'(y) = MC$$

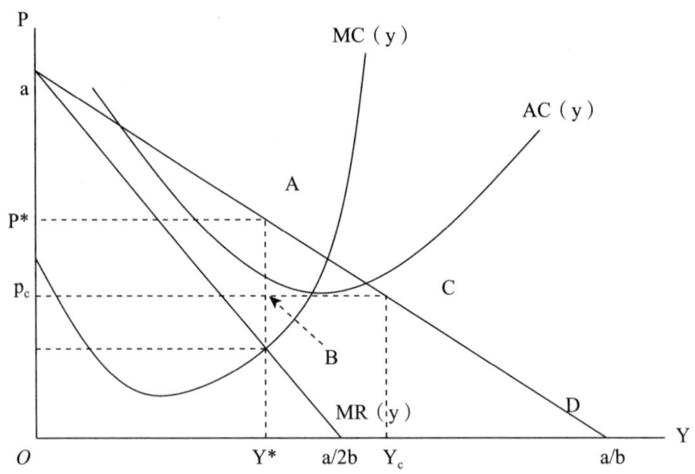

图 9.2　屠宰商在销售领域垄断所造成的福利损失情况

所以，和非垄断普通企业一样，即使在垄断条件下，生猪屠宰销售企业要想利润最大化也得满足边际成本 = 边际收益这个条件，即 $MC = MR$，从图中我们可以看到这个时候生猪屠宰销售企业提供的猪肉数量为 Y^*。

由于猪肉具有产品同质的特性，差异化程度不大，且在一个区域中不存在人为设置的外地屠宰企业屠宰的猪肉不得在本地销售的市场分割，也就是说市场是开放的。那么我们就可以认为猪肉市场是一个近似完全竞争的市场。在完全竞争的条件下，根据霍太林定理（Hotelling Lemma）和企业长期均衡

条件 $\pi(p)=0$，我们可以推导出在完全竞争条件下企业最后的均衡点落在平均成本的最低点处，即 $p_c=\min(AC)$。此时消费者的需求量为 Y_c。

通过以上的分析，我们可以知道，在完全竞争的条件下生猪屠宰销售企业提供的猪肉产量为 Y_c，而在垄断条件下，屠宰销售企业利润最大化条件下只愿意提供的猪肉数量为 Y^*。从图中我们可以看出，$Y^*<Y_c$，存在一个很大的安全猪肉供给缺口。并且，在垄断的条件下，对应消费者支付意愿价格为 P^*。生猪屠宰销售企业的垄断利润为 $(p^*-p_c)\cdot Y^*$，即四边形 p^*p_cAB，又称作塔洛克四边形（Tullock Quadrangles）（Tullock，1967）。而由于生猪屠宰销售这种垄断利润又恰恰是由人为造成的垄断因素所造成，并非由有利的成本结构或者专利技术等所造成。因此垄断利润将会导致寻租这样的非生产型活动的产生，是行政垄断的社会成本（李善杰、杨静、谢作诗，2007）。由行政垄断造成的社会福利净损失为三角形部分 ABC，即哈伯格认为的垄断与完全竞争相比产量减少，价格上升，存在资源配置低效率，是垄断的定价扭曲，又称为哈伯格三角形（Harberger Triangles）（Harberger，1971；Harberger，1976）。

（二）收购领域的垄断

上面我们分析了生猪屠宰在猪肉批发销售领域垄断所造成的福利损失，然而实际上，生猪定点屠宰制度不仅仅在销售领域很容易造成屠宰场使用垄断力量获取垄断利润，作为唯一合法的生猪收购单位，屠宰场对生猪收购领域同样很容易使用垄断力量对生猪养殖者压价①。2008 年 9 月，《重庆日报》曾发表过一篇文章，承认重庆存在“猪价降，高肉价”的怪相，并直接指出了原因：“重庆为数不多的屠宰商根据猪肉市场的行情，一方面共同商定生猪收购价格，通过盘剥养殖业主来保持自己的盈利水平；一方面共同商定当日的宰杀量，通过人为制造‘物以稀为贵’的局面，从消费者那里稳赚利润。”因此，无论市场行情好与坏，即使在种猪厂商、饲料厂、生猪养殖者都处于亏损的情况下，作为从生产者到消费者的必经之地屠宰场，都能利用手中的垄断势力来获取垄断利润。

① 李昌平：《生猪定点屠宰制度　不可忽视的肉价推手》，《科学时报》2008 年 2 月 20 日。

下面我们就讨论一下一个区域内具有垄断势力的屠宰场在利用和养殖户不均等的地位和垄断势力的情况下，生猪养殖者的利益和福利损失以及屠宰场的垄断利润情况（见图 9.3）。

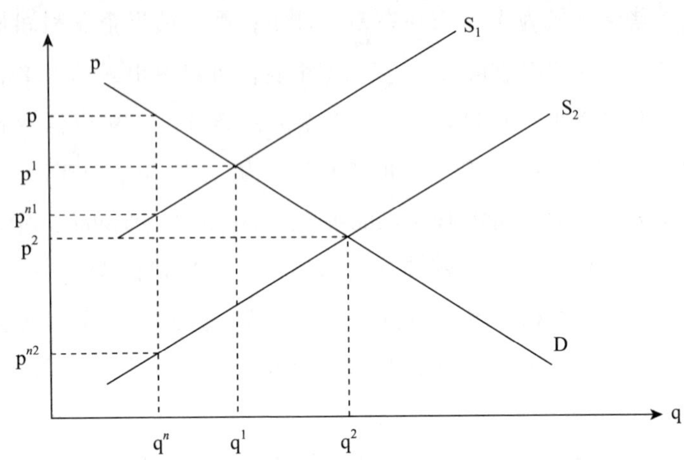

图 9.3　屠宰商在收购领域垄断所造成的福利损失情况

假设市场供给不足、市场价格较高的时候，生猪养殖者的供给曲线为 $S_1=p(q)$，市场供给充足、市场价格较低的时候，生猪养殖者的供给曲线为 $S_2=p(q)$。生猪养殖者面临的市场需求为 $D=p(q)$ 是由市场上猪肉需求派生而来。在产业链上下游不存在任何垄断关系、完全竞争市场情况下，如图所示：市场行情好与坏的市场均衡点分别为（q^1，p^1）和（q^2，p^2），此时的收益为（$q^1\cdot p^1$）和（$q^2\cdot p^2$）。由于在上文我们已经计算了当屠宰场利润最大化的时候市场上猪肉的供给量为 Y^*，假设此时屠宰场需要购买的生猪数量为 q^n，且又 $q^n<q^1<q^2$，在市场供给偏少市场行情比较好的情况下，养殖者的收益为（$q^n\cdot p^{n1}$），小于收购者没有垄断势力时候养殖户的收益（$q^1\cdot p^1$）。当市场供给增多市场行情变坏时，生猪购买价格为 p^{n2}，小于 p^2和 p^1，这种情况下养殖者的收益为（$q^n\cdot p^{n2}$），小于收购者没有垄断势力时候养殖户的收益（$q^2\cdot p^2$）。而对于生猪屠宰销售企业来说，当屠宰企业的生猪购买量为 q^n时，屠宰场能接受的价格为 p。那么，在市场行情好的情况下，屠宰场获得的垄断利润为 $q^n(p-p^{n1})$，即纵轴 p 和 p^{n1}与横轴 q^n之间的四边形区域。当市场行情不好时，屠宰场获得的垄断利润为 $q^n(p-p^{n2})$，即纵轴 p 和 p^{n2}与横轴 q^n之间的四边形区域。

从对市场行情好与坏两种不同情况下农民受益的分析中可以看出，对于生猪养殖者来说，市场行情较好比市场行情差的时候农民的收益损失之差 q^n（$p^{n1}-p^{n2}$）>0，即生猪养殖者在市场行情较好的时候获得的收益大于市场行情较差的时候的收益。对于屠宰销售者来说，市场行情较好与较坏两种情况下收益之差为 $-q^n$（$p^{n1}-p^{n2}$），即在市场行情较好的情况下生猪屠宰销售企业获得的垄断收益小于市场行情较差时候的垄断收益。造成这种现象的原因主要是当市场上生猪供给不足，市场行情较好时，养殖者手中的生猪变得比较稀缺，相对于生猪屠宰者的市场力量与地位有了增强和提升。而在生猪供给充足，市场行情较差的时候，相对于生猪屠宰销售者本来就处于劣势地位的养殖者为了急于出卖手中的生猪产品，遭受了更大的生猪屠宰销售者的利益剥夺。以上现象与现实中的情况也比较相符。

此外，生猪屠宰环节的垄断引起安全猪肉供给的不足。从图中可以看出，在市场行情较好的时候，市场需求的安全猪肉量为 q^1，而此时定点屠宰厂商为了获得垄断利润，按照利润最大化的生产条件，愿意提供给市场的猪肉仅仅为 q^n，造成大约有 Y_c-Y^* 的市场供给缺口。从图中我们可以看出，当市场较好的时候，养殖者大约还有 q^1-q^n数量的产品没有销售，在市场行情较差的时候，生猪养殖者大约有 q^2-q^n的生猪产品没有销售出去。从上面的分析可以看出，生猪屠宰环节垄断的存在，不仅会造成市场上有效需求得不到满足，还会造成生猪养殖者生猪产品销售的困难，从而打击农民养殖生猪的积极性。

在市场被分割、切块、切丝的情况下，企业的发展空间受到严重挤压，规模经济难以形成，集聚效应和规模效应都受到了严重损害。一些地方对商品自由流通的限制，已经成为制约我国农产品品牌发展的主要障碍。双汇集团的发展就是一个很明显的例子，双汇投资发展股份有限公司董事长张俊杰在接受《中国经济周刊》采访的时候曾经表示，“双汇的市场都是打出来的，双汇在哪里遇到狙击，哪里便是它的前线”。双汇掌门人万隆曾说，“虽然双汇是中国名牌，虽然是全国免检产品，但几年来，双汇连锁店是处处碰壁”，“双汇的生鲜肉在全国90%以上的地方不通畅，各地通过定点屠宰条例来限制外地的生鲜猪肉进入本地市场”[①]。2009年和2011年在广

① 《中国经济周刊》，http://www.people.com.cn/GB/paper1631/15382/1363484.html。

东东莞再次出现了双汇冷鲜肉在超市百货渠道被全面封杀的事件。尽管双汇用10年左右的时间赢得了品牌声誉，在全国建立了2000多个销售网点，但是由于受到地方保护的打压，难以做大做强品牌。同时猪肉屠宰加工业的另一个上市公司金锣集团一位高管告诉记者，该企业在总部以外的一个县城开设了一家肉制品专卖店，开业没多久，就被当地屠宰场的人堵住店门，店员被打得头破血流，由于无法解决地方保护主义的问题，企业无奈从该地区撤出①。

农业地域分工与专业化发展是社会和市场经济发展的必然趋势，在市场经济条件下，各个地方都应该坚持比较利益原则进行分工，合理利用地域资源优势。地区分割的现实阻碍了与相关产业相配套的产业集聚和规模效应的形成。我国目前生猪养殖环节存在的主要问题在于，生产格局相对分散，基本上每个城市无论城镇化和经济发展水平如何都存在自己的生猪养殖产业。地理集中度不高、生猪养殖规模化水平较低和生产单位专业化程度低下是我国目前生猪养殖产业存在的主要问题，相比之下，美国的生猪养殖则显得比较集中，并且已经形成了竞争优势，美国生猪养殖主要集中在伊利诺伊州、爱达荷州、印第安纳州和密苏里州。

三　社会影响分析

地区封锁和地方分割不仅仅会造成上面所说的地区之间和生产者、消费者的福利损失，由于其限制了公平竞争，还会导致价格机制扭曲和比较优势的误导。Eward Shils 认为，构成并维系一个统一社会以下三种要素缺一不可，即统一的市场、统一的文化和统一的政治权威，三个要素中的任何一个受到削弱都意味着社会的统一性受到威胁。市场分割作为一种使统一市场受到影响的因素势必会阻碍市场规模的扩大，不利于规模经济作用的发挥。根据诺斯的观点，市场规模的扩大是产生产业革命的必备条件之一，市场规模的扩大是促进分工和专业化，降低交易费用的关键因素。而地方保护所造成的市场分割使市场狭小，导致交易成本和生产成本过高，从而限制分工和造成屠宰以及养殖企业布局不合理的现象，由此产生更多的负

① 《第一财经日报》2011年3月30日有关报道。

面影响。具体作用机理见图 9.4 所示。

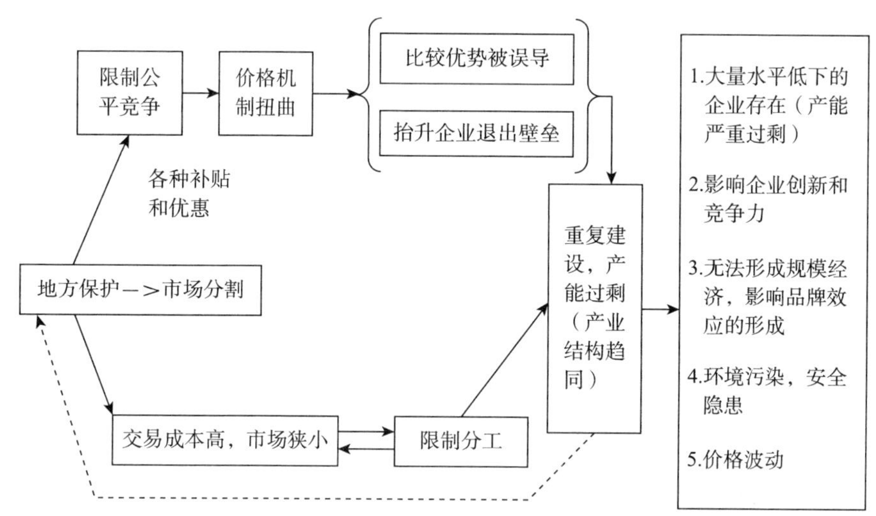

图 9.4　市场分割所导致的重复建设及经济影响机制

（根据张明《我国地方保护主义的效应分析》文中图改编，《陕西行政学院学报》2010 年第 4 期）

从图 9.4 可以看出，地方保护首先违背了市场经济的基本原则——公平竞争，所谓公平竞争，就是指竞争者之间进行公开、公正和平等的竞争，公平竞争对市场经济的发展具有重要的作用，是市场机制高效运行的重要基础。公平竞争可以调动各个市场参与主体的积极性，激发创新创业者的创新动力，促使企业经营者不断完善管理，开发新产品，激励企业加大研发投入，促进产品升级和产业结构升级。公平竞争可以使社会资源的配置效率优化，最终为消费者和全社会带来福利。地方保护首先就否定了最初的公平要求，扰乱市场经济秩序，造成竞争秩序混乱和价格扭曲，严重阻碍了技术进步和社会生产力的发展。地方保护通过限制或者抬高外地企业的进入门槛，使一些质量差、技术水平低、附加值低、高污染的中小企业大量存在，严重阻碍了技术先进、污染治理投入大、竞争力强的企业扩大市场规模，导致交易成本的人为升高，给其他合作经营者和消费者的合法权益造成伤害。为了消除地方保护和促进全国统一市场的完善，2016 年 6 月 1 日国务院发布了《关于在市场体系建设中建立公平竞争审查制度的意见》，其中明确指出了一系列不得违反市场公平竞争原则的做法。

正确的价格信号是对商品效用和成本的反映，是市场经济赖以正常运行的核心因素，厂商在追逐利润、消费者在追求效用最大化的过程中，作为理性人，自然会将资源配置到效用最大化的商品之上。只有在价格信号能够反映商品效用和资源稀缺程度的情况下，交换才能使全社会的资源实现最优化配置，才能实现最优的产业结构。地方政府通过各种方式给本地企业提供补贴，直接扭曲了价格信息，在政府资源有限的情况下，政府给某个产业或企业补贴的实质是把本地其他产业和企业的资源转移过来，在产品价格不变的情况下，导致产业之间的边际利润率产生错配，诱导更多的资源流入被补贴产业和企业，导致产业结构的扭曲发展。而政府通过限制外地产品或者服务进入辖区，实际上是给本地企业一种垄断权力，把消费者剩余转移到本地企业，实质上是用消费者剩余补贴本地企业，使本来已经丧失竞争优势甚至亏损的企业继续存活下去。另外，政府在招商引资过程中，往往会采取低价转让土地、减免税收费用和降低环保标准等各种优惠政策来吸引企业投资，这些政策在降低企业运行成本的同时也软化了企业的约束成本，在各种优惠政策的刺激下，很容易导致企业的非理性扩张。政府地方保护行为导致的价格扭曲降低了行业进入壁垒，造成潜在企业的过度进入，在位企业的过度扩张，同时也抬高了亏损企业的退出壁垒(如果退出，政府补贴将不能获得，政府补贴使退出企业的机会成本更大)，从而导致产能过剩。

区域经济的健康发展是建立在以比较优势为基础进行区域分工的基础上的，在没有地方保护的情况下，真实的市场价格会使某一地区发展具有比较优势的产业和产品，而淘汰不具有比较优势的产业和产品。价格扭曲是区域之间不能按比较优势进行分工的关键因素，一旦价格信号被扭曲，建立在比较成本之上的比较优势就会被误导，产业政策决策就会受到误导，导致一个地区发展本不具有比较优势的产业和资源的低效率配置，一些地区在制订产业规划时根本不考虑自身的资源禀赋和比较优势，一味追求“高大上”的产业，结果只能是产业和产品结构类似，地区间为了争夺市场，人为设置进入障碍和贸易壁垒，造成地方保护—产业同构的恶性循环。

分工促进技术创新，是经济增长的主要动力。分工带来经济发展，经济发展的过程本身就是一个分工不断深化的过程。马克思也曾说:“一个民族的生产力发展的水平,最明显地表现在该民族分工的发展程度上。”①

地方保护造成交易成本的升高。地方保护主义导致市场分割,使得生产要素和商品在区域间无法自由流动,搜集信息和寻找交易伙伴的成本上升。根据交易成本理论,企业内部组织生产成本如果高于市场交易成本,则企业会选择从市场购买,反之则采取内部生产的方式。因此,企业能否垂直专业化取决于企业内部组织成本与市场交易成本的大小,地方保护导致的交易成本升高造成企业的垂直分工受阻,使得地区间产业结构雷同。而根据亚当·斯密的观点,对于企业来说,劳动生产力上最大的提升,以及劳动时的熟练程度、判断力和技巧都是分工的结果。从企业的层次来看,分工可以最大限度地发挥工人的优势,使工人集中于较少的操作上,工作更简单,减少学习和培训成本,降低管理工作的复杂程度,从而提升企业的生产效率,因此,市场分割最终导致区域资源配置效率低下。

地方保护主义的另外一个直接后果就是市场范围变小,造成分工深化障碍,同时分工的深化也会影响到市场的大小(Young,1928)。哲学家色诺芬和柏拉图等早在古希腊时期就认识到市场范围限制劳动分工问题,将大城市较小城市存在较大程度的职业分工与城市人口规模联系起来,以此解释为什么大城市可以供应精美和充足的产品。之后,亚当·斯密(1776)首先明确提出劳动分工受到市场范围的限制。穆勒(2005)明确指出人口规模、居住的集中度、居民收入水平和交通条件等几个因素可能会限制市场规模和分工。因此“世界财富的增加,当伴随有通商自由、航运的改进以及国内道路、运河或铁路运输的改进时,会使各国产品的市场极大地扩大,其结果通常使生产这些产品的分工得到很大的发展,从而提高各国劳动力的生产力”②。

从以上分析可以看出,地方保护扰乱了市场秩序,破坏了正常的市场竞争环境,抑制了市场经济中价格机制作用的发挥,造成价格扭曲和分工深化受阻,使比较优势和规模经济效应难以产生,造成了一系列负面效果和社会福利的损失。下面具体以生猪市场为例,分析地方保护造成的各种

---

① 《马克思恩格斯全集》第3卷,人民出版社,1960。

② 〔英〕约翰·穆勒:《政治经济学原理》,商务印书馆,2005。

影响。

（一）产能严重过剩，降低企业竞争力

余东华（2008）通过实证研究发现，区域产业竞争力并没有因地方保护程度较高而提高，相反，由于地方保护造成市场封锁和分割，阻碍了要素按照市场规律进行配置，扭曲了产业技术效率和资源配置效率，反而损害了地区经济实力和产业竞争力的提高。有数据表明，市场分割的存在，造成了我国屠宰能力的严重过剩。目前，各个地方的屠宰权一般由政府集中起来再拍卖给企业，通常是当地收当地买当地卖。为节约运输成本，绕过地方保护主义，双汇、雨润等肉制品企业都在各地收购或自建屠宰场，以控制生猪收购权，进而控制价格。另外，龙头企业争夺屠宰权的背后还存在巨额政府补贴的诱惑，有专家认为“地方政府为了招商引资，会鼓励各个龙头企业去当地投资建立新厂”。以雨润为例，在2007~2009年，雨润每年新增产能分别达到380万头、400万头和750万头。2008年雨润屠宰产能为1805万头，到2010年雨润屠宰产能已经达到3560万头，几乎翻了一番。但2010年雨润的实际屠宰量仅仅为1509万头。雨润澄清公告显示产能利用率仅为67%①。根据雨润公布的年度报告可以看出，在2007年政府补贴占雨润税前净利润的8%，在2009年为4.26亿元达到了22.5%。2010年更上一层楼达到了7.13亿元，占净利润的26%。政府补贴显然已经成为影响雨润公司净利润的一部分。商务部市场秩序司司长向欣在商务部2010年1月11日召开的全国生猪屠宰行业发展规划和猪肉市场运行专题新闻发布会上曾表示，“目前我国生猪屠宰产能总量严重过剩，落后产能比重过大；行业布局和结构不合理，产业集中度偏低；相当一部分定点屠宰企业设备设施简陋，未达到相关标准，屠宰操作规程和检验检疫制度尚未落实；约75%的定点屠宰企业实行代宰制，产品形态同质化、忽视品牌建设的现象仍很普遍，恶性竞争严重”。金锣集团一位高管曾经表示，地方保护主义使各地屠宰企业数量众多，全国屠宰能力过剩50%左右，造成屠宰企业的恶性竞争。

① 《雨润“未骗补”澄而不清　产能飞速扩张骑虎难下》，《羊城晚报》2011年8月18日。

（二）创新机制严重受阻

市场分割造成创新机制受阻，技术进步率的提高既源于市场规模的扩大，又源于技术创新者有获取他们发明收益的加大份额的可能性。无论是出于经济目的还是政治目的，市场分割都意味着政府保护的盛行和市场规模的狭小。在地方政府保护的情况下，外地商品无法进入本地市场，本地企业不会受到来自外地企业的竞争，或者说只有很小的竞争压力，因此，对于本地企业来说，并不需要加大研发投入改进生产工艺和技术水平，开发出适应消费者需要的产品，提升产品质量，即使本地企业生产的产品质量一般，价格也比较高，本地消费者也别无选择，只能消费本地企业提供的产品。除此之外，无论是本地企业还是外地企业，由于受到地方保护的影响，对每个厂商来说，都会形成一个相对稳定的市场规模，也就是说某个企业不会因企业技术水平的提高而产生市场规模扩大的规模经济现象。因此，对企业来说，就没有动力来提升自身的技术水平，企业的最佳选择就是对研发不投入或者较少投入，维持目前的技术水平，导致技术进步和创新的机制严重受阻。以生猪市场为例，市场分割造成了一批屠宰能力低下、机械化水平低的企业的存在，由于采用机械化屠宰投资大，固定成本高，必须要有足够的屠宰量才能保本或赢利，一些大型定点屠宰场的经营情况还不如手工化的小屠宰场，这就给一些机械化、自动化水平低，加工工艺落后达不到国家标准的小型屠宰场留下了生存空间。有资料表明，在 2008 年，我国肉类注册商有 500 多个，年屠宰量 2 万头以上的规模定点屠宰厂（场）共 2200 余家，仅占全部屠宰厂家的 10% 左右。另外，排名前 100 位屠宰企业总屠宰量为 6400 万头，仅占全部定点屠宰总量的 22%①。以湖南省为例，2010 年摸底全省 163 家县城以上生猪定点屠宰厂（场）年设计屠宰量 3321 万头，实际屠宰量仅 600 万头，实行机械化屠宰的只有 76 家；全省 500 多个乡镇屠宰点全部为手工屠宰；全省平均每个屠宰企业年屠宰量仅 1 万余头。

（三）影响食品安全

从上面的相关资料可以看到，分割的猪肉市场的存在不仅对我国猪肉

---

① 《全国生猪屠宰行业发展规划纲要（2010－2015 年）》。

屠宰企业的竞争力产生了负面影响，而且也维护了一些食品安全潜在风险大的屠宰企业的生存。2007 年 12 月 19 日颁布的《生猪屠宰条例》明确规定，“屠宰场要有符合国家规定要求的待宰间、屠宰间、急宰间以及生猪屠宰设备和运载工；有依法取得健康证明的屠宰技术人员；有经考核合格的肉品品质检验人员；有符合国家规定要求的检验设备、消毒设施以及符合环境保护要求的污染防治设施”。但是由于绝大部分小型屠宰企业的设备和生产工艺落后，加工水平相对粗放，基本为手工作坊式生产，一些屠宰场点仍处于“一口锅、一把刀”状态，场（点）内污水横流，苍蝇乱飞，卫生条件差，质量安全难以保障。另外，过度的产能闲置将会导致一些屠宰场无猪可屠，为了维持屠宰场的生存，不得不从市场上收购一些问题猪进行屠宰，造成病猪猪肉流入市场。中国食品工业协会办公室主任马晓熊称“许多地方的屠宰场无猪可宰”。目前全国生猪屠宰产能高达 8.44 亿头左右，产能利用率只有 33 % 左右，竞争激烈，也导致一些病死猪或者有其他问题的生猪进入屠宰环节，流入市场[①]。一些专家明确指出，食品安全问题除了多部门管理带来的“九龙治水水不治”，地方保护主义也是问题根源之一。一些大型食品企业是纳税大户，也是吸纳就业的重要渠道[②]，致使一些地方政府对假冒伪劣现象睁一只眼闭一只眼，对于打击假冒伪劣行动，千方百计采取闪、转、腾、挪办法，阻碍打假治劣工作的正常展开。例如多年前相关监管部门查处北方某地区“用死鸡做烧鸡”事件时，当地政府竟然辩称这是区域特色经济。还有在我国南方某省，国家及省市相关领导参加的会议决定，2 小时后开始打击假冒名牌糖果行动，结果会议还没有结束，生产假冒名牌糖果的乡镇在喇叭里就传出“请各家各户注意，打假队伍马上就要来了”的通知[③]。

案例：生猪定点屠宰分级收购倒逼瘦肉精泛滥

瘦肉精被认为是肉制品业的“三聚氰胺”，一般指的是盐酸克伦特洛，

① 《瘦肉精事件溯源，生猪定点屠宰如何变身地方垄断》，《第一财经日报》2011 年 3 月 31 日。

② 《食品安全事件频发拷问政府监管　地方保护成根源》，《光明日报》2011 年 5 月 13 日。

③ 李迎丰：《从假冒伪劣打而不绝谈地方保护主义的危害及对策》，《中国技术监督》2011 年第 12 期。

一种肾上腺类神经兴奋剂，另外类似的药物还有莱克多巴胺、沙丁胺醇和特布他林等。将这类物质添加于饲料中，可以增加动物的瘦肉量，减少饲料使用，使肉品提早上市，从而降低成本。2011 年 3 月 15 日，央视 3·15 特别行动：瘦肉精猪肉流入双汇公司，报道了有猪贩将用瘦肉精喂养的生猪销售给双汇公司的事件，引发了双汇发展的公众信任危机，造成股价连续几天的跌停，给双汇公司带来了极大的损失。

瘦肉精事件和 2008 年 9 月 11 日三鹿奶粉的“三聚氰胺”事件背后产生的机理如出一辙，都是产品收购环节的垄断，不同的是对于生猪来说是定点屠宰企业收购权的垄断，定点屠宰企业实行按照瘦肉率定价的收购策略导致养殖户为了能使生猪卖上好价钱而私自在饲料里面添加瘦肉精。三鹿奶粉事件的发生同样是三鹿公司利用手中的垄断收购能力对含有不同蛋白质率的原奶进行分级定价，导致奶农出现违法行为。后来的检查发现，我国大多数奶粉企业都存在不同程度使用“三聚氰胺”的行为。三鹿奶粉事件给我国奶业造成了巨大的打击。同样，“瘦肉精”也不仅仅在双汇集团发生，在我国多地都发现了类似事件，给我国生猪市场和肉制品加工业带来了巨大冲击。无论是“瘦肉精”还是“三聚氰胺”，其背后都是数量众多的生猪养殖户和奶农与数量较少的下游加工厂家的市场力量不对称，市场力量的不对称造成下游加工企业的垄断势力，从而对上游原料提供者的行为产生了影响。

（四）扩大价格波动

生猪价格自从 2007 年开始经历了过山车式的波动，已经有很多人对造成生猪价格波动的原因进行了分析，比较有代表性的解释主要有以下几种：国际影响、饲料成本推动、流动性过多、农村劳动力外流造成养猪者减少。尽管这些都有一定的道理，但是大多都忽视了定点屠宰这个制度。定点屠宰制度同样是造成猪肉价格暴涨的一个主要原因。

由于在生猪产业链上，猪贩子—屠宰场—猪肉批发商三个市场主体可以很容易联合控制市场，而定点屠宰场又是这三者之间最为重要的一个环节，是生猪生产到消费环节的咽喉之地。而生猪定点屠宰制度使养猪者不能进入贩猪、屠宰、批发和零售等各个环节获得收益，反而还得独自承受灾情疾病和生猪价格下跌的风险，造成风险和收益的严重不匹配，所以猪农只能理性地选择不再养猪这个决策，这势必会加剧我国生猪产品价格的暴涨。西南大学一位农业经济学者曾公开指出："定点屠宰场场主相对于处于弱势地位的生猪养殖者和广大消费者，不但拥有可以左右猪价和肉价的话语权；此外，屠宰商的垄断地位还直接导致了屠宰场对肉价和生猪价格的操纵，造成一环接一环的市场信号失真，生猪产业链上存在的垄断势力不但扭曲了市场信息的传导机制，也损害了生猪产业的健康发展。"

（五）生态影响分析

由于生猪屠宰会造成噪声、废水、固体废弃物和恶臭气体污染，近年来，生猪定点屠宰引起的一系列环境污染问题受到了社会的普遍关注。1992年在对我国大中型屠宰企业平均排水量进行调查的基础上制定施行的《肉类加工业水污染物排放标准》（GB13457－92）规定，屠宰一吨活牲畜的排水定额为6.5吨，由于地方保护而存在的小型屠宰场的排水量要大大高于这个指标，造成了我国水资源的极大浪费。另外，小型屠宰场所需要的单位热能和电能也都要高于大型屠宰场，给我国的可持续发展带来负面影响。

另外，《中华人民共和国水污染防治法》第28条明确规定，"对于排放含有病原体的污水，必须经过消毒处理，符合国家有关标准后，才能排放"，而一些小型屠宰场根本没有建立污水处理设施，或者即使存在污水处理设施也没有得到很好的利用，造成大量污水流入水域和土壤之中，给人们的健康和环境带来危害。据《贵州都市报》报道，贵阳市惠水县境内一家屠宰场屠宰设备和排污设备不达标，废水没有经过任何处理就直接排放，导致贵阳市花溪区青岩镇思潜村1500多人和800余头牲畜的饮水水源和1100亩农田遭到了严重污染①。另据靖江网报道：靖江市现有生猪屠宰场14家，但大多规模偏小，设备简陋，屠宰排放物不达标。以孤山镇的屠宰场为例，该地居民曾经举报当地屠宰场的化粪池未加盖，池内溢出的脏物和排放出的污水将整条河道染绿，河面上泛起一层白沫。该河道曾在两年前被清理过，当时河水清澈见底，不少居民甚至可以在河里洗衣洗菜，可

---

① 《屠宰废水污染千亩农田》，http://guizhou.news.163.com/08/0317/10/477S3UKI00480072.html，2008－3－17。

现在却变成这样，让人痛心和担忧[1]。

不仅在猪肉产业链存在这种情况，在地方保护主义大旗下，许多地方对国家明文规定取消的小煤矿、小化肥厂、小纸厂等严重污染环境、破坏生态平衡的企业听之任之，从而使地方生态平衡被破坏。虽然地方政府通过保护主义使污染环境的企业生存下来，也可以为地方带来一点眼前的利益，但是却损害了整个社会的利益，削弱了地方可持续发展的能力。

四　案例分析

东莞禁猪令备受批评

2007 年 11 月 26 日东莞市第 32 次党政领导班子联席会议决定，从 2009 年 1 月 1 日起，东莞全市禁止养猪。对仍进行生猪养殖活动的场所“发现一个、清理一个、查处一个”。做出此政策的依据是从社会分工深化和专业化的角度来说，一个城市的发展总是优先侧重发展优势产业，根据农业专业化理论，将一些产业淘汰转移到适合其有利发展的地区去发展，各地区按照比较优势进行分工协作。此外还考虑到由于东莞是以制造业为主的城市，外来人口众多，东莞只有 2465 平方公里的土地，却聚集了 1000 多万人口，土地资源非常珍贵。大量的养殖基地会占用大量宝贵的土地资源。但是此令一出，却遭到了各方面的批评，有的批评者指出东莞此时出台禁猪令，是与国务院总理温家宝主持召开国务院常务会议上决定的明年中央增加能繁母猪补贴政策以及中央政府要求的各地要保证猪肉供应的自给率政策唱对台戏；有人认为养猪业是合法的，是与民生息息相关的产业，此令剥夺了农民选择养猪的权利，等等。总之，社会舆论对“禁猪令”赞同者少，反对者众。

分析：从自身条件来说，东莞在生猪养殖产业并不具备比较优势，东莞土地资源有限，土地价格昂贵，生猪养殖会占用大量土地资源，势必会提高生猪养殖的成本。另外，东莞是一个工业化城市，机械制造业众多，

---

① 《孤山镇一小型屠宰场污染河道》，http://news.xinmin.cn/rollnews/2011/04/29/10498393.html。

人口密度大，周边不存在丰富的饲料资源，远距离的饲料运输也会增加生猪的养殖成本。

从经济意义上来说，尽管在当时全国猪肉价格普遍上涨的情况下东莞做出了看似违背市场经济规律的决定，在一定程度上对市场上生猪产品的供给产生了影响。但是市场经济运行机制的基本原理就是各地区的利益相关者和生产主体必须在自身资源禀赋和自身比较优势的基础上，进行机制和制度设计，从而提高本地区和产业的竞争力。

从法学的角度来看，尽管东莞的禁猪令好像是在和中央政府所做出的鼓励生猪养殖确保市场上猪肉价格稳定的决策相违背，但是实际上东莞市通过和周边的生猪养殖基地签订生猪供应合同，完全能满足东莞市猪肉的需求，并没有和中央政策违背。一些评论者甚至认为，如果全国各地都学东莞市禁止养猪，那么中国将不得不依靠外国来保障我国的猪肉供应，到时候我国市场上猪肉价格将会不断上升。其实这种评论是根本站不住脚的，在市场经济条件下，各个市场主体都会根据自己的生产优势，使自己手中资源的收益最大化。这个现象已经被我国许多经济发达地区的实践所证实。市场主体会在市场价格机制的指导下，选择具有比较优势的产业和经营项目，全国大范围地停止养猪的现象只能是一种空想。相反，不适合生猪养殖的停止生猪养殖，反而会促使其他地区形成生猪养殖的规模优势，从而降低生猪的养殖成本。

由于猪肉产业链是一个涉及种猪、幼猪、育肥猪、饲料、医药等产业的比较复杂的产业链，市场分割不仅对我国猪肉屠宰加工企业的品牌形成产生不良影响，也对我国猪肉产业链上其他环节品牌效应的形成产生障碍。以我国最大的生猪养殖企业广东温氏和双汇来说，双汇的屠宰基地大多建立在河南，而温氏的养殖基地大多分布在广东，由于不在广东省内屠宰的猪肉很难流通到广东省，考虑到目前的高油价等物流费用，因此温氏的生猪提供能力和双汇的屠宰能力就很难形成配套，扭曲了资源配置，影响了双方公司的成长机会。同样，如果生猪养殖和屠宰规模由于地方保护过度分散，对饲料产业的品牌效应和规模化发展也能产生负面影响，一般来说，由于畜牧业和种植业紧密相连，饲料产业分布在生猪养殖产业附近可以节省物流运输成本，达到资源优化配置。美国的畜牧业与种植业都呈现带状分布，所有消耗粮食量大的畜牧业生产都位于粮食产区。生猪养殖集中的几个州其玉米产量占全国玉米产量的70%，为生猪养殖提供了充足和廉价的饲料。生猪生产布局在饲料产地符合畜牧业经济利益原则，如果生猪养殖企业过于分散，就会增加饲料企业的运输成本，影响饲料企业的竞争力，从而很难形成品牌效应。可见，我国生猪产业的规模化和整合将会对我国生猪产业链上的种猪选择、饲养技术、饲料加工、疾病防治防疫、环保等各个环节产生深远影响。但是生猪产业规模化的一个前提就是生猪产品市场的整合，如果不存在一个整合的市场，生猪相关产品的流通受阻，那么大规模生猪养殖的市场将得不到保障。

第十章　经济新常态下市场整合的现实意义

一　经济新常态的由来

（一）新常态的提出

2013 年 12 月 10 日，在中央经济工作会议上，习近平总书记首次提出“新常态”：我们注重处理好经济社会发展各类问题，既防范增长速度滑出底线，又理性对待高速增长转向中高速增长的新常态；既强调改善民生工作，又实事求是调整一些过度承诺；既高度关注产能过剩、地方债务、房地产市场、影子银行、群体性事件等风险点，又采取有效措施化解区域性和系统性金融风险，防范局部性问题演变成全局性风险。①

2014 年 5 月 10 日，习近平总书记在河南考察时再次提出“新常态”概念，明确指出：我国发展仍处于重要战略机遇期，我们要增强信心，从当前我国经济发展的阶段性特征出发，适应新常态，保持战略上的平常心态。

2014 年 7 月 29 日，习近平总书记在党外人士座谈会上的讲话中强调，要把思想和行动统一到中共中央决策部署上来，正确认识我国经济发展的阶段性特征，进一步增强信心，适应新常态，共同推动经济持续健康发展。

2014 年 11 月 9 日，习近平主席在亚太经合组织工商领导人峰会开幕式上的演讲中指出，中国经济呈现出新常态，有几个主要特点。一是从高速增长转为中高速增长。二是经济结构不断优化升级，第三产业、消费需求

---

① 《中国经济新常态的提出及背景》，http://news.xinhuanet.com/fortune/2016-01/09/c_128611554.htm。

逐步成为主体，城乡区域差距逐步缩小，居民收入占比上升，发展成果惠及更广大民众。三是从要素驱动、投资驱动转向创新驱动。

（二）新常态的提出背景

“新常态”中的“新”，意味着与过去不同，说明我国经济运行情况出现了一些不同的阶段性新特点；“新常态”中的“常态”，则表示相对稳定，表明中国经济会在一个新的平台上继续平稳发展。“新常态”的重大战略判断，揭示了当前中国经济发展阶段的新变化，准确研判了我国未来一个时期的经济发展趋势。

从国际经验来看，在发展中国家实施追赶战略的初级阶段，往往会优先采用投资驱动的粗放式增长模式追求过快的经济增长，而忽视资源配置效率、创新和结构优化，造成各种各样的经济和社会失衡现象和问题。各种问题的积累必定会拖累整个经济的增长，甚至出现严重下滑而进入“中等收入陷阱”，导致经济增长停滞不前，像巴西、智利、墨西哥、马来西亚和阿根廷等国家自 20 世纪 70 年代起就陷入“中等收入陷阱”，人均 GDP 长期在 3000 美元到 5000 美元之间徘徊。目前我国长期形成的结构性矛盾和粗放型增长方式没有发生根本改变，市场经济体制仍然不完善；城乡经济社会发展不平衡，二元经济结构依旧比较明显；劳动就业、收入分配、社会保障、居民住房等关系社会稳定的问题更为明显。为了避免我国陷入“中等收入陷阱”，就需要精准地研判目前我国经济发展面临的新阶段、新问题和新定位。

从国际经济格局来看，目前世界各国都处在经济结构和发展模式调整阶段，自 2008 年国际金融危机发生后，欧美等高负债国家进入了“去杠杆化”进程，发达经济体陷入了经济增长缓慢增长期，欧洲经济低迷状态将会持续，国际市场需求不振，并且这种现象预计还需要持续数年时间才能完成[①]。我国过去三十多年的高速增长，具有鲜明的出口导向战略特征。外部需求的萎缩，发达国家对“再工业化”战略的普遍重视，导致我国外部需求萎缩将会成为我国外贸的“新常态”。

---

① 《发达经济体需求萎缩　世界经济增长动力不足》，http://finance.people.com.cn/n/2013/0428/c1004-21312729.html。

从国内经济发展情况看，目前我国处在增长速度换挡期、结构调整阵痛期和前期刺激政策消化期三期叠加阶段。经过三十多年的改革开放，我国成为世界制造大国和世界工厂，是世界第二大经济体。随着国民经济总量的逐渐增大，支撑经济发展的人力、资本、技术和制度等因素也在发生变化，“刘易斯拐点”的到来，使劳动力低成本优势不在，一些劳动密集型产业外迁现象比较明显，由要素投入驱动增长向创新驱动的转折过程正在进行，我国经济增长速度出现了阶段性自然下降过程，经济增速呈现逐渐放缓的趋势。2008 年国际金融危机使我国经济遭受巨大冲击，为了刺激经济增长和扭转当时不利的经济局面，我国政府及时采取了一揽子增加投资和拉动内需政策，之后的三年，在刺激政策的作用下，我国经济率先走出危机阴影，一度出现了 11.9% 的增长率。然而，从 2011 年开始，经济增速明显承压，出现了逐级回落势头，进入了前期刺激政策消化阶段。“三期叠加”的重要判断，为我国制定正确的经济政策提供了现实依据。

二　经济新常态下的地方保护与产能过剩

（一）经济新常态下的产能过剩

近两年，尽管国家有关部门化解产能过剩的政策频繁出台，但产能过剩大有愈演愈烈之势，已经成为我国经济新常态下面临的突出问题和主要风险之一。经济新常态下我国产能过剩的特点主要有以下几点。

一是传统产业和新兴产业产能过剩并存。目前，我国产能过剩产业已经从电解铝、煤炭、钢铁、水泥、平板玻璃等传统行业延伸到汽车、机械、造船等领域，甚至风电设备和光伏等战略性新兴产业。2013 年，电解铝、水泥、粗钢、造船业、平板玻璃的产能利用率分别为 73.5%、75.7%、74.9%、65.7%和 73.5%（纪志宏，2015）。2015 年，风电设备产能利用率低于 60%，光伏电池的产能过剩达到 95%①。按照国际经验值产能利用率

① 《产能过剩蔓延到光伏产业　结构性改革下如何去产能?》，http://www.alu.cn/aluNews/NewsDisplay_995187.html。

处于 80% ~81% 和国家发改委标准 80% ~85% 为合理产能的标准来衡量，从 2009 年以来，即使 2008 年国际金融危机时不推出 4 万亿刺激计划，我国一些产业的产能已经出现严重过剩状态（见表 10.1）。

表 10.1　2009 年以来中国部分产业的产能利用率情况

单位：%

工业产品	2009 年	2010 年	2011 年	2012 年	2013 年
电解铝	61.2	59.6	58.6	—	73.5
造船	—	—	—	约 60	65.7
光伏	—	—	—	<60	—
电石	67	82.6	61.6	—	—
水泥	67.1	65.2	64.5	67.1	75.7
焦炭	72.6	70.4	69.4	—	—
风机设备	—	—	—	<70	—
平板玻璃	69.2	71.4	77.6	—	73.5
粗钢	81.8	82.6	80.5	72	74.9

数据来源：中国金融四十人论坛内部课题“我国产能过剩风险评估与化解”的部分成果。

二是产能过剩的结构性。我国产业产能过剩有一个显著的特点就是尽管行业总体性过剩，但是行业内一些高端产品仍旧需要进口。从产品结构来看，一些低附加值、低工艺水平、产品结构简单、技术含量低的产品和零部件严重过剩，而一些行业内科技含量技术高、附加值高的产品和零部件则严重供给不足，需要从国外进口，例如风电设备中风机控制系统和大部分零部件，平板玻璃中玻璃基板和电视机用大平板。从组织结构来看，我国大多产业存在产业集中度低，大企业不够大更不够强，没有形成由优势企业主导的产业发展格局，重复建设严重、平均规模较小、恶性竞争比较激烈的特点。图 10.1 是我国钢铁行业的产业集中度变动趋势（其他行业数据不易获得）。

按照美国经济学家贝恩对产业集中度的划分标准，$CR_4<30\%$ 的市场结构为竞争型结构，从图 10.1 可以看出，我国钢铁产业从 2010 年来竞争就非常充分，而且还有继续恶化的趋势，目前全国有粗钢产量并上报国家统计局的企业有 470 多家，其中 100 万吨以上企业达到 174 家，2015 年前 10 家产钢企业粗钢产量占全国钢产量的 34.2%，前 4 家仅占 18.5%，且大多钢厂设备落后，

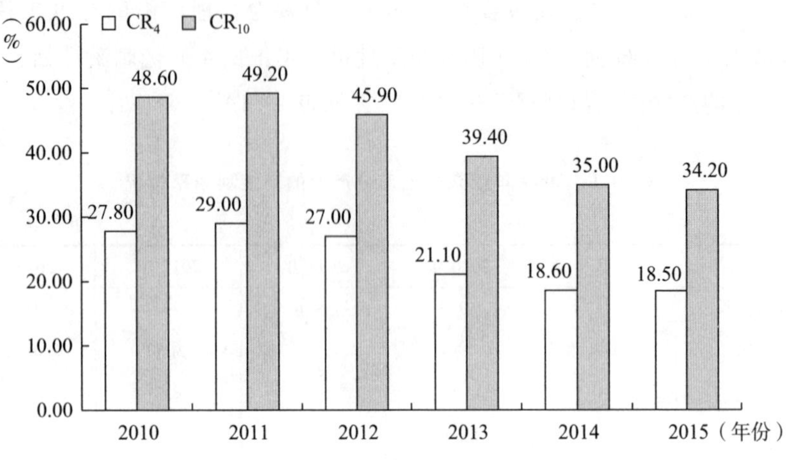

图 10.1　2010～2015 年中国钢铁产业集中度变化趋势

低端产品多，各企业产品质量、规格和品种无明显差距，处于同一水平，截至 2012 年底我国小于 400 立方米高炉的产能有 4300 多万吨，小于 30 吨转炉的有 2000 多万吨，产品结构的雷同，造成各钢企争相压价，无序竞争。

三是产能过剩的长期性。目前的过剩已经由以前的相对过剩转变为绝对过剩，经济复苏和快速增长已经解决不了当前的过剩问题。从煤炭行业来看，随着环保标准的提高和对全球变暖问题的重视，煤炭需求量上升空间有限，如果按照目前已有和扩建、新建的产能计算，“十三五”末期将超过需求 10 亿吨以上。从钢铁产业来看，目前，我国人均钢铁产量达到 600 公斤，从发达国家的经验来看，未来几年可能快速下滑到 500 公斤。按照这个数据测算，“十三五”末期我国钢产量在 7 亿吨左右，按照 80% 的产能利用率来算，目前产能超出需求 2 亿吨。

四是产能过剩的风险大。与生猪市场的产能过剩不同，工业领域产能过剩的危害性更为严重。新常态下，产能过剩有进一步发展并且集中爆发的风险。这主要是由于前几年的大规模投资导致许多行业产能快速扩张，而目前我国经济发展已经到了一个相对较高的发展阶段，以往的增速不可持续，另外，工业在国民经济中的比重将会逐渐低于服务业，因此，如果产能过剩的问题解决不好，那么经济可能存在“硬着陆”风险。

之所以会出现产能过剩的现象，一方面，由于过去十几年甚至几十年，在贸易全球化迅速发展时期，诸如煤炭、钢铁等都对居民生活及其他各行各业的运转起到了基石作用，“中国制造”曾为我国出口的持续扩大做出过重要贡献，为我国经济增长提供了强大的发展动力；另一方面，受国际金融危机深层次影响，伴随着国际市场需求增速趋缓和国内结构调整进程加快，这些产业供过于求的矛盾开始日益凸显。一些地方过于追求发展速度，过分倚重投资拉动，通过廉价供地、税收减免、低价配置资源等方式招商引资，助推了传统产业和新兴产业重复投资和产能扩张。而我国目前资源要素市场的改革还比较滞后，由于地方保护和其他原因，落后产能退出渠道不畅，产能过剩的矛盾近几年一直没有得到缓解。

（二）经济新常态下的地方保护

借助资源和人力等传统生产要素，利用成本优势，我国经济保持了30多年的高速增长，但是由于价格机制不完善、地方保护、要素流动限制、市场分割等因素，生产要素的资源配置效率造成了我国实际产出与潜在产出间的缺口。经济进入新常态，从经济学视角来看，意味着生产效率的提升。具体来说，从产业层次来看，意味着生产要素在行业之间重新优化配置；从空间经济学的角度来看，意味着生产要素在空间层次重新优化配置从而带来生产率的提升。为解决资源错配，释放要素潜力，就需要破除地方保护，规避要素市场扭曲，促进要素和产品在各个行业和地区之间的自由流动，促进产业结构和区域经济结构向着合理方向发展。

新常态下，地方保护仍旧是我国经济发展过程中的一个突出问题，虽然我国已经出台了很多破除地方保护主义的规定，但是地方保护仍广泛存在于产能过剩的行业中。医药产业是我国国民经济的重要组成部分，是关乎国计民生的基础工程，是现代产业和传统产业相结合，集农业、工业和服务业于一体的产业，尽管国家针对医药行业陆续出台了一系列破除地方保护和贸易壁垒的措施，但是却存在着产能过剩，并且一些地方相继出台了一些地方保护措施来保护本地医药产业和企业的发展。另外，作为新兴战略产业的光伏和风力发电产业，也是由于各地纷纷上马，大规模建设造成了严重过剩和地方保护①。近年来，新能源汽车成为拉动经济增长的重要

① 《地方保护主义抬头　光伏发电再遇拦路虎》，http://auto.hexun.com/2015-05-19/175937592.html。

产业之一，一些地区盲目兴建新能源产业园与企业，使得新能源汽车过剩，于是各地同样也纷纷出台了一些保护本地汽车产业的政策。因此，我们可以看出在新常态下，地方保护仍旧在多个行业存在。

地方保护、市场分割已经无法适应新常态。加快构建统一透明、有序规范的市场环境，为市场创造能充分竞争的良好条件，是我国经济新常态的客观要求和新一轮全面深化改革的攻坚任务。党的十八届三中全会指出，市场决定资源配置是市场经济的一般规律，健全社会主义市场经济体制必须遵循这条规律，着力解决市场体系不完善、政府干预过多和监管不到位问题。然而，区域经济发展面临的一个重要问题就是区域一体化受阻，地方主义难禁，不正当竞争带来的国家政策的碎片化和市场的分割化，难以形成全国统一市场[①]。地方保护已经成为阻碍我国区域生产率提升的一个主要障碍，在中国经济转变增长方式，由外需主导向内需主导转变的情况下，扩大内需成为经济发展的迫切需求，这就需要建立全国的统一市场，让要素和商品自由流动，让市场在资源配置中起决定性作用。

（三）经济新常态下地方保护、市场分割与产能过剩

在第八章本书提出了地方保护、市场分割和产能过剩的概念模型并用该模型对我国生猪市场的市场整合和分割情况进行分析，那么，该模型能否扩大应用到其他行业？新常态下，该模型描述的逻辑是否依然存在？从上面可以看出，新常态下，产能过剩、地方保护和市场分割依旧是我国经济发展过程中存在的一个突出问题，也是供给侧改革中最重要的一个问题，产能过剩不仅存在于传统行业而且新兴产业也出现了产能过剩的苗头，产能过剩已经成为新常态下迫切需要解决的一个问题，从本书提出的三者之间的关系模型可以看出，产能过剩、地方分割和地方保护三者之间存在相互作用的关系，解决产能过剩问题是个系统问题。本节以新能源汽车这个新兴产业为例，用该模型分析新能源汽车产业产能过剩背后的逻辑，以便为后面的问题解决方案提供基础，同时也为我国其他新兴产业避免出现类

① 《中国重塑区域大格局　地方保护主义难禁》，《21世纪经济报道》2014年6月8日，http://news.sohu.com/20140608/n400551903.shtml。

似的情况提供借鉴。

案例分析：新能源汽车产能过剩、地方保护与市场分割的分析①

近两年来，在政策绿灯和千亿补贴的助推下，地方新能源汽车投资热情不断高涨。各地政府兴建汽车产业园的热情高涨，在传统制造业不景气的背景之下，被国家助推的新兴产业比如新能源汽车产业成为各地政府鼓励投资的重要方向。第一财经记者粗略统计，仅2014年下半年的时间，全国各地建立的新能源汽车产业园就已经达到十数个，这些产业园项目投资数额都非常惊人，动辄达到十几亿甚至是几十上百亿，并且截止到目前，还有继续迅速扩张之势。2016年6月12日，武汉市蔡甸区常福工业园的武汉盟盛汽车产业园暨江淮新能源汽车武汉生产基地举行开工庆典，一期工程总投资10亿元，将实现年产量2万台的新能源汽车规模；同在12日，金龙合丰宁夏新能源汽车制造出口产业基地项目签约仪式在银川举行，概算总投资23亿元；5月21日，广东省电动车商会与顺德、英德两地达成合作共识，并签署了《共建广东首个新能源电动车产业园框架合作协议》，18家电动车企业现场签署了入园投资意向书；5月17日，江西省赣州经济技术开发区被江西省工信委授予"江西省新能源汽车动力电池产业基地"称号；5月8日，贵州贵安与五龙集团牵手，并举行了新能源汽车生态产业园签约仪式……北京理工大学副校长、电动车辆国家工程实验室主任孙逢春就曾通过媒体对外表示过，他认为：目前国内的新能源生产企业呈现出"散、小、低"的特点，我们并不需要那么多的新能源生产企业，自然也不需要那么多的汽车产业园。

2016年7月，受国家发改委委托中国汽车技术研究中心对国内正在建设的新能源车项目调查结果显示，自2015年1月至2016年7月，我国各地在建新能源车整车项目有30多个，投资总金额超过1000亿元，项目总的年产能达到300万辆，若再算上早几年已经上马的项目及正在酝酿中的项目，新能源汽车产能还将进一步增长。而根据国务院办公厅印发的《节能与新能源汽车产业发展规划（2012－2020年）》，预计到2020年国产新能源汽车

---

① 《新能源汽车过剩不过剩，市场说了算》，http://www.aiweibang.com/yuedu/133988125.html。

产能将达到200万辆、累计产销量超过500万辆，并根据这个数字制定了充电站的建设计划。中国汽车技术研究中心相关人士也明确指出，国内新能源汽车领域存在重复建设和产能过剩风险。①

造成我国新能源汽车产能过剩的原因分析：①利益驱动。新能源产业属于新兴产业，近十年来，在全球范围内发展非常迅速，新能源汽车产业链长、带动性强，因此，一些地方政府普遍都把新能源汽车作为当地未来支柱产业。在利益驱动下，地方政府给予新能源汽车企业大量的优惠政策，使优势资源向新能源汽车产业集中，各地汽车产能被盲目抬高。②政策驱动。按照目前国家政策，进入新能源试点应用和推广的城市，都有一定的考核要求，达不到会有一定的惩罚措施。而按照此前国家公布的截至2015年8月全国39个城市新能源汽车推广的情况，有16个城市和地区达标率不足20%。随后，国家调整了考核的方式，2016年国家公布的考核计划中采取奖惩并行的方式，在规定政府和公共用车中新能源的替换比例之外，每增加多少辆车奖励多少金额，最高奖励达到2亿元。这在很大程度上推动了地方政府鼓励当地新能源投资的热情②。③地方保护驱动。近年来，国家出台了一系列政策都明确表示坚决反对任何形式的地方保护（见表10.2），人大代表也多次集体上书呼吁纠正，但是问题依旧。各地政府为了扶持当地新能源汽车的发展，有的要求车企设立本地销售公司，有的要求设立生产企业。这在各地政策条文上并不呈现，但在实际操作过程中，许多城市提出拿投资换市场，不仅要求设立销售企业，而且要求设立生产企业，以换取地方国民待遇，“因为新能源推广补贴中，地方补贴的部分是需要地方财政出资，而在此背景下，地方政府当然更愿意补贴本地企业”③。比亚迪就以不断投资设厂的方式开拓市场，陆续在北京、上海、西安、惠州、韶关、杭州、宁波、商洛、长沙、大连、南京、梧州、青岛等城市建设生产基地，

---

① 《国内新能源汽车市场面临产能严重过剩的风险》，http://auto.sohu.com/20160718/n459755464.shtml。

② 《补贴与政策要求下　新能源产业表面繁荣》，http://toutiao.com/i6282885135624831489/。

③ 《新能源车产业园“大跃进”　地方政府借机盘活僵尸产能》，http://finance.sina.com.cn/roll/2016-05-09/doc-ifxryahs0577306.shtml。

对外披露的投资规模从 15 亿元到 50 亿元[①]。从实际的生产与销售结构看，目前我国有新能源汽车生产企业 169 家，33 万辆的销量平均到每个企业头上的单体销量只有 1953 辆，其中不排除只有百辆甚至几十辆单体销量的企业，而相比之下，日本一家企业每年卖出的新能源汽车就达 15 万辆之多，由此不难发现我国新能源汽车销售市场的碎片化病症以及生产企业规模化程度低下的软肋。

表 10.2　有关打破新能源汽车地方壁垒、破除地方保护的相关政策及建议

时间	部门	名称	内容
2016 年 6 月 5 日	中国电动汽车百人会	电动汽车热点问题系列研讨会	破除地方保护还要加快推进财税制度改革，彻底根治动机问题。破除地方保护，建议取消地方目录及地方补贴，或限定在国家补贴的一定额度内
2014 年 7 月 21 日	国务院办公厅	《国务院办公厅关于加快新能源汽车推广应用的指导意见》	各地区要严格执行全国统一的新能源汽车和充电设施国家标准和行业标准，不得自行制定、出台地方性的新能源汽车和充电设施标准。各地区要执行国家统一的新能源汽车推广目录，不得采取制定地方推广目录、对新能源汽车进行重复检测检验、要求汽车生产企业在本地设厂、要求整车企业采购本地生产的电池、电机等零部件等违规措施，阻碍外地生产的新能源汽车进入本地市场，以及限制或变相限制消费者购买外地及某一类新能源汽车
2016 年 6 月 4 日	国务院	《国务院关于在市场体系建设中建立公平竞争审查制度的意见》	着力打破地区封锁和行业垄断，清除市场壁垒，促进商品和要素在全国范围内自由流动

表 10.3 是我国新能源汽车领域一些典型的地方保护政策。在利益驱动、政策驱动和地方保护驱动下，不难理解为何各地都在“大跃进”般地进行投入，新建新能源产业园和企业，这种不考虑市场和技术水平的投资和重复建设势必会造成产能过剩。据统计在目前国内新能源汽车的市场占比中，属于开发成本低、技术含量低、价格低的小微电动车占了 66% 的份额，其中数量最多的是各种改装车、低速电动车项目，缺少的是高质量、高品质的新能源汽车，缺乏对新能源汽车的创新。需要投入大量资金且在全新平

① 《地方保护五大利器》，http://news.hexun.com/2016-06-25/184584091.html。

台上研发出的高技术含量全新电动车占比则不到20%[①]。

表 10.3 新能源汽车领域比较典型的地方保护手段

地点	部门	名称	内容
江苏省	财政厅、经信委	《2015年江苏省新能源汽车推广应用省际财政补贴实施细则》	省级财政资金奖励的对象为省内新能源汽车生产企业
厦门市	财政局、经信委	《厦门市新能源汽车推广应用财政补贴办法（2015年）》《厦门市新能源汽车推广应用实施方案》	对在本市销售并上牌的新能源汽车（大中型客车除外），在本市没有汽车生产企业的，必须在厦注册登记一家具有独立法人资格的汽车销售机构统一申请； 加大对新能源汽车产业发展的支持力度，鼓励整车企业本地配套，推荐采购本地产品。鼓励机关事业单位、国有企业和公共交通，优先采购本地新能源汽车及零部件产品
西安市	财政局	《关于印发西安市加快新能源汽车推广应用财政优惠政策实施细则的通知（2014年）》	西安辖区外的新能源汽车生产企业需在本市工商注册登记或指定一家具有独立法人资格的汽车销售机构
深圳市	发改委、财政委	《深圳市新能源汽车推广应用扶持资金管理暂行办法（2015年）》	非本市整车生产企业在本市注册的具有独立法人资格的全资销售子公司，注册资金不低于5000万元
北京市	财政局	《北京市示范应用新能源小客车财政补助资金管理细则（2014）》	符合《北京市示范应用新能源小客车管理办法》规定，并纳入《北京市示范应用新能源小客车生产企业及产品目录》的新能源小客车及其生产企业； 非本市注册的汽车生产企业申请本市财政补助资金，须授权委托一家在京注册登记的具有独立法人资格的汽车销售机构统一申请
福建省	财政厅、经信委	《福建省新能源汽车推广应用本省配套补助资金管理办法》	申请本省配套补助资金，需要提交"车辆安装使用省内企业生产的电池、电控等关键零部件凭证"

从上面的论述可以看出，我国新能源汽车的过剩是在地方利益驱动和相关政策压力下形成的，传导机制大致如下：首先在地方利益和相关政策压力的刺激下，地方政府不考虑本地资源禀赋，纷纷上马新能源汽车项目，一是为了拉动本地经济增长和GDP考核，二是为了拿到对新能源汽车的巨

① 《财政为何不能长久补贴新能源汽车：不少企业反复骗补》，http://news.cnfol.com/chanye-jingji/20160302/22340001.shtml。

额补贴，三是为了完成政策规定的目标。从而造成各地重复建设，产品结构雷同，低端产品严重过剩。地方政府为了保护本地新能源汽车产业和企业，采取多种多样的地方保护措施，从而造成市场分割。市场分割的深化反过来又加剧了重复建设，从上面比亚迪在多个地方建厂的例子就可以看出，比亚迪为了打入当地市场，在国内多个地方兴建工厂。这几乎和生猪市场分割的产生机制相同，下面列表比较一下生猪市场分割和新能源汽车市场分割的异同。从图 10.2 可以看出，第八章我们提出的重复建设、地方保护和市场分割相互影响机制概念图同样也适用于新兴产业。

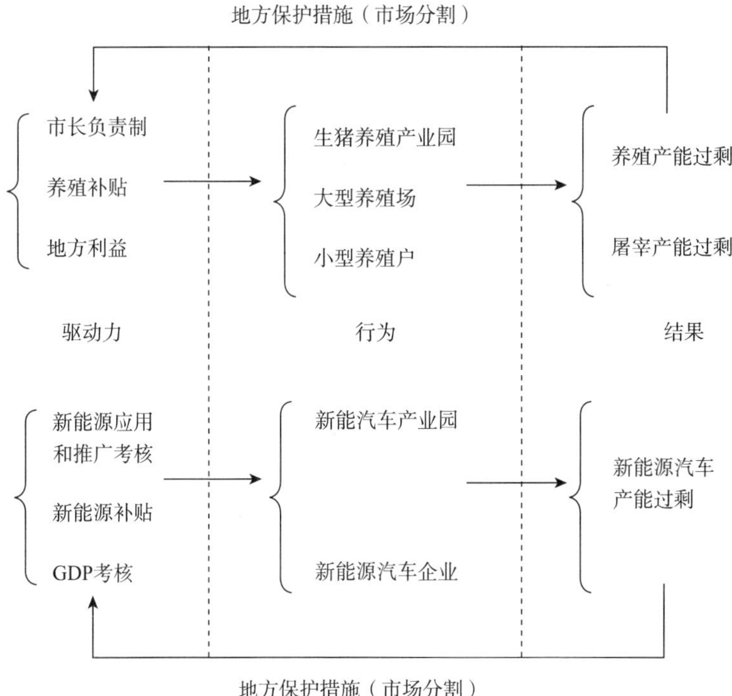

图 10.2　生猪产业与新能源产业产能过剩、地方保护与市场分割机制比较

三　从市场整合的角度解决产能过剩问题

产能过剩、地方保护与市场分割是一个相互作用的复杂系统，产能过剩问题不仅牵涉地方保护和市场分割问题，还牵涉许多其他方面的问题，造成产能过剩的原因也很多，如市场机制自身问题、全球经济疲软、内需不足等因素。本书仅仅基于第八章提出的概念模型和第九章提出的地方保护和市场分割至产能过剩的两条路径，从市场整合和分割的角度来阐述解决我国产能问题的办法。

（一）消除价格扭曲，发挥市场机制作用

从第九章的分析我们可以得知，地方保护导致的市场分割破坏了公平竞争的市场环境，违背了市场经济的最基本原则，政府补贴导致地方的比较优势失真和资源错配，重复建设和产能过剩，有些地方不顾地方实际和产业调控政策，为企业提供各种优惠政策，如减征企业所得税、对贷款给予优惠利率、提供财政担保、提供各种土地优惠政策等，一方面导致过剩产业在不具备比较优势的地区重复建设，另一方面导致落后产能从一个地方转移到另一个有优惠政策的地方再重新生根。地方补贴有时还会抬高亏损企业退出壁垒，造成亏损企业利用政府补贴继续维持生产，落后产能不能及时退出。以钢铁业为例，沪深两市 35 家钢铁企业在 2010 年和 2011 年分别拿到政府补贴 13.43 亿元和 30.57 亿元，尽管中央政府屡次发文淘汰落后产能企业，但是许多名单里的企业并没有被实际关停，主要是由地方利益所致，据有关统计，目前多地纷纷出台政策补贴国家正淘汰的过剩行业，例如四川省经信委发布《关于 2013 年全省工业经济“开门红”激励政策的通知》，提出安排 8000 万元资金支持一季度有市场、有订单、对工业用电增长贡献较大的新能源、电解铝等行业重点企业。贵州铜仁出台了《2013 年工业企业亏损补贴和用电补贴办法》，提出全市规模以上工业企业中，对电解铝、工业硅、中低碳锰铁、铁合金等行业企业按 0.03 元/千瓦时实施补贴，补贴补助市级财政承担 20%，企业所在区县财政承担 80%。除四川和铜仁外，宁夏、河南等地也出台了类似政策。因此，一些企业尽管亏损也愿意一直再生产，一方面如果不生产，机器停产再启动的成本会很高；另一方面，如果不生产，就拿不到地方政府的补贴，有些企业拿到政府补贴后甚至能出现赢利的现象。因此，对于企业来说停产的成本要远远大于继续生产的亏损，企业宁愿亏损也会一直生产的现象就会发生，从这一点就不难理解为什么我国钢铁产业在产能严重过剩的背景下，产量为什么还能屡创新高了。从上面可以看出，尽管中央政府要淘汰落后产能，但是地方

政府也有自己具体的难处，实施起来比较困难①。

从上面的分析可以看出，政府补贴一方面放低了过剩产业企业的进入门槛，另一方面抬高了过剩产业行业的退出门槛，韩剑（2014）的实证研究结果也表明，“据统计，2012 年中国 2537 家上市公司中，有 2387 家获得政府补贴，占 94%，累计获得补贴 1070 亿元，由于补贴部分上市公司在退市边缘‘扭亏为盈’，补贴占利润的绝大部分。政府补贴往往保护了那些由于经营不善而面临亏损的企业免于倒闭，因而起到了保护落后产能、提高退出壁垒的作用”②。同时韩剑（2014）的实证结果也表明地方政府之间出于晋升的目的而竞争，有着强烈的政治和经济利益意识而推动本地经济快速增长，造成诸侯经济、产能过剩和产业结构趋同，并认为这些都是行政性壁垒和市场分割的必然结果。

因此，从财政补贴和优惠政策破坏公平竞争、导致资源错配和产能过剩这个视角出发，本书认为应该首先纠正各种违法违规的补贴和优惠政策，制定和规范明确的补贴对象、补贴手段、补贴额度和补贴流程，对税收等优惠政策的制定、调整或取消等信息，要形成目录清单，并以适当形式及时、完整地向社会公开并接受监督。其次，减少财政补贴和优惠政策使用的随意性，清理违法违规或影响公平竞争的政策，如先征后返、列收列支、财政奖励或补贴，以代缴或给予补贴等形式减免土地出让收入等。着力扫除影响商品和生产要素流动的市场壁垒。对违法违规实施税收等优惠政策的地区和部门，要依法依规追究当地政府和部门主要负责人和政策制定部门、执行部门主要负责人的责任。最后，补贴目的应重点激发企业的内生活力和发展动力，加大对研发的补贴力度，减少对生产的补贴力度。改变各种补贴和优惠政策对价格的扭曲，使价格机制真正反映各种生产要素和商品的价格与成本，成为企业决策和生产的指挥棒，使市场在资源配置中起决定性作用。切断各种补贴和优惠政策通过降低企业进入壁垒和抬高企业退出壁垒传导至产能过剩和重复建设的路径。

---

① 《中国过剩行业产能吹大背后：一边淘汰一边补贴》，http://finance.sina.com.cn/china/20130410/022915093606.shtml。

② 韩剑、郑秋玲：《政府干预如何导致地区资源错配——基于行业内和行业间错配的分解》，《中国工业经济》2014 年第 11 期。

（二）解决产能过剩——基于交易成本的分析

从第九章我们提出的地方保护传导至产能过剩和重复建设的另一条路径可以看出，地方保护导致的市场分割造成交易成本的升高，为了抵消交易成本升高的影响，根据交易成本理论，企业往往会采取内部化的方式将经营活动覆盖到全产业链，导致各地纷纷建立大而全的产业体系。产业结构的雷同造成产能过剩和恶性竞争。从交易成本理论视角出发，本书认为解决产业过剩的问题关键在于减小跨区域的交易成本，通过减小交易成本，促进生产要素和产品在不同区域之间的自由流动。但是目前我国行政区划的现状和我国对地方政府的考核制度，使得地方政府为了自身利益，不可能不干预市场来保护本地的企业和产业。我国屡次出台有关破除地方保护和市场壁垒的政策法规就说明了这一点，本书中多个产业的案例也证明，地方保护作为一个顽疾很不容易消除。在这种情况下，本书认为建立跨区域降低交易成本的机制是解决区域产业结构雷同和产业过剩的关键。具体来说，有两种模式，从微观上说，通过兼并重组，建立跨区域的企业集团，通过把由市场分割造成的交易成本升高内部化来解决问题。从宏观上说，通过建立区域合作新机制来解决由市场分割所造成的跨区域交易成本过高问题。

企业通过跨区域兼并重组，形成横向一体化、纵向一体化或者混合一体化战略，一方面可以将原来一系列的外部交易成本内部化，跨区域企业集团内部的分工就是区域分工，是对区域市场的替代。跨区域企业能够有效地降低区域信息不对称程度，打破地方政府的行政壁垒，降低区域交易成本，从而使跨域分割的市场，通过跨区域企业内部活动破除区域壁垒，达到实质上的市场整合，跨区域避免重复建设和产能过剩。从跨国企业的发展历史可以看出，跨国公司内部分工就是国际分工，是跨越国与国之间贸易壁垒促成经济一体化和国与国之间市场整合的重要力量。另一方面，可以获得规模经济优势。地方保护造成的市场分割导致同一行业在不同区域存在数量较多的竞争者，每个企业只能保持最低的利润水平，从而形成恶性竞争，影响整个行业的健康发展，通过跨区域的横向并购，可以有效地减少竞争者的数量，提高产业集中度，跨区域考虑公司的生产活动，通过减少竞争者数量和需要决策的区域范围可以大幅度减少生产决策的不确定性，从而避免产能过剩。

新常态下，中国经济发展面临的国际国内环境已经发生深刻调整，进入转型期的中国经济，面临国际经济疲软，外需受阻，扩大内需成为拉动我国经济增长的主要力量，已成为关系到扩大内需、培育新的增长极、推动产业转型升级的关键举措。而这就需要建立全国统一的市场，让市场在资源配置中发挥决定性作用，让要素有序自由流动。十八届三中全会决议及2014年政府工作报告中也都明确指出要建立全国统一的市场，使要素有序自由流动。在以往的区域发展格局下，由于地方各自为政，区域一体化进程严重受阻，再加上地方保护，生产要素和商品等无法自由流动，资源配置效率低下，严重阻碍了全国统一大市场的形成。要建立统一的全国统一市场，就需要建立区域合作新机制。需要区域政策更多地聚焦如何推进跨区域的协同发展和市场的一体化，尽量破除生产要素和商品跨区域流动的不合理限制和流动成本。需要区域政策的着力重点从区域内转向区域间，从个别区域转向整体，促进市场整合和公平竞争。

四 经济新常态下市场整合对服务业发展的重要意义

经济新常态，核心是从工业大国走向服务业大国，从工业主导的经济结构走向服务业主导的经济结构。新常态的一个重要标志就是服务业在国民经济中的比重将会越来越大。在经济增速下滑的转轨阶段，迫切需要进一步加快服务业发展，使服务业成为新常态下经济增长的动力来源和效率提升的重要途径。

（一）经济新常态下服务业的发展趋势

当前，在经济增速平稳下降的背景下，我国服务业增长势头显著，发展稳中有进。2010年以来，我国服务业发展迅速，2010年服务业增加值为18.21万亿元，占GDP的比重为44.1%。2013年服务业增加值为27.58万亿元，超过第二产业3.2个百分点，占GDP的比重为46.7%，成为我国国民经济第一大产业，取得了质的飞跃。2014年服务业增加值增加到30.78万亿元，不考虑价格因素年复合增长率为11.06%，占GDP的比重由2010

年的44.1%增长到47.8%，增长3.7个百分点（见图10.3）。

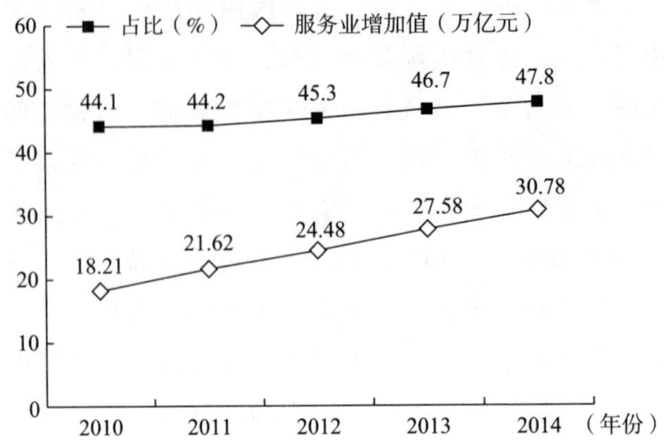

图10.3　2010～2014年服务业增加值与占比变化趋势

从就业人数（见图10.4）来看，我国服务业从业人员2010年为26.33千万人，到2014年年底，增加到31.36千万人，共增加大约5000万人，平均每年增加约1000万人，年均增长3.56%。服务业就业人数占总就业人数的比重也呈现逐步上升趋势，从2010年的34.59%增加到2014年的40.59%，增长了6%，成为三大产业中吸纳劳动力就业最多的产业。

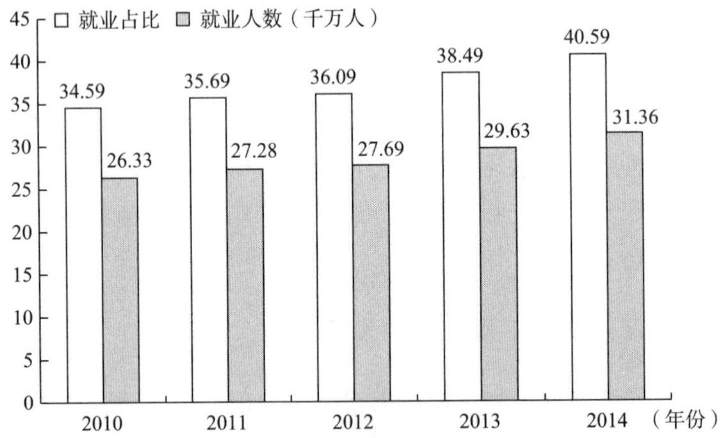

图10.4　2010～2014年服务业就业人数与占比变化趋势

第三产业占比持续上升，表明我国经济结构正在发生重大变化，转型升级已到了关键阶段，中国经济由工业主导向服务业主导加快转变，中国“服务化”进程已不可逆转，并且越来越快。可见，无论从增加值比重还是就业比重来看，服务业作为国民经济第一大产业的地位已经基本确立。

（二）新常态下发展服务业的重要意义

经济新常态下，产业结构从以制造业为主向以服务业为主转变。服务业是国民经济的重要产业，是衡量现代社会经济发达程度的重要标志，国外发达国家服务业比重一般达到70%以上，而我国目前还远远低于这个标准，服务业对我国经济的拉动作用还尚未得到充分发挥。经济新常态是重塑增长动力、重构经济结构、产业结构调整升级的主动作为的过程。服务业在经济结构中的地位将进一步提升。这不仅意味着需要加快发展服务业，扩大服务业发展规模，还需要提升服务业的发展质量和对其他行业的渗透推进作用。

推动服务业发展是实现制造业转型升级、向强国迈进的客观要求。生产性服务业的深层次专业化发展，可以让企业集中精力打造自己的核心竞争力，通过将不擅长的非核心业务外包给专业性服务机构来完成，充分利用各种社会资源，优化企业组织方式，降低企业的生产和交易成本。例如，企业可以通过专业化的采购服务体系，获得国际和国内市场信息，以较低的成本获取原材料和半成品。从而降低企业的生产成本，提升企业的竞争力，推动企业的重组合并和结构调整，产业的升级转型和高端化发展。生产性服务业凭借其深度产业关联性、广泛渗透性和高度创新性，可以直接作用于制造业的生产流程，提高生产技术和要素的使用效率，降低生产成本，支撑和促进制造业优化升级。例如，随着制造业分工的深化，现在越来越多的企业把物流和供应链管理外包给专业服务业，集中精力于制造和生产环节，通过从外界获得更专业更高质量的服务，企业就可以降低不同环节的物流成本，从而提高产品竞争力。在产品价值构成中，75%～85%的价值与生产性服务业相关，生产性服务业是产业链中价值创造和增值的重要来源。现代产业发展的一个重要特征就是不同产业之间的融合。目前，生产性服务业与其他产业之间的关系越来越紧密，在现代产业体系中，物质生产需要有相关生产性服务业的投入，整个产业体系的发展壮大也需要生产性服务业特别是其金融资本和人力资本作为先导，通过对研发、物流、营销等各个环节的整合和协调，才能转化为物质财富。随着ICT技术的发展，全球制造业也正在从目前的生产型制造向服务型制造转变，服务于产品相互依赖和融合，共同满足市场的需要。我国目前正致力于走新型工业化道路，推动产业结构的转型和升级，最重要的途径就是大力发展生产性服务业，促进生产性服务业与制造业的互动和融合发展。

（三）市场整合对服务业发展的重要意义

尽管2013年我国服务业增加值首次超过第二产业成为第一大产业，但是相对于发达国家来说，我国服务业无论是规模还是水平都处在比较低的阶段。主要表现在与发达国家服务业占比一般都是70%以上相比，我国还有很大的差距。其次，我国服务业中传统服务业占比比较大，而专业性服务业和科技型服务业等生产性服务业占比较低。作为一种低能耗、低污染和高附加值的产业，在中国经济转型的大背景下，各地政府都对发展服务业特别是生产性服务业表现出了浓厚的兴趣，各地纷纷建立物流园、大数据平台、云计算平台、电商平台、创意产业园服务平台和基础设施，这种一拥而上的建设态势已经引起了有关专家和部门对重复建设的担忧。以大数据产业为例，据《国际金融报》不完全统计，河北的秦皇岛、贵州的贵安新区、重庆两江新区、兰州新区、杭州、内蒙古的呼和浩特等，都提出要集聚资源，建设大数据产业集聚区，其中贵安新区、重庆两江新区、兰州新区更是将大数据产业作为全市的支柱产业，在新城规划中特地以此为重心①。赛迪智库软件与信息服务业研究所所长安晖针对各地纷纷大力发展大数据产业指出，“国内大数据领域的明显进展未现，却已经显示出或多或少的‘泡沫’，借大数据之名圈钱圈地或进行重复建设的苗头已经出现”②。

与制造业重复建设最终导致地方保护和市场分割的机理相同，服务业的重复建设势必再次引起恶性竞争和地方保护，造成市场分割和较小规模的市场。这将会严重阻碍我国服务业的发展，尤其是生产性服务业的发展。主要因为服务业与制造业存在以下几个不同点：第一，服务业普遍具有规模经济的特点，即多服务一个对象所增加的边际成本要远远小于其价格，在大数据、云计算和物联网等ICT的作用下有些甚至是零边际成本。但是，

---

① 《邬贺铨院士：发展大数据需避免重复建设恶性竞争》，http://tech.gmw.cn/2014-07/31/content_12281576.htm。

② 《出现重复建设苗头 大数据发展莫入歧途》，http://www.china-cloud.com/yunjishu/shujuzhongxin/20130319_18354.html。

这些服务往往都需要比较大的先期投入，以平台经济模式为例，在平台建设的初期，往往需要投入大量的人力、物力和财力，一旦平台建设完成，就可以重复使用而使用的边际成本很低甚至为零，但是若使用的人次较少，那么就很难收回先期投入，从网上订餐平台“饿了吗”“美团外卖”和“百度外卖”等争推优惠吸引顾客的大战中就可以看出，使用平台经济模式的企业只有尽可能地服务于更多的客户才能获得更大的利润，服务的顾客越多，其平均成本就越低。此外，像研发等初期需要高投入的企业也是如此，这一规模报酬递增特性就决定了服务业不应形成人为的市场分割，否则会降低每个企业的平均顾客数和平均利润，导致企业没有丰富的利润以创新服务、提高服务质量。第二，作为在第一产业和第二产业基础上发展起来的服务业，地方保护引起的市场分割将不仅仅影响服务业本身的发展，由于服务业的广泛渗透性，市场分割造成的服务业发展缓慢将会对其他产业部门特别是制造业和农业部门竞争力的提升产生不利影响，从而对整个经济的发展也产生不利影响。因此，我国在发展服务经济的时候，一定要避免服务业重蹈制造业的重复建设之路。

第十一章　对策和政策建议

一　技术层次

交通和信息基础设施的完善是实现市场整合的前提条件。对于猪肉这类容易腐烂的商品来说，高速公路网络的建设尤为重要。高速公路网络的建成将大大促进我国资源在区域间的合理流动，从硬件设施上消除阻碍市场整合的物质因素。

随着科技发展和社会进步，信息基础设施在国民经济和市场整合中起着非常重要的作用，已经成为区域经济一体化和市场整合的关键因素，甚至是不可或缺的前提条件之一。完善快捷的信息基础设施可以使不同市场的价格信号迅速准确地传导到其他地区和市场，使市场经济的价格机制充分发挥作用，指导生产要素和商品在区域范围内的流动，促进市场整合的进程。因此积极推进生猪产业链相关企业信息技术的应用，逐步建立企业各项数据库，建设电子商务综合服务平台，可以为我国生产资料和商品市场的整合提供坚实的物质基础保障。

随着我国农业经济结构调整和居民消费水平的提高以及生鲜农产品产业的发展，容易腐烂的生鲜农产品的产量和流量都会呈现逐年增加的趋势。因此为了最大限度地保证食品安全，把猪肉的加工和运输过程都控制在低温条件下，需要我国大力发展冷链物流运输业。目前，我国生鲜农产品冷链物流发展水平远远低于发达国家的水平，美国、日本、加拿大和欧洲一些国家禽肉的冷链运输率已经达到100%，我国冷库和冷藏保温车也与上述发达国家差距巨大。在生猪产品市场上，只有加快发展冷链运输产业，才能促进生猪产品的跨地区保鲜运输，才能促进生猪产品的跨区域流通和市场整合。

但是交通基础设施、信息基础设施以及冷链技术的发展只是实现市场整合的必要的物质条件，但不是充分条件。要想真正在全国建立大统一、大流通的生猪产品流通市场，除了加强交通基础设施、信息基础设施和冷链运输技术，还要努力消除本书上述的造成市场分割的人为因素，建立和完善竞争有序、规范的各种经济法律法规制度。

二 政府层次

（一）转变政府管理职能

1987 年著名的《改变政府管理：下一步行动方案》报告指出，地方政府应该是服务型的政府，主要是提供公共物品和公共服务，执行公共性职能，辅助市场发挥资源配置的基础作用。具体来说就是淡化经济主体意识，将政府主要职能转移到基础设施和公共设施的建设，进行市场监督，制定区域社会经济发展目标，促进本辖区内居民的充分就业，创造良好的投资和创业环境，培育市场主体，提供优质的社会保障等方面。地方政府的执政目标从以发展经济为中心转变为社会、文化、生态、经济等共同发展，执政方式由单一的行政手段逐步转变为法律、经济和行政手段相结合的方式。从由微观管理逐步向宏观管理转变，加强宏观管理与部门调控，尤其是强化制定和监督地区发展战略和政策的部门，弱化直接管理企业的部门。

（二）改善干部考核机制

通过本书的分析我们可以知道，将政绩与地方经济 GDP 和地方的福利等局部利益挂钩有非常明显的局限性。纯粹的 GDP 并不能反映经济增长的代价，如资源是否最优配置，产业结构是否合理，生态环境是否遭到破坏等。中央政府的考核应在促进地方发展本地经济的同时，将社会效益、是否增强企业活力、是否维护公共利益和执行国家产业政策以及和周围地区的恶性竞争程度都纳入考核的指标，逐步提高区域系统化的指标在考核指标中的比重。

具体可以从以下几个方面进行考虑：第一，将是否削弱或者加大区域市场分割纳入政绩考核体系，对违反市场整合的行为进行惩罚，对与周围地区市场整合好的地区进行奖励。第二，将既可以反映地区经济增长水平又可以反映发展质量和体现人文关怀的指标比如人均收入和收入保障等难以造假的一系列指标纳入政绩考核标准。第三，将本地经济发展为周围地区带来的效应的正负性也进行考虑，加强本地政府与周围地方市场整合的主动意识等。

（三）引导产业结构调整

根据亚当·斯密的绝对优势理论和大卫·李嘉图的相对优势理论以及农业专业化理论，各个地方和区域都应当根据自身的基础和自然条件禀赋等来选择适合本地区发展的产业。哈佛大学的迈克尔·波特教授也认为没有一个企业可以取得永久的超额利润，每个企业都应该选择自己具有竞争优势的战略。地方政府都应该仔细研究本地区的资源禀赋和市场竞争优势，对本地区的经济发展进行准确定位，对本地区产业进行正确规划，逐步改变和周围地区产业结构的雷同，从而消除地方保护或者恶性竞争，使地方之间形成和谐、相互促进的竞争良性循环态势。

中央政府应该加强对各个地方政策的协调，不仅要制定明确的产业政策，还要对全国范围内的总体布局根据地区优势做出分工和安排，根据各地劳动力成本、资金和技术以及各个产业的自身特点来安排全国产业布局，促进地区产业规模化和专业化的形成，提高产业竞争力，体现产业政策的地区差别化，从而实现整体和局部的协调发展。还要通过财政政策或者税收政策进行地区之间的转移支付，进行地区之间的利益协调和分配。

（四）完善转移支付制度

第一，改善税收制度，将目前在生产环节的征税逐步改为消费环节的征税。通过这一制度的调整，可以使地方政府由保护在本地区企业的生产转变为鼓励其他地区的产品在本地区的消费，消除地方政府进行地方保护的内在激励。第二，通过本书前面对地方政府地方保护的动机和原因的分析，建议通过建立地方保护方面的专项奖励性或者惩罚性拨款，对采取地方保护和地方封锁的政府，加大惩罚力度，对促进本地区与其他地区市场整合的政府采取奖励措施，来平衡各地区之间的财政状况和促进市场整合。第三，调整中央政府产业政策与地区产业政策和发展规划的协调性，实现国家的产业政策与地区根据自身条件设定的本地区的发展目标的结合，使同一个产业链上不同环节的利益能够在不同地区之间合理地分享，真正建立起“利益补偿机制”和“利益分享机制”。

（五）改革价格负责制度

现在我国中央政府和地方政府在生猪产业方面的关系还没有理顺，中央政府通过猪肉价格地方政府负责制将大部分责任下放，省级政府又按照中央政府的模式，将价格负责制分给了各个市和县。从目前来看，维护本地区生猪产品价格的稳定最好和最经济的办法就是扩大所在地生猪产品自给率来保证本地区的供给和需求，从而导致县级政府不会考虑市级政府的综合规划，市级政府不会考虑省级政府的综合规划，而省级政府顶多具有调控本省的权力和义务，从而产生了一些问题。根据有关数据显示，目前我国已经规划的生猪养殖场的养殖量已经远远超过我国未来每年生猪的消费量，届时各地政府为了保护所在地养殖户的收益，势必会采取一些措施阻止外来猪肉的进入，从而导致反复性和间断性的地区封锁和市场分割的出现。

因此，对于生猪产品价格的负责还是要以中央政府为主，生猪产业的调控权力要集中统一，生猪产业的调控和发展要从全国层次上来布局，不能搞“分权制”，“分权制”会因地方政府和中央政府的目标和利益不一致而扩大调控成本，抵消中央政府政策的调控成效。另外，中央政府要善于调动各级政府在调控生猪生产和流通方面的积极性，形成系统的整体的调控合力，避免调控成本过大的情况出现。

三　行业层次

（一）加大产业集中，促进合理布局

美国生猪屠宰场有 900 家左右，前 15 家屠宰场占猪肉全部供应量的 95%。加拿大大约有 23 家屠宰场，平均每年产肉大约 8 万吨，并且两国都呈现明显的生猪屠宰企业在生猪养殖场附近，而生猪养殖场在饲料产地附近，加工配送中心建立在消费市场的布局形态，这样不仅有利于节省物流运输成本，而且可以防范活猪长途运输所造成的疫病。另外，根据大市场

理论，只有形成规模化生产，才有专业化生产和规模经济的产生，从而提高自身行业和企业的竞争力，才能形成促进产业发展的良性循环。而我国屠宰产能严重过剩，屠宰水平低下，行业布局不合理的现象非常严重，我国目前有生猪屠宰企业2.1万多家，规模以上企业市场占有量还不到10%。因此，综合考虑运输成本、疫病、产销环节的衔接和食品安全等因素，结合农业地区专业化理论，充分结合和利用不同地区在粮食等饲料产品和土地环境等方面的优势，打破我国目前每个地方都存在的生猪屠宰场不合理的布局形态，科学规划和设置屠宰企业，既节省物流成本又可以防止活猪长途运输所导致的食品安全问题的出现。

（二）强化检测队伍，明确职责分工

美国农业部在美国各州都设有食品安全检测办公室，主要负责对肉、蛋、禽生产型企业的质量监管，食品与药品监督管理局则承担除上述三类产品之外的其他食品质量的检测任务，有涵盖疫病、药物残留和细菌等多个项目的一系列系统和完善的检测体系。在屠宰环节，政府雇用和培训专门的检测人员，在政府检验员的监督下对生猪屠宰的肉品进行检验，这种检测体系不仅可以减少政府部门之间的业务重合和业务空缺，而且还能提高检验效率。我国的生猪产业链却牵涉国家工商行政管理总局、商务部、公安部、国家食品药品监督管理总局、国家质量监督检验检疫总局、农业部、卫生部、交通运输部和发改委等大约12个部门的管理，这样很容易造成检测的重复和缺位，并且还很容易造成各个部门之间出现相互推脱、办事效率低下等现象。改善和优化我国目前生猪等食品的监管体系，减少政府职能部门的重叠和监管缺位是未来我国屠宰制度的一个改革方向。

（三）建立注册制度，实行分级管理

美国对禽畜等屠宰企业建立和实行了企业注册制度，这种制度的一个显著特点就是企业注册资质不同企业产品的流通销售范围就不同。具体来说就是在联邦政府注册的企业，其肉类产品可以在全国领域内进行流通，而在州政府注册的企业，其产品只能在企业所在的州进行流通，这样既方便管理，又能刺激企业提高本企业产品知名度和改善技术水平，保障食品安全。我国应根据《生猪屠宰管理条例》，尽快颁布《生猪定点屠宰场分级

管理办法》，进一步对屠宰场按照规模、技术水平等进行分级管理，全面推行分级管理制度，按照全国流通、省内流通、市内流通、县内流通和乡镇内流通五个级别划分我国猪肉的流通范围，促进形成一个有序规范的生猪产品流通市场。

（四）规范监管标准，严格质量控制

美国和加拿大等发达国家对禽畜类产品从饲料、种畜、兽药、防疫、养殖、屠宰加工、运输到批发零售都建立了一系列有效预防食品安全问题发生的法律法规，使整个产业链都有法可依，并且制定了一套完善的检测标准作为补充，形成了“从田头到餐桌”的全面质量监管体系。严格执行GMP和HACCP等标准，对保证食品安全提供了强有力的标准支持。我国对肉类产品分段监管的体系尽管基本适合我国国情，但是目前也存在职责不清，监管环节连接不紧密，甚至监管空位的情况。要强化对饲料、兽药、防疫等环节的监管，做到将质量控制在生产流程中，将监管中心向产业链前端移动，从源头上保障产品质量安全，形成环环相扣的监管体系，建立全面和全程的质量监管体系。

另外，由于市场经济的建设和发展离不开统一的规则，只有实现市场主体在市场准入上的标准统一，才能实现市场相关竞争主体的自由流动，目前我国的产品检测和检测标准由于地区的不同而存在不同的现象，不同的政策、体制和标准已经成为影响我国生猪产品流通的一道屏障，严重阻碍了市场整合和一体化的进程，因此，对生猪产品的生产、屠宰加工、运输、批发零售建立完善的统一检测标准和体系是目前我国生猪产业的一个迫切任务。

（五）改善流通体系，丰富经营模式

世界禽畜产品的流通方式主要有以日本为代表的东亚模式、以法国为代表的西欧模式和以美国为代表的北美模式三种。其中东亚模式的特点是：禽畜产品的流通主要以批发市场为主导，具有规范化、法治化和效率高的优点。但是该流通方式由于批发流通渠道比较复杂，如果没有相关法律法规的规范，可操作性就会大打折扣。西欧模式与东亚模式相比，批发市场流通所占的比例比较小，而且大多数大型批发市场多以公益性原则为主，

该模式鼓励发展产、加、销一体化，并将产前和产后相关企业建立在农村，该模式的一个局限是必须有四通八达的交通基础设施，这样才能为周边禽畜产品的流入和流出提供保障。北美模式的特点是以直销为主，产地与大型超市、连锁经营网络间直销的比例占到80%左右，经由批发市场流通销售的仅仅占20%左右，该模式需要发育完全的零售连锁经营网络和超级市场，并且生猪养殖基地比较集中。随着我国生猪养殖的集中和规模化发展，我国可以逐步由现在的三种经营模式混合、直销占比较小的情况逐渐向直销占比较大和以直销为主的流通模式转变。

四　法律层次

（一）提高社会法律意识

增强全社会的守法自觉性和护法精神，进一步坚持不懈地深入推进法治教育，持续提高法治教育效果，特别是牵涉生猪产业链上相关的执法部门或者利益部门，不管哪个级别的领导干部和执法人员，都要带头认真学习相关的法律法规，带头讲法律，执行法律和依法办事。目前我国生猪产业出现的使用瘦肉精、灌水、私自克扣检验合格的猪肉等系列违法行为都是法律意识淡薄的具体表现。因此应采取措施增强全社会的守法和护法自觉性，在守法的同时，自觉与各种违反法律的现象做斗争，并且监督相关执法人员的执法活动，减少地方政府地方保护和地区封锁对经济运行的干扰。

（二）加强市场法制建设

虽然我国颁发了《反不正当竞争法》《反垄断法》《生猪屠宰条例》《国务院关于禁止在市场经济活动中实行地区封锁的决定》《行政许可法》《反价格垄断规定》等有关反对地区封锁和垄断的法律法规，但是目前的法律并不能够解决我国目前面临的多种问题。例如，1993年颁布的《反不正当竞争法》第7条明文规定“政府及其所属部门不得滥用权力，限制外地商品进入本地市场，或者本地商品流向外地市场”，另外还有经过7年讨论于2003年8月颁布的《行政许可法》第15条也明确规定“地方性法律法规和省、自治区、直辖市人民政府规章……不得设定企业或者其他组织的设立登记及其前置性行政许可。其设定的行政许可，不得限制其他地区的个人或者企业到本地区从事生产经营和提供服务，不得限制其他地区的商品进入本地区市场”。但是，从后面陆续发生的地方封锁和地方保护的相关事件可以看出，我国的地方封锁和地方保护主义并没有由于这些法律法规的制定和颁布而消失。主要的原因就是目前的法律只是提供了一些原则性规定，并没有针对每一种可能发生的情况提供解决措施，缺少针对性和可操作性。另外，尽管我国在2007年颁布了《反垄断法》，将地区封锁等行政性限制竞争行为纳入了规制范围，但仅仅依靠《反垄断法》对地方保护主义进行规制，效果不会很明显，还应该加强其他法律制度的建设，其中最重要的就是宪法中制定保护国内贸易自由的条款（郑鹏程，2010）。

另外，从我国目前制定的反垄断和地方封锁以及保护的法律来看，目前的法律基本上都是关于禁止或者制止各种行为的法律，那么如何平衡地方保护主义，规制中央政府和地方利益之间的关系，如何在保证国内市场统一的前提下，尊重各个地方政府的权利，或者反过来说，如何在保证各个地方政府的权利下，促进国内市场的统一，本书建议废除地方性的法律法规，在全国统一法律和法规的指导下，尽快制定协调地方利益和发展的类似《区域经济合作与协调法》的法律，对地区或者区域之间的经济行为制定范围和标准，促进地区和区域市场的整合，从而建立全国统一的大市场。

（三）加大依法执行力度

通过本书相关案例的分析，我们可以看出，和生猪产业链相关的一些执法和工作人员在执法过程中存在相当严重的问题，造成生猪商品的流通不畅。因此加强执法人员及其相关人员的廉政建设显得非常必要，一旦查明执法机关及其相关工作人员在执法过程中存在地方保护主义行为，要坚决绳之以法。要以执法人员和工作人员的廉洁奉公，确保法律执行的严肃性和公正性。对在执法过程中发生的徇私舞弊、和相关人员存在利益勾结、牟利、渎职、受贿等犯罪行为的，进行严肃处理，以儆效尤，消除地方保护主义在执法环节的影响，为市场竞争的开展创造有利条件，这也是消除市场分割最基本和最直接的必要手段。

参考文献

[1] Abdulai, A. (2000). "Spatial Price Transmission and Asymmetry in the Ghanaian Maize Market." Journal of Development Economics 63 (2): 327 –349.

[2] Abdulai, A. (2002). "Using Threshold Cointegration to Estimate Asymmetric Price Transmission in the Swiss Pork Market." Applied Economics 34 (6): 679 –687.

[3] Alexander, C. and J. Wyeth (1994). "Cointegration and Market Integration: An Application to the Indonesian Rice Market." Journal of Development Studies 30: 303 –328.

[4] Andrew M. McKenzie, Bingrong Jiang, et al. (2002). "Unbiasedness and Market Efficiency Tests of the U. S. Rice Futures Market." Review of Agricultural Economics 24 (2): 474 –493.

[5] Asche, F., D. V. Gordon, et al. (1998). "Price Founded Tests For Market Integration: Fish Markets In France." Agricultural and Applied Economics Association August 2 –5, Salt Lake City, UT.

[6] Atack, J. and P. Passell (1994). A New Economic View of American History. NEW Tork, W. W. Norton.

[7] Atanu, G. (2006). "Market Delineation and Price Leadership in the World Wheat Market: A Cointegration Analysis." Agricultural and Resource Economics Review 35 (2): 311 –326.

[8] Awokuse, T. O. (2007). "Market Reforms, Spatial Price Dynamics, and China's Rice Market Integration: A Causal Analysis with Directed Acyclic Graphs." Journal of Agricultural and Resource Economics 32 (1): 58 –76.

[9] B, N. (1999). "How Much Can Regional Integration Do to Unify China's Markets?" Conference for Research on Economic Development and Policy

Research, Stanford University, November 18 - 20.

[10] B, S. and Y. Y (2005). "Interregional Integration of Wheat Markets in Kazakhstan." IAMO Discussion Paper 88.

[11] Bai, C., Y. Du, Z. Tao and S. Y. Tong (2003). "Protection and Regional Specialization: Evidence from China's Industries." William Davidson Working Paper 565.

[12] Bailey, D. and B. W. Brorsen (1989). "Price Asymmetry In Spatial Fed Cattle Markets." Western Journal of Agricultural Economics 14 (2): 246 - 252.

[13] Bakucs, L. Z., B. Brümmer, et al. (2011). "Wheat Market Integration Between Hungary and Germany." Applied Economics Letters 19 (8): 785 - 788.

[14] Bakucs, Z. and J. Falkowski (2010). "Milk Market Integration between Hungary and Poland." Agricultural Economics Society 84th Annual Conference, March 29 - 31, 2010, Edinburgh, Scotland.

[15] Balch, B. (1994). "Spatial Price Equilibrium and Food Market integration." Ph. D. Dissertation, Standford University.

[16] Balke, N. S. and T. B. Fomby (1997). "Threshold Cointegration." International Economic Review 38 (3): 627 - 645.

[17] Barrett, C. B. (1996). "Market analysis method: Are Our Enriched Toolkits Well - suited to Enlivened Markets?" American Journal of Agricultural Economics 78 (3): 825 - 829.

[18] Barrio, T. d., J. L. Carrion, et al. (2004). "Evidence on the Purchasing Power Parity in Panel of Cities." Applied Economics 36: 961 - 966.

[19] Baulch, B. (1997). "Transfer Cost, Spatial Arbitrage, and Testing for food Market Integration." American Journal of Agricultural Economics 79: 477 - 487.

[20] Ben - Kaabia, M. and J. M. Gil (2007). "Asymmetric Price Transmission in the Spanish Lamb Sector." European Review of Agricultural Economics 34 (1): 53 - 80.

[21] Berkowitz, D. D. D. N. (1999). "Russia's Internal Border." Regional Science and Urban Economics 29: 633 - 649.

[22] Berkowitz, D. D. D. N. (2001). "The Evolution of Market Integration in

Russia." Economics of Transition 9: 87 - 104.

[23] Berkowitz, D. D. D. N. (2003). "Regional Integration: An Empirical Assessment of Russia." Journal of Urban Economics 53: 541 - 559.

[24] Blyn, G. (1973). "Price Series Correlation as a Measure of Market Integration." Indian Journal of Agricultural Economics (28): 56 - 59.

[25] Boyd, M. S. and B. W. Brorsen (1988). "Price Asymmetry in the U. S. Pork Marketing Channel." North Central Journal of Agricultural Economics 10: 103 - 109.

[26] Brooks, B. L. G. A. K. M. (1994). "Food Prices and Market Integration in Russia: 1992 - 93." American Journal of Agricultural Economics 76 (3): 641 - 646.

[27] Cheng, E. J. (1995). "Market Reform and Integration in China in the Early 1990s: The Case of Maize." Chinese Economy Research Unit, the University of Adelaide.

[28] Chia - Lin Chang, L. - H. C., Shawkat Hammoudeh, Michael McAleer (2010). "Asymmetric Adjustments in the Ethanol and Grains Markets." Working Papers in Economics, University of Canterbury, Department of Economics and Finance 10/78.

[29] Chin, L. and M. s. habibullah (2008). "Price Convergence and Market Integration: Evidence from Malaysia." International Journal of Economics and Management 2 (2): 343 - 352.

[30] Cournot (1927). Researches into the Mathematical Principles of the Theeory of Wealth. New York, Macmillan Company.

[31] D Parsley, S. W. (2000). "Limiting Currency Volatility to Stimulate Goods Market Integration: A Price Based Approach." IMF Working Paper No. 8468.

[32] Edison, H. J. (1987). "Purchasing Power Parity in the Long Run: A Test of the Dollar/Pound Exchange Rate (1890 - 1978)." Journal of Money, Credit and Banking 19 (3): 376 - 387.

[33] Ejiga, N. O. O. (1997). "Economic Analysis of Storage, Distribution and Consumption of Cow Peas in Northern Nigeria." Cornell University,

Tthaca, New York, Ph. D. Dissertation.

[34] Emelly, M., M. Edward, et al. (2007). "Integration and Equilibrium in the Maize Markets in Southern Africa." Selected Paper for the American Agricultural Economics Association Annual Meeting.

[35] Enders, W. and P. L. Siklos (2001). "Cointegration and Threshold Adjustment." Journal of Business & Economic Statistics 19 (2): 166-176.

[36] Enke, S. (1951). "Equilibrium among Spatially Separated Markets: Solution by Electric Analogue." Econometrica 19 (1): 40-47.

[37] Faminow, M. D. and B. L. Benson (1990). "Integration of Spatial Markets." American Journal of Agricultural Economics 72: 49-62.

[38] Federico, G. (2007). "Market Integration and Market Efficiency: The Case of 19th Century Italy." Explorations in Economic History 44 (2): 293-316.

[39] Federico, G. and P. R. Sharp (2011). "The Cost of Railroad Regulation: The Disintegration of American Agricultural Markets in the Interwar Period." SSRN eLibrary.

[40] Findlay, R. and K. H. O'Rourke (2003). "Commodity Market Integration, 1500-2000." Globalization in Historical Perspective, UC Press, Chicago (2): 13-64.

[41] Fishlow, A. (1964). "Antebellum Interregional Trade Reconsidered." American Economic Review 54 (3): 352-364.

[42] Flandreau, M. (1996). "The French Crime of 1873: An Essay on the Emergence of the International Gold Standard." Journal of Econimic History 56 (4): 862-897.

[43] Frenkel, J. A. (1978). "Purchasing Power Parity: Doctrinal Perspective and Evidence from the 1920s." Journal of International Economics 8 (2): 169-191.

[44] Frey, G., Manera, M. (2007). "Econometric Models of Asymmetric Price Transmission." Journal of Economic Surveys 21 (2): 349-415.

[45] Friedman, M. (1953). "The Methodology of Positive Economics." Essays in Positive Economics, Chicago: University of Chicago Press.

[46] G. Abdul (2009). "Cointegration and Causality: An Application to Major

Mango Markets in Pakistan." The Lahore Journal of Economics 14 (1): 85 - 113.

[47] Ghosh, M. (2011). "Agricultural Policy Reforms and Spatial Integration of Food Grain Markets in India." Journal of Economic Development 36 (2): 15 - 37.

[48] Gluschenko, K. (2002). "Econometric Analysis of the Degree of Integration of the National Market." Region: Economics and Sociology (3): 67 - 86.

[49] Gluschenko, K. (2003). "Market Integration in Russia During the Transformation Years." Economics of Transition 11 (3): 411 - 434.

[50] Gluschenko, K. (2004a). "Analyzing Changes on Market Integration Through a Cross - sectional Test for the Law of One Price." International Journal of Finace&Economics 9 (2): 135 - 149.

[51] Gluschenko, K. (2004b). "The Law of One Price in the Russian Economy." LICOS Discussion Papers: 15204.

[52] Gluschenko, K. (2006). "Russia's Common Market Takes Shape: Price Convergence and Market Integration among Russian Regions." BOFIT Dicussion papers: 72006.

[53] Gonzalez - Rivera, G. and S. M. Helfand (2001). "The Extent, Pattern, and Degree of Market Integration: A Multivariate Approach for the Brazilian Rice Market." American Journal of Agricultural Economics 83 (3): 576 - 592.

[54] Goodwin, B. A. S., T. (1991). "Cointegration Tests and Spatial Price Linkages in Regional Cattle Markets." American Journal of Agricultural Economics 73 (2): 452 - 464.

[55] Goodwin, B. K. and N. E. Piggott (2001). "Spatial Market Integration in the Presence of Threshold Effects." American Journal of Agricultural Economics 83 (2): 302 - 317.

[56] Griffith, G. R. and N. E. Piggott (1994). "Asymmetry in Beef, Lamb and Pork Farm - retail Price Transmission in Australia." Agricultural Economics 10 (3): 307 - 316.

[57] Harberger, A. (1971). "Three Basic Postulates for Applied Welfare Economics: An Interpretive Essay." Journal of Economic Literature 9 (3): 785 - 797.

[58] Harberger, A. C. (1976). "The Incidence and Efficiency Effects of Taxes on Income from Capital: A Reply." Journal of Political Economy 84 (6): 1285 - 1292.

[59] Hassan, D. and M. Simioni (2002). Price Linkage and Transmission between Shippers and Retailers in the French Fresh Vegetable Channel. 2002 International Congress. Spain, European Association of Agricultural Economists. 24794.

[60] Hayenga, M. L., S. R. Koontz, et al. (1996). "Definition of Regional Cattle Procurement Markets." Grain Inspection, Packers and Stockyards Administration, USDA, GIPSA - RR - 96 - 1.

[61] Hurd, J. (1975). "Railways and the Expansion of Markets in India, 1861 - 1921." Explorations in Economic History 12 (3): 263 - 288.

[62] Jochen Meyer, S. C. - T. (2004). "Asymmetric Price Transmission: A Survey." Journal of Agricultural Economics 55 (3): 581 - 611.

[63] Judge, T. T. A. G. G. (1964). "Equilibrium among Spatially Separated Markets: A Reformulation." Econometrica 32 (4): 510 - 524.

[64] Jyotish, P. B. (2006). "Cointegration and Market Integration: An Application to the Potato Markets in Rural West Bengal." Paper for the International Association of Agricultural Economists.

[65] Karrenbrock, J. D. (1991). "The Behavior of Retail Gasoline Prices: Symmetric or not?" Federal Reserve Bank of St. Louis 73: 19 - 29.

[66] Kaukiainen, Y. (2001). "Shrinking the World: Improvements in the Speed of Information Transmission, 1820 - 1870." European Review of Economic History 5 (1): 1 - 28.

[67] Khalid Mushtaq, A. G. A. M. D. (2008). "Apple Market Integration: Implications for Sustainable Agricultural Development." The Lahore Journal of Economics 13 (1): 129 - 138.

[68] Kurosaki, T. (1996). "Government Interventions, Market Integration,

and Price Risk in Pakistan's Punjab." The Pakistan Development Review 35 (2): 129 – 144.

[69] Lele, U., J. (1967). "Market Integration: A Study of Sorghum Prices in Western India." Journal of Farm Economics 49: 147 – 159

[70] Lothian, J. (1996). "Real Exchange Rate Behaviour: The Recent Float from the Perspective of the Past Two Centuries." Journal of Political Economy 104 (3): 488 – 509.

[71] Marshall (1890). Principles of Economics. New York, Macmillan Company.

[72] Martínez – Zarzoso, Inmaculada, et al. (2005). "Transport Costs and Trade: Empirical Evidence for Latin American Imports from the European Union." Journal of International Trade & Economic Development 14 (3): 353 – 371.

[73] McAlpin, M. (1974). "Railroads, Prices, and Peasant Rationality: India 1860 – 1900." Journal of Economic History 34 (3): 662 – 684.

[74] Metzer, J. (1974). "Railroad Development and Market Integration: The case of Tsarist Russia." Journal of Economic History 34 (3): 529 – 550.

[75] Miljkovic, D. (2006). "U. S. and Canadian Livestock Prices: Market Integration and Trade Dependence." Paper Provided by American Agricultural Economics Association 2006 Annual Meeting, July 23 – 26, Long Beach, CA.

[76] Miller, D. J. and M. L. Hayenga (2001). "Price Cycles and Asymmetric Price Transmission in the U. S. Pork Market." American Journal of Agricultural Economics 83 (3): 551 – 562.

[77] Mohanty, S., E. W. F. Peterson, et al. (1995). "Price Asymmetry in the International Wheat Market." Canadian Journal of Agricultural Economics/Revue canadienne d'agroeconomie 43 (3): 355 – 366.

[78] Naughton, Barry (1999). "How Much Can Regional Integration Do to Unify China's Markets?" Paper Presented for the Conference for Research on Economic Development and Policy Research, Stanford University.

[79] Negassa, A. and T. S. Jayne (1998). "Vertical and Spatial Integration of

Grain Markets in Ethiopia: Implications for Grain Markets." Food Security Collaborative Working Papers, Michigan State University, Department of Agricultural, Food, and Resource Economics (55598).

[80] Negassa, A. and R. J. Myers (2004). "Grain Marketing Policy Changes and Spatial Efficiency of Maize and Wheat Markets in Ethiopia." MTID Discussion Paper, No. 66, 2004.

[81] Niquidet, K. M., B. (2008). "Regional Log Market Integration in New Zealand." New Zealand Journal of Forestry Science 38: 335 – 352.

[82] North, D. C. (1955). "Location Theory and Regional Economic Growth." Journal of Political Economy 63: 243 – 258.

[83] Padilla – Bernal, L. E. and D. D. Thilmany (2003). "Price Relationships Among North American Fresh Tomato Markets: A Comparison Between Mexican And U. S. Markets." International Food and Agribusiness Management Review 5 (3): 343 – 355.

[84] Palaskas, T. B. and H. White (1993). "Testing Market Integration: New Approaches with Case Material from the West Bengal Food Economy." Journal of Development Studies 30: 1 – 57.

[85] Parsley, D. C. and S. – J. Wei (1996). "Convergence to the Law of One Price without Trade Barriers or Currency Fluctuations." The Quarterly Journal of Economics 111 (4): 1211 – 1136.

[86] Poncet, Sandra (2003). "Measuring Chinese Domesticand International Integration." China Economic Review 14 (1): 1 – 21.

[87] Rezitis, A. N. and I. Reziti (2011). "Threshold Cointegration in the Greek Milk Market." Journal of International Food & Agribusiness Marketing 23 (3): 231 – 246.

[88] R. Weingast, Q. Y. B. (1997). "Federalism Commitment to Preserving Market Incentives." Journal of Economic Perspectives 11 (4): 83 – 92.

[89] Ravallion, M. (1986). "Testing Market Integration." American Journal of Agricultural Economics 68 (1): 102 – 109.

[90] S. Jacks, D. (2006). "What Drove 19th Century Commodity Market Integration." Explorations in Economic History 43: 383 – 412.

[91] Samuelson, P. A. (1952). "Spatial Price Equilibrium and Linear Programming." The American Economic Review 42 (3): 283 – 303.

[92] Sandra, P. (2003). "Measuring Chinese Domestic and International Integration." China Economic Review 14 (1): 1 – 22.

[93] Sanogo, I. M. A., Mahamane (2010). "Rice Market Integration and Food Security in Nepal: The Role of Cross – border Trade with India." Food Policy 35 (4): 312 – 322.

[94] Shi, C. K. (1993). "Consistency and Limiting Distribution of the Least Squares Estimator of a Threshold Autoregressive Model." Annals of Statistics 21 (1): 520 – 533.

[95] Soe, W. P. Pa, et al. (2010). "Analysis of the Spatial Market Integration of Oilseed Crop Markets in Myanmar." Journal of faculty of Agriculture Kyushu University 55 (1): 159 – 166.

[96] Sophie Mitra, J. – M. B. (2008). "Storage and the Volatility of Agricultural Prices: A Model of Endogenous Fluctuations." Fordham Economics Discussion Paper Series (dp2008 – 11).

[97] Steven Zahniser, Z. C. (2009). "Building on Free Trade." A Report from the Economic Research Service USDA , WRS – 09 – 03.

[98] Stigler, G. J. (1942). The Theory of Competitive Price New York, Macmillan Company.

[99] Stigler, G. J. , Ed. (1968). Barriers to Entry, Economies of Scale, and Firm Size. The Organization of Industry. Irwin, Homewood.

[100] Sun, C. (2011). "Price Dynamics in the Import Wooden Bed Market of the United States." Forest Policy and Economics 13 (6): 479 – 487.

[101] Takayama T, J. G. G. (1964). "Spatial Equilibrium and Quadratic Programming." Journal of Farm Economics 64: 67 – 93.

[102] Takayama T, J. G. G. (1971). Spatial and Temporal Price Allocation Models. Amsterdam: North Holland.

[103] Thakur, D. S. (1974). "Foodgrain Marketing Efficiency: A Case Study of Gujural." Indian Journal of Agricultural Economics (29): 61 – 65.

[104] Tullock, G. (1967). "The Welfare Costs of Tariffs, Monopolies, and

Theft." Western Economic 5 (3): 224 – 232.

[105] Van Campenhout, B. (2007). "Modelling Trends in Food Market Integration: Method and an Application to Tanzanian Maize Markets." Food Policy 32 (1): 112 – 127.

[106] Wei X D, F. C. S. (2006). "The Law of One Price: Ecidence from the Transitional Economy of China." The Review of Economics and Statistics (4): 682 – 697.

[107] Whitcombe, E. and J. Hurd (1983). Irrigation and Railways. London, Cambridge University Press.

[108] Wu, Y. R. (1994). "Rice Markets in China in the 1990s." Chinese Economy Research Unit, the University of Adelaide, Working Paper, No, 94/10.

[109] Wyeth, J. (1992). "Measure of Market Integration and Applications to Food Security Policies." Institute of Development Studies, Discussion Paper, No, 314.

[110] Y, J., D. A. Besseler, et al. (2000). "The Law of One Price: Developed and Developing Country Market Integration." Journal of Agricultural and Applied Economics 32 (3): 429 – 440.

[111] Yahshilikov, Y. and S. Brosig (2006). Spatial Price Transmission in Kazakh Wheat Markets. 2006 Annual Meeting, Queensland, Australia, International Association of Agricultural Economists.

[112] Young, A. (2000). "The Razor's Edge: Distortions and Incremental Reform in the People's Republic of China." The Quarterly Journal of Economics 115 (4): 1091 – 1135.

[113] Zanias, G. P. (1993). "Testing for Integration in European Community Agricultural Product Markets." Journal of Agricultural Economics 44 (3): 418 – 427.

[114] Zhou, Z. Y. (1997). "Integration of Rice Markets: The Case of Norhtern China." Asian Journal of Agricultural Economics 2: 158 – 176.

[115] Poncet、Sandra:《中国市场正在走向“非一体化”?——中国国内和国际市场一体化程度的比较分析》,《世界经济文汇》2002 年第 1 期。

[116] 白重恩，杜颖娟等：《地方保护主义及产业地区集中度的决定因素和变动趋势》，《经济研究》2004 年第 4 期。

[117] 蔡宏波、戴俊怡、李宏兵：《市场潜能与国内市场分割——基于中国省市数据的实证研究》，《产业经济研究》2015 年第 5 期。

[118] 曹春方、周大伟、吴澄澄等：《市场分割与异地子公司分布》，《管理世界》2015 年第 9 期。

[119] 曹庆林、范爱军：《现阶段中国市场分割程度的测算——以全国猪肉市场为例》，《当代财经》2008 年第 3 期。

[120] 陈涵波：《我国省际市场分割特征及影响机理分析》，《商业时代》2015 年第 16 期。

[121] 陈家海：《地区工业化进程中的省际贸易格局及政策倾向》，上海人民出版社，1996。

[122] 陈弘、陈晓红：《区域产业结构趋同下企业采用新技术的策略》，《财经科学》2008 年第 4 期。

[123] 陈宇峰、叶志鹏：《区域行政壁垒、基础设施与农产品流通市场分割——基于相对价格法的分析》，《国际贸易问题》2014 年第 6 期。

[124] 陈政位、杨奕农、范宇平：《应用 PBM 模型在台湾鱼市场整合之研究》，《农业经济丛刊》2004 年第 1 期。

[125] 陈政位、杨奕农、范宇平等：《台湾养殖鱼类市场整合研究——以吴郭鱼为例》，《农业与经济》2002 年第 28 期。

[126] 陈铭、陈钊：《以邻为壑的经济增长——为什么改革开放可能加剧国内市场分割》，《经济研究》2009 年第 3 期。

[127] 鄂永健：《中国地区间价格水平差距趋于收敛还是发散：基于省际面板数据的单位根检验》，《经济评论》2007 年第 5 期。

[128] 范爱军、李真等：《国内市场分割及其影响因素的实证分析——以我国商品市场为例》，《南开经济评论》2007 年第 5 期。

[129] 范润梅、庞晓鹏、王征南：《蔬菜市场批零价差和价格传递机制分析》，《商业研究》2007 年第 11 期。

[130] 樊福卓：《地区专业化的度量》，《经济研究》2007 年第 9 期。

[131] 葛红：《我国农产品商贸流通市场分割及其软因素实证检验》，《改革与战略》2015 年第 9 期。

[132] 顾海兵、周智高:《对我国价格传导过程的实证研究》,《价格理论与实践》2005 年第 4 期。
[133] 桂琦寒、陈敏、陆铭等:《中国国内商品市场趋于分割还是整合:基于相对价格法的分析》,《世界经济》2006 年第 2 期。
[134] 郭利京、胡浩、李春燕:《中国养猪业市场整合研究》,《南京农业大学学报》(社会科学版)2011 年第 1 期。
[135] 韩胜飞:《市场整合研究方法与传达的信息》,《经济学(季刊)》2007 年第 4 期。
[136] 黄吉林:《中国制造业市场一体化程度测算及变动趋势》,《中国工业经济》2007 年第 11 期。
[137] 黄吉林、王敬云:《地方保护与市场分割:来自中国的经验数据》,《中国工业经济》2006 年第 2 期。
[138] 黄玖立、李坤望:《出口开放、地区市场规模和经济增长》,《经济研究》2006 年第 6 期。
[139] 黄新飞、陈姗姗、李腾:《价格差异、市场分割与边界效应——基于长三角 15 个城市的实证研究》,《经济研究》2014 年第 12 期。
[140] 黄盈堂:《网际网络空间市场整合之研究——以台湾及美国之电脑周边零售网站为例》,中原大学硕士学位论文,2001。
[141] 行伟波、李善同:《一价法则、地区价格差异与面板单位根检验》,《管理科学学报》2010 年第 4 期。
[142] 胡向东、王济民:《中国猪肉价格指数的门限效应及政策分析》,《农业技术经济》2010 年第 7 期。
[143] 胡向婷:《地方保护主义对地区产业结构的影响——理论与实证分析》,《经济研究》2005 年第 2 期。
[144] 胡华平、李崇光:《农产品垂直价格传递与纵向市场联结》,《农业经济问题》2010 年第 1 期。
[145] 江曼琦、谢姗:《京津冀地区市场分割与整合的时空演化》,《南开学报》(哲学社会科学版)2015 年第 1 期。
[146] 靖学青:《长三角地区制造业结构趋同分析》,《改革》2004 年第 2 期。
[147] 靖学青:《长三角地区制造业结构趋同的实证分析与理性思考》,《学习与实践》2006 年第 10 期。

[148] 贾伟、秦富：《中国省份地方保护测度及其影响因素分析》，《当代经济科学》2014 年第 5 期。

[149] 李佳珍、黄柏农：《台湾毛猪市场不对称价格传导关系之研究》，台湾第九届实证经济学论文研讨会，2008。

[150] 李皇照：《农产品市场整合检定——以台湾花卉市场为例》，《农业经济与政策》2003 年第 1 期。

[151] 李真、刘小勇：《财政分权与地区市场分割实证研究》，《财经研究》2007 年第 7 期。

[152] 李善同、侯永志、刘云中等：《中国国内地方保护问题的调查与分析》，《经济研究》2004 年第 11 期。

[153] 李善杰、杨静、谢作诗：《垄断利润与寻租行为：塔洛克四边形及行政垄断的社会成本》，《河北经贸大学学报》2007 年第 4 期。

[154] 李国祥：《全球农产品价格上涨及其对中国农产品价格的影响》，《农业展望》2008 年第 7 期。

[155] 李雪松、孙博文：《区域经济一体化视角下的长江中游地区市场整合测度——基于湘鄂赣皖四省面板数据的分析》，《江西社会科学》2014 年第 3 期。

[156] 刘生龙、胡鞍钢：《交通基础设置与中国区域经济一体化》，《经济研究》2011 年第 3 期。

[157] 刘金山、尉盼龙：《区际价格传导效应研究》，《经济前沿》2009 年第 6 期。

[158] 刘培林：《地方保护和市场分割的损失》，《中国工业经济》2005 年第 4 期。

[159] 刘丛：《十八世纪中国南北方市场整合程度的比较——利用清代粮价数据的研究》，北京大学博士学位论文，2007。

[160] 刘凤伟、于晓辉、李琳：《地方保护能提升公司绩效吗？——来自上市公司的经验证据》，《中国工业经济》2007 年第 4 期。

[161] 刘易昂、赖德胜：《基于引力模型的我国产品市场分割因素研究——来自省际铁路货运贸易的面板数据》，《经济经纬》2016 年第 1 期。

[162] 刘志彪：《论我国统一市场建设的重点和突破口——兼析“场外交易”市场竞争环境均等化问题》，《江苏行政学院学报》2015 年第

4 期。

[163] 陆铭、陈钊、杨真真：《平等与增长携手并进——收益递增、策略性行为和分工的效率损失》，《经济学（季刊）》2007 年第 2 期。

[164] 陆铭、陈钊：《城市化、城市倾向的经济政策与城乡收入差距》，《经济研究》2004 年第 6 期。

[165] 马彧崧：《市场分割与区域资源配置效率关系探讨》，《商业经济研究》2016 年第 11 期。

[166] 平新乔：《政府保护的动机与效果——一个实证分析》，《财贸研究》2004 年第 5 期。

[167] 皮建才：《中国地方重复建设的内在机制研究》，《经济理论与经济管理》2008 年第 4 期。

[168] 邱风、王正新、林阳阳等：《地方保护、市场分割与地区产业结构差异化》，《财经论丛》2015 年第 10 期。

[169] 任志成、张二震、吕凯波：《贸易开放、财政分权与国内市场分割》，《经济学动态》2014 年第 12 期。

[170] 宋安德：《台湾稻米市场白米和稻谷价格互动之研究》，佛光大学硕士学位论文，2010。

[171] 宋冬林、范欣、赵新宇：《区域发展战略、市场分割与经济增长——基于相对价格指数法的实证分析》，《财贸经济》2014 年第 8 期。

[172] 申广军、王雅琪：《市场分割与制造业企业全要素生产率》，《南方经济》2015 年第 4 期。

[173] 沈立人、戴园晨：《我国“诸侯经济”的形成及其弊端和根源》，《经济研究》1990 年第 3 期。

[174] 孙项强、徐晋涛：《从市场整合程度看中国木材市场效率》，《中国农村经济》2005 年第 6 期。

[175] 孙志强：《我国生猪市场“蛛网现象”的本质、根源和破解措施》，对外经济贸易大学硕士学位论文，2007。

[176] 苏梽芳、臧楠：《食品与非食品价格的长期均衡关系与短期非线性调整——基于两区制门槛协整模型的实证研究》，《财经研究》2011 年第 2 期。

[177] 谭向勇、辛贤：《中国主要农产品市场分析》，中国农业出版社，2001。

[178] 唐要家：《反垄断与政府管制理论与政策研究新进展》，《中国工业经济》2009 年第 1 期。

[179] 万广华、周章跃、陈良彪：《我国水稻市场整合程度研究》，《中国农村经济》1997 年第 8 期。

[180] 王磊、汪衡：《市场分割与区域资源配置效率》，《商业研究》2015 年第 6 期。

[181] 王宁、司伟、王秀清：《我国北方小麦收购市场与面粉零售市场的整合研究》，《农业经济问题》2008 年第 6 期。

[182] 王宋涛、温思美、朱腾腾：《市场分割、资源错配与劳动收入份额》，《经济评论》2016 年第 1 期。

[183] 王志强、魏永芬：《我国货币政策资产价格传导的实证研究》，《财经问题研究》2002 年第 5 期。

[184] 王怡：《中国苹果市场整合研究》，南京农业大学博士学位论文，2007。

[185] 王雪松：《价格传导机制在中国的实证分析》，《价格理论与实践》2007 年第 9 期。

[186] 武拉平：《我国小麦、玉米和生猪收购市场整合程度研究》，《中国农村观察》1999 年第 4 期。

[187] 武拉平：《中国农产品市场行为研究》，中国农业出版社，2002。

[188] 武拉平：《国内外农产品市场整合的理论和实证分析》，《2004 年全国农业经济管理学科前沿发展战略学术研讨会论文集》，2004。

[189] 夏飞、陈修谦：《基于回归模型的企业供给分析》，《数量经济技术经济研究》2003 年第 10 期。

[190] 徐保昌、谢建国：《市场分割与企业生产率：来自中国制造业企业的证据》，《世界经济》2016 年第 1 期。

[191] 徐现祥：《区域一体化、经济增长与政治晋升》，《经济学（季刊）》2007 年第 4 期。

[192] 严宝玉、余剑：《初级产品进口影响我国价格水平的传导效应比较分析——以原油、铁矿石、农产品进口为例》，《金融与经济》2008 年第 12 期。

[193] 杨朝英：《中国生猪市场整合程度研究》，《技术经济》2009 年第 8 期。

[194] 杨振兵：《对外直接投资、市场分割与产能过剩治理》，《国际贸易问

题》2015 年第 11 期。
[195] 杨志波、彭伟斌、董明:《基于产业链产销环节的猪肉价格传导机制研究》,《统计与决策》2013 年第 7 期。
[196] 杨志波:《我国猪肉市场非对称价格传导机制研究》,《商业研究》2013 年第 2 期。
[197] 叶广宇、卢星:《经济转型期地方市场分割与企业对外贸易偏好》,《市场研究》2015 年第 3 期。
[198] 茉至浩:《股价指数期货与股价指数之价格关联性——门槛向量误差修正模型之应用》,铭传大学硕士学位论文,2004。
[199] 银温泉、才婉茹:《我国地方分割的成因和治理》,《经济研究》2001 年第 6 期。
[200] 余东华:《地方保护能够提高区域产业竞争力吗》,《产业经济研究》2008 年第 3 期。
[201] 余东华、刘运:《地方保护和市场分割的测度与辨识——基于方法论的文献综述》,《世界经济文汇》2009 年第 1 期。
[202] 喻闻:《关于价格传导与市场整合理论及测算方法研究进展》,《全国农业信息分析理论与方法学术研讨会论文集》,2009。
[203] 喻闻、黄季焜:《从大米市场整合程度看我国的粮食市场改革》,《经济研究》1998 年第 3 期。
[204] 朱希伟、金祥荣、罗德明:《国内市场分割与中国的出口贸易扩张》,《经济研究》2005 年第 12 期。
[205] 樊纲、王小鲁、朱恒鹏:《中国市场化指数——各地区市场化相对进程(2006 年度报告)》,经济科学出版社,2007。
[206] 朱晶、钟甫宁:《市场整合、储备规模与粮食安全》,《南京农业大学学报》(社会科学版)2004 年第 3 期。
[207] 周莉、姜德波:《长三角一体化与江苏产业整合》,《南京财经大学学报》2006 年第 2 期。
[208] 周章跃、万广华:《论市场整合研究方法——兼评喻闻、黄季焜〈从大米市场整合程度看我国粮食市场改革〉一文》,《经济研究》1999 年第 3 期。
[209] 周黎安:《晋升博弈中政府官员的激励与合作——简论我国地方保护主

义和重复建设问题长期存在的原因》,《经济研究》2004 年第 6 期。

[210] 周业安、冯兴元、赵坚毅:《地方政府竞争与市场秩序的重构》,《中国社会科学》2004 年第 1 期。

[211] 周业安、赵晓男:《地方政府竞争模式研究——构建地方政府间良性竞争秩序的理论和政策分析》,《管理世界》2002 年第 12 期。

[212] 赵奇伟、熊性美:《中国三大市场分割程度的比较分析:时间走势与区域差异》,《世界经济》2009 年第 6 期。

[213] 赵革、黄国华:《国际市场到国内市场的价格传导链分析》,《统计研究》2005 年第 7 期。

[214] 赵留彦:《“裁厘改统”对国内粮食市场整合的效应》,北京大学经济学院工作论文 C-2011-009。

[215] 张超、郭海霞、沈体雁:《中国空间市场一体化演化特征——基于“一价定律”与空间杜宾模型》,《财经科学》2016 年第 1 期。

[216] 张晏、龚六堂:《分税制改革、财政分权与中国经济增长》,《经济学(季刊)》2006 年第 1 期。

[217] 张军:《中国经济发展:为增长而竞争》,《世界经济文汇》2005 年第 4 期。

[218] 张磊:《北京市猪肉产业链各环节成本收益分析》,《肉类工业》2009 年第 1 期。

[219] 郑纭盛、李崇高:《中国地方分割的效率损失》,《中国社会科学》2003 年第 3 期。

[220] 郑鹏程:《美国规制地方保护主义法律制度研究》,《中国法学》2010 年第 2 期。

[221] 张淑芹、王玉凤、肖宏伟:《我国商品市场一体化与统一市场规制研究——以山东经济圈为例》,《经济体制改革》2015 年第 2 期。

[222] 钟笑寒:《地区竞争与地方保护主义的产业组织学》,《中国工业经济》2005 年第 7 期。

[223] 钟昌标:《国内区际分工和贸易与国际竞争力》,《中国社会科学》2002 年第 1 期。

图书在版编目(CIP)数据

中国生猪市场整合研究 / 杨志波著. -- 北京 : 社会科学文献出版社, 2017.12
(中原学术文库. 青年丛书)
ISBN 978-7-5201-1647-3

Ⅰ. ①中… Ⅱ. ①杨… Ⅲ. ①生猪市场-研究-中国 Ⅳ. ①F326.3

中国版本图书馆 CIP 数据核字(2017)第 261043 号

中原学术文库 · 青年丛书
中国生猪市场整合研究

著　　者 / 杨志波

出 版 人 / 谢寿光
项目统筹 / 任文武
责任编辑 / 连凌云

出　　版 / 社会科学文献出版社 · 区域与发展出版中心(010)59367143
地址: 北京市北三环中路甲 29 号院华龙大厦　邮编: 100029
网址: www.ssap.com.cn
发　　行 / 市场营销中心 (010) 59367081　59367018
印　　装 / 三河市尚艺印装有限公司

规　　格 / 开 本: 787mm × 1092mm　1/16
印 张: 15　字 数: 243 千字
版　　次 / 2017 年 12 月第 1 版　2017 年 12 月第 1 次印刷
书　　号 / ISBN 978-7-5201-1647-3
定　　价 / 68.00 元